紫微攻略2

內心的力量

看透宮位與祿權科忌，
用飛化和自化手法，
規劃人生各面向的取捨關鍵！

大耕老師 著

Content

第三章　愛情的力量與挑戰（一）十二宮化忌到夫妻宮

第四章　愛情的力量與挑戰（二）夫妻宮化忌入十二宮

Content

Content

Content

Content

人生的裂痕，是光照進來的地方

在我的第一本書《紫微攻略》中寫到，從商數十年，歷經幾次生命重大轉折而產生的特殊人生經驗，我利用紫微斗數這張生命地圖，找出自己的路，讓曾經灰頭土臉的人生有機會重見光明。紫微斗數帶給我的驗證，也促使我用不同於市面上其它的斗數書籍，以務實且實戰好用為出發點，利用宮位代表時空環境，星曜為人在時空環境內的表現，這樣的紫微斗數基本架構為主體來寫書，闡明當時空環境被改變，運勢自然就會被改變的改運基本原理。

我們運用煞星對於宮位的破壞影響人運勢的邏輯，來學習紫微斗數，打破過往從主星開始學起的慣性與盲點。過去，我們因為無法理解宮位的重要性，往往學了很久的星曜，卻仍然不會看盤，也無法為自己解讀出最近該注意什麼事情、自己與他人的關係到底是哪裡出了狀況。這些在實務上相當受到關心的事情，卻因學習方向不對，而不容易學會從命盤看出端倪。絕大多數的人都是學了很久，還在談夫妻

本書提及之《紫微攻略》，為此命理系列書的第一本著作，主要介紹命盤上煞忌交會的應用技巧。

宮是什麼星，老公應該如何，但往往只能在說得模模糊糊的情況中打轉。

《紫微攻略》注重實戰實用，從宮位出發，不以星曜為起點的視角，搭配基本的四化應用，以及逐步圖解與小練習，讓讀者可以快速上手。利用紫微斗數奇妙而具嚴謹邏輯的預測技巧，幫助我們趨吉避凶，當我們身處人生迷霧中，是一個很好的方向指引工具，知道何時何地會有風險，找到好的夥伴、好的情人，甚至可以為自己找出好的時間跟方位，以及更適合的道路。正因這種有別於以往對於紫微斗數的介紹方式，讓《紫微攻略》一上市就大受歡迎，短短半年就達到了驚人的七刷成績。

當我們在紫微斗數這張人生地圖發現陷阱與災難，除了閃避之外，還有什麼方法可以讓生命更好呢？有時候，我們可能會遇上無法避開的災害，例如煞星實在太多，沒地方閃躲；有些事情就是我們一生的考驗，例如陀羅星所在的位置；或是我們永遠無法放下的責任與對自己的要求，這種一生無法擺脫的課題就是化忌星所在的宮位；又例如一生所追求的價值，即身宮的位置，如若所在宮位不太美好，一生追求的價值可能變成無法努力完成的夢想，這時候該怎麼辦呢？

學習紫微斗數，是一趟了解自己的旅程

如同登山冒險一樣，有時候面絕境，看到遠方有道小小的光芒出現，隱約知道那是走出困境的出口，夢想中的桃花源就在其後，但可惜的是，我們不知道如何越過阻礙，走到光芒指引的所在。如果說宮位是時空環境給我們的考驗與限制，那麼宮位內的星曜就表示我們在考驗中的能力。當我們學會使用紫微斗數這張地圖看到人生的方向之外，還是需要檢視自身的能量，否則同樣的路，別人可以，我們卻不見得可行，一樣看到那道指引人生的光芒，卻可能因為自己沒有足夠的能力或意志力，即使光芒就在前方也無法到達。

這是我們無論在實務的案例，或是人生經驗上常可以遇到的。同一條街上開餐廳，一樣的區域，一樣的餐飲，有的人可以賺錢，有的人努力後卻失敗默默收場；同樣地，軍事化教育員工，有人開創出很有效率的公司，有人卻得到勞工局的罰單。人們在同樣的環境下，得到的結果卻天差地別，這許許多多「同途殊歸」的案例，都是因為每個人的特質是不同的。甚至在學理上，連拜拜求神都是某一類人的效果特別好。因此找到人生的出路後，還需要看看自身特質，**將自身特質高度發揮**

出來，找到最適合自身特質的處事方式，才能真正讓人生有所改變。就好比一樣是運動員，有的人適合游泳，有的人適合舉重，練錯了，成績往往差強人意。

我常遇到一類人，他們堅信自身的力量，相信人定勝天，相信只要為自己許了承諾，一定有一天可以達成，彷彿可以跟老天訂立契約，只要更真心誠意就能夠達成夢想。事實上這就是一種自我安慰，利用這個方式讓自己的意志力跟信念增加，以達到自身的能量增加。我們或許無法說這完全不可能，但是這絕對不可能發生在每個人身上，連大多數人大概都做不到。如同前面所說，就算是拜拜求神，都有某一類的人特別有效；一樣努力練習游泳，卻不是每個人都可以參加奧運，這是因為除了環境之外，天生的能力跟條件是另外一個重要影響我們人生發展的因素。所以與其跟老天訂約定，去求神問佛，不如看懂自身的能力，引導能量發揮到極限。這個發自自身的力量，搭配對於自己運勢的瞭解，才能為我們找到真正適合的路，也可以讓我們在人生道路上走得順遂，完成夢想，度過難關。

自己的力量，從哪裡找

如果說宮位代表時空環境，星曜代表在環境內的態度跟能力與表現，那麼從自己出生那一刻起，因為時空環境的變化，以及每個時間點不同的心境，與能量變遷而造成星曜變化的「四化」，則展現了星曜在每個宮位中真正呈現出來的能量。例如本命盤田宅宮化忌的人，對於家永遠覺得有所虧欠，若是武曲星化忌，因為武曲是財星，所以對家的虧欠、對家人永遠無法拒絕的要求，往往就會在錢財方面，然而武曲星是務實且一板一眼的星曜，因此這個人即使總是盡力達成家人的金錢要求，但是因為缺乏較為溫柔的手段，因此與家人的關係還是很僵硬的，這通常會被稱為不好的情況。

傳統上會說這個人一生破財、存不住錢，或者不適合做生意，會有許多災難云云，聽者甚至會因此覺得自己的人生都是被家人所拖累，但是很多人甚至是開業的老師都不知道，這會是這個人**一生的力量所在**，因為只要是為了家人，他就可以努力不懈，無論遇到多大的困難都會堅持下去。這個本命帶來的力量，只要他走到運勢轉變之際，往往會有機會達到不少事業上的成就。這就是紫微斗數命盤利用瞭解四化產生的變化技巧，找出力量所在，讓自己激發出無比的潛能，突破難關達成夢想，因為他知道家人需要他。

反過來說，如果這個人只是怨恨家庭造成他的負擔，他永遠無法讓自己進步、達成夢想，這就是星曜透過四化對宮位展現的影響，進而幫助我們改變命運，當我們瞭解了四化，就可以有效應用，**將命盤上的四化透過自身的意志而變成自身的力量。**

忌與空，沒那麼可怕

因為中文並非拼音文字，因此無法用一個字母來代替許多事情，通常要用一個單字來表示許多種涵義。最常見的就是「氣」這個字，從五術的山、醫、命、相、卜，到武術與各類養生方術，都會用「氣」字來代表許多事情。別的不說，同樣可以歸類為武術的太極拳的氣，跟少林拳的氣就不同，更別說還有人把太極拳的氣拿來當命理上的氣使用，這完全是兩碼子事。風水上的氣跟醫學的、太極拳的，全都不一樣，但卻容易被聯想在一起，甚至把這個字的不同涵義交叉套用在不同領域上，搞得亂七八糟，馮京當馬涼、張飛打岳飛的情況常常出現，尤其在命理學上到處可以看到。

就拿紫微斗數來說，本命盤、大限盤、流年盤，說的都是盤，但是這三個盤的意義完全不同，卻很容易被人搞錯，當成是一樣的東西在討論，只因為它們都叫做盤。「忌」或「空」這類的文字也常會給人錯誤的聯想，因為情感上覺得這樣的字眼是不好的，所以就自動聯想到所有這樣的情況都是不好的，產生化忌很可怕、空劫很恐怖、空宮更是讓人頭皮發麻的想法。我常遇到客人或者學生問：「老師，我的夫妻宮空宮，是不是沒有老公啊？」這類問題層出不窮。

這一方面受中文的文字結構影響，一方面則是華人的教育模式承襲了儒家教育習慣性的背誦與制式化規範（方便於帝王的統治）。因為從小的教育都有一套標準答案，因此學習紫微斗數時也希望能夠得到標準答案，而失去思考的能力。再則，數百年來命理師們絕大多數是近乎半文盲的等級，通常是口耳相傳這些知識，少數能寫書的宗師通常都是大官，他們基本上是不開業算命的理論派居多，也因此通常都是望文生義，而望文生義的結果就跟看到人家手牽手就說會生孩子一樣，很容易出錯。這樣的環境生成之下，再搭配上命理市場常使用的恐嚇行銷，裝神弄鬼一番，告訴你即將出什麼大事，甚至裝出一點天機不可洩露的樣子，讓你自己去腦補命盤上那些化忌、空宮的字眼，最後補幾句嚇唬的話，你還不乖乖把錢掏出來嗎？

這些事情在命理、宗教等產業，只要透過一定程度的操作，小則騙錢讓個人損失財物，大則造神造成國家社會的動亂，實在是讓人非常不恥的行為。但是追根究柢還是因為我們不習慣思考，不習慣做邏輯性的思考訓練（儒家被戲稱為儒教就是如此。儒教為了便利於皇族統治，如同許多騙人的宗教，讓我們不用邏輯思考，否則一旦用了邏輯思考會馬上發現有問題，為何皇帝要我死我就要去死呢？為何屬虎的女人剋夫呢？這不就表示每十二對夫妻就有一對要死老公？為何水逆就要壞電器，那我的手機怎麼沒有幾個月壞一次呢？）有太多的事情是根本禁不起邏輯考驗的，這也是我一直在文章中提到，任何學問都可以被邏輯檢驗，學習命理其實是一個自我邏輯訓練的過程，理性客觀與耐性才是一切的王道，才能讓我們了解真正的學問幫助自己，而非那些純感性的自我安慰，或尋求誰可以幫自己消除業障，跟誰求可以達成願望。有了這樣的理性思考，我們才能不被神棍蒙騙，並且不會害怕那些化忌，忘了它可以給予我們的力量。

看透宮位與四化，找到往前的力量

命盤上的宮位表示了我們人生的地圖，命盤上的星曜訴說著我們在環境中展現的特質，而四化的應用，則是我們發揮出星曜的力量——一份來自於老天賦與我們自身的能力。紫微斗數利用宮位讓我們知道人生路上的許許多多好壞環境，好的時機與環境我們需要好好把握，壞的時空我們則需要利用四化所帶來自身的力量，幫助自己度過難關，改變人生的環境，打敗環境的限制，不用求神、不用跟老天訂契約，只需要瞭解自己，因為真正的力量就在自己身上。

本書是四化的深度介紹，包含紫微斗數中重要的北派技巧，以及許多初學者一頭霧水，不知道如何使用的「飛化」，都將一一介紹。延續《紫微攻略》實戰快速好用的風格，利用每個章節的小練習、圖解、案例與邏輯訓練，幫助大家快速掌握各類四化的應用、飛化的技巧、對命盤的影響，以及我們該如何利用四化改變自己的命運。有別於一般入門書籍大篇幅討論星曜，忽略了星曜的解釋是需要透過宮位來產生，我們試圖讓紫微斗數中的基本結構「宮位」來說話，因為不瞭解斗數的基本宮位結構，解釋星曜時其實是永遠摸不到核心的。因此，這本書我們再度降低了星曜的解釋，著重在宮位的應用，讀過《紫微攻略》，讀者對於宮位的疊併與轉換有基本的認識後，我們將在本書進階學習：利用四化所產生影響宮位的力量，更深入探討宮位的能量。宮位的能量才真正架構出人生，而四化則是產生宮位的變化，這個變化的力量甚至可以讓我們改變人生，因此在紫微斗數中十分重要。

既然四化可以改變宮位能量，當然就可以被我們利用來改變自己的命盤。這是以很現代的思考方式，將紫微斗數中高階的應用手法解構出來分享給大家，讓大家重新認識紫微斗數，瞭解紫微斗數十分理性與邏輯變化的一面。此書已經談到較深入的應用，因為涉及透過瞭解自己命盤和可以扭轉命運的手法，難免會提及星曜的部分，但是僅在於介紹解盤邏輯以及命理在生活應用上的範例，若希望對於星曜更深入瞭解，歡迎至我免費的教學頻道，或者期待年底即將出版的關於星曜的書籍，藉由多年教學的經驗，讓大家瞭解如何可以不背誦就掌握星曜的解釋，不用再陷入傳統學習上背誦不完的星曜解釋地獄。

歡迎掃描
以下 QR CODE

教學頻道

ISZN 國際紫微學會

第一章

生命中屬於自己的力量——紫微斗數中四化的類別

1-1

四化的基本用法

四化是星曜的變化，是紫微斗數中一個很重要的觀念，我們在《紫微攻略》中已經提過了。所謂四化其實只是一個統稱，其中分別有「生年四化」：依照出生年的天干而造成自己命盤上星曜的變化；「運限四化」：因為不同運限命盤的命宮天干產生出來的四化，所以會有大限四化、小限四化、流年四化，甚至是流月、流日等等，各自因為不同的命盤所產生，而有不同的影響力。

例如某人是一九八六年丙寅年生，他的出生年天干是丙，因此命盤上面就會出現「天同化祿、天機化權、文昌化科、廉貞化忌」，這個四化是因為他出生年的天干所產生，因此會一直標示在他的命盤上面，表示這是一輩子跟隨著他的。若這個人是天同星在命宮，則造成他的命宮化祿，表示他較為喜好享樂，個性開朗、與人為善。如果是廉貞星在命宮，則因此會有化忌在命宮的情況。化忌是一種空缺的概念，所以這個人常會覺得自己不夠好，尤其是人際關係和做事的變化能力跟創意，因為這是廉貞星所產生出來的化忌，因此這個人通常會對自己有比較多的要求，但是過多的要求往往反而做不好事情，尤其再搭配上煞星造成的衝動行事，這也是《紫微攻略》中談到組成宮位破損的原因之一（一個宮位，包含它的三方四正，超過兩個以上的煞忌星同時存在，這個宮位就是破損的狀態）。但是，若沒有其他煞星進去，對自己有所要求的人當然也可以讓自己比較有成就，如同同樣的星曜組合的人，大部分才能相當，有化忌的人比較努力，沒有的比較安逸，最後得到的人生成果就會不同。

若是剛好大限命盤裡面的命宮天干是甲，則這整個大限十年，他的命盤上都會出現「廉貞化祿、破軍化權、武曲化科、太陽化忌」。這是一般排盤軟體不會寫出來的，但是我們可以依照大限走到哪裡，利用四化表將其標示上去。這時候所產生的化忌，是因為這十年期間我們自己的心情改變，而造成了化忌星所在的位置，因此這個化忌的力量只會存在十年的時間。以此類推，若是小限，則只會存在一年的時間；若是流年，則利用的是每個流年太歲產生的天干，因此這是所有人都相同的情況，是環境帶給我們的改變，當然時間也只有一年。另外，還有流月跟流日所產生的四化。

利用這個方式，加上我們對四化的瞭解，基本上就可以知道打從自己出生以來，在哪些宮位是覺得空缺的（化忌）、哪些宮位是希望要牢牢掌控的（化權）、哪些宮位是很在乎它的成就與名聲的（化科）、又有哪些宮位是我們重視與它的緣分以及對它期待的（化祿），這些都是從本命盤去發現的。

若是大限盤，則是指這十年間，自己在四化的變化下，人生會有何改變。以此可以類推到小限、流年以及流月流日，例如前述的案例，這個人本命盤是廉貞化忌，天同在命宮，可能廉貞星會是在子女宮，而子女宮有財庫的概念，所以表示這個人會有存錢的態度；同時也還有他對性的態度；也因為子女宮在田宅宮對面，所以亦代表他對家人的態度，與在家庭之外的人際關係。如果這個人的子女宮化忌，我們可以說他對家人還算不錯，希望能存錢買房子有個家，也希望在外的人際不錯，通常也會喜歡帶朋友回家，這是在不考慮其它三方四正下的基本解釋。若是因為大限而產生了一個化祿給他，正因為他具備這些特質個性，所以在這個大限會有機會透過理性的理財存錢買到房子，得償所願。而本身田宅宮化忌的人，常會因為自己對於家庭的空虛感，而做許多違反常規的事情，其實只是因為他的內心希望有個美好的家庭，甚至會因為對感情沒有安全感而容易劈腿，當然以上這些情況都要

關於流月流日算法和各運限命宮宮干的找法可以參考《紫微攻略》，四化表收錄於本書P.114，參照四化表對應命盤，找出各種四化。

有其他足夠的條件搭配才會應運而生。

除了這些從時間來產生，並且對應到相關各種命盤的四化之外，還有一種四化是所謂的「飛化」，它代表的是非時間所造成的變動，是從外力或是自身相關的各種能力對自己所產生的變化。例如自己的理財能力和用錢的態度，可能會造成自己在感情上的問題；又如有人往往好心卻做壞事，明明是善良的出發點卻造成別人的不諒解，這在紫微斗數上可以用飛化技巧清楚看出來。當然，飛化的使用不只如此，畢竟飛化的技巧是北派斗數的重要訣竅之一，這部分將在後續逐一討論。

小練習

若是一個人出生年是壬子年，大限命宮宮干走至甲辰，小限癸酉，二〇一九流年天干地支是己亥，請問本命、大限、小限、流年的四化各自是什麼？

↓

解答／

本命：天梁化祿、紫微化權、左輔化科、武曲化忌
大限：廉貞化祿、破軍化權、武曲化科、太陽化忌
小限：破軍化祿、巨門化權、太陰化科、貪狼化忌
流年：武曲化祿、貪狼化權、天梁化科、文曲化忌

1-2 情感的付出——化祿在六親宮位的解釋

有些人對於人際的感情總是心軟，這除了是他本身的主星造成（例如命宮中有屬水的星曜，像是巨門、太陰、天同等等），另外一種情況就是因為他在十二宮屬於人際關係的宮位內有化祿出現。

十二宮中關於人的宮位有「父母宮、兄弟宮、夫妻宮、子女宮、僕役宮」，現在很多排盤軟體都會將僕役宮寫成交友宮或朋友宮，而田宅宮也代表了家人，若是在這些宮位內出現化祿，通常表示這個人與這個宮位內代表的人感情不差。這裡不免還是要提到，命盤分為本命與運限不同的命盤，本命通常說的是我們與生俱來的基本特質與個性能力，運限則包含大限、小限、流年、流月、流日等等，代表某個時間區段內的命盤。若是在本命盤的六親宮位中出現化祿，通常表示會對這個宮位的人投注情感，自然容易跟這個宮位的人感情比較好，但因為是本命盤，所以只能說這是性格使然，不能說一定如此，因為當下的情況和事件的發生，還是需要看代表現象的運限盤，這也是為何常出現明明這個人化祿在夫妻宮，卻感情不穩定，甚至有離婚或外遇的跡象，這是一般人學習斗數時常忽略的。

在談化祿在六親宮位的概念前，我們需要先簡單介紹，紫微斗數中有個很重要的宮位應用方法：**每個宮位都可以當成命宮看待，對應其他宮位就可以引申出各種不同的意思。**這個方法在許多書中都以風水的用詞「立太極」來解釋，然而過去為了再解釋立太極的意思，往往造成命理書上出現一堆現代人不懂的專業名詞，反而令人越看越亂，所以我們在此不多做解釋。基本上，就是可以用一個宮位當命宮，然後衍生其它的宮位意義，因為十二宮彼此的關係都是固定的，例如命宮的順時鐘一格必然是父母宮，逆時鐘一格必然是兄弟宮，因此，若是將夫妻宮當成自己老婆的命宮，則代表岳父的宮位就會是兄弟宮，因為兄弟宮剛好在夫妻宮的順時鐘一格。以下我們將常用的幾種親屬關係列出一張表供大家參考，但是這張表除了父母宮、福德宮與兄弟宮可以用在本命盤上，其它都只能用在運限盤上。

1	祖父	福德宮（父母宮的父母宮）
2	祖母	命宮（福德宮的夫妻宮）
3	外祖父	命宮（兄弟宮的父母宮）
4	外祖母	夫妻宮（兄弟宮的兄弟宮）
5	岳父	兄弟宮（夫妻宮的父母宮）
6	岳母	子女宮（夫妻宮的兄弟宮）

因為**所謂化祿的概念，就是「增加出來的」**，六親宮位代表的是你與那個宮位的關係跟緣分，因此如果本命盤的化祿在某個宮位，就表示自己的個性希望對於那個宮位投注感情，因為本命盤的六親宮位說的是自己希望與那個宮位的關係，以及在關係中所扮演的角色，因此當化祿出現，表示自己希望可以有增加出來的關係與緣分，當然也就表示，你本身的個性會希望將情感投注在那個宮位。但因為是本命

盤，所以只能說你會做這樣的事情，以及會有這樣的心態，並不表示這樣做真的會如你所願，實際上關係感情的增加還是要看運限盤，若是流年夫妻宮有化祿，則可以直接表示，這個流年自己的感情緣分是會增加的。

而且，**因為四化一定是依照星曜所產生的變化，所以還必須看是哪個星曜產生的化祿**。若是武曲化祿，因為武曲是財星，所以通常是給對方錢；若是巨門化祿，因為巨門代表了大嘴巴，則比較是指說好聽話以及吃好吃的東西，或者是對對方循循善誘；若是太陰化祿，則是溫柔的關心照顧以及耐心的對待，因為太陰是代表媽媽的概念。因此，分辨出是本命盤的化祿還是運限盤的化祿，是初學紫微斗數時很重要的事情，絕大多數的書籍因為敍述不清，或者因為作者是較早期的老師，所以常常沒有釐清這樣的概念並加以區分清楚（早年生活簡單，因此用本命盤就可以判斷很多事情），然而，這其中有兩個宮位是比較特別的，在現代若是分不清楚，就很容易判斷錯誤，這兩個特別的宮位就是父母宮跟兄弟宮。

這兩個宮位，一個是代表父親的「父母宮」，一個是代表母親的「兄弟宮」，若是將父母宮當成父親的命宮，則兄弟宮剛好會是父親的夫妻宮，當然就是媽媽了。這兩個宮位特別之處在於紫微斗數的命盤有個很重要的觀念，它存在**位階**，本命盤上面絕大多數說的都是個性、價值觀與能力這些與生俱來的事情，但是不能用本命盤去看當下的事情，因為本命盤是用出生時辰定出來的，本命盤的夫妻宮如何，不會在一出生的時候就影響我，即使我要三妻四妾，也不可能在呱呱落地時就發生，所以這只能代表我的感情態度。

但是有四個宮位卻可能在一出生就存在了現象，就會產生意義，因為他們比我的出生還要早存在於這個世界，分別是代表父、母親的父母宮、兄弟宮，以及田宅宮與福德宮。父母親當然是早於我出生，所以我一出生就可以利用本命盤知道他們的情況。而因為田宅宮也可以當成我小時候的居住環境跟家世背景，所以在我一出生時，田宅宮代表的意義就存在了。福德宮則是因為同時也可以是父母宮的父母宮，等於是爸爸的爸爸，也就是阿公，當你出生的時候，通常阿公還是存在，所以也可以代表他的情況。

因此，只有在父母宮、兄弟宮這兩個宮位，或者說包含福德宮，存在某個位階比你高、比你先出生的人時，化祿可以表示是他對你好。否則如何解釋本命盤父母宮化祿，但若自己只有四歲，要如何對父親增加緣分呢？因為四歲的時候特別可愛嗎？當然不是（身為四十歲依然圓滾滾走可愛路線的我，無法接受只有四歲才可愛），所以這個部分需要特別注意，這也是許多書籍常會寫錯的。

當化祿出現在六親宮位時，通常我們就會用自己的個性跟能力去增加與這個宮位的情感跟緣分，再依照那個星曜產生的化祿，去分辨是用何種方式對待彼此，用何種方式增加彼此的緣分。而本命盤通常是自己內心個性使然，但是運限盤則是正在做這樣的事情，所以如果本命盤僕役宮化祿，表示自己對朋友很好，而且是武曲星化祿，代表對朋友的金錢往來很大方，但若這時候小限出現僕役宮有煞忌太多，常常就會覺得自己對朋友的好心被糟蹋了，甚至可以說反而會增加煞忌的力量，因為一個人如果本來對朋友就小氣，那麼朋友能害他的也有限，但若是一個人對朋友本來就大方，自然要害他也較為容易。其中最需要擔心的是破軍星化祿，因為破軍星代表破耗，因為破耗產生的緣分，通常表示自己要有損失才能得到緣分，不是破財就是借錢，或者有其他的損失。

小練習

化祿在本命夫妻宮、化祿在大限夫妻宮、化祿在流年夫妻宮，在有另一半的情況下，哪一個會對另一半很好呢？

↓

解答／

化祿在本命夫妻宮，表示這個人對自己的情感狀態會投注很多心力，是多情的人，但對當下的另外一半好不好則是另外一回事，因為他可能會有很多個另一半，若是再遇到大限的夫妻宮不佳，就不見得會對另一半很好。

化祿在大限夫妻宮則會有類似本命的情況，但是至少在這個十年內，是會對自己的對象不差的。

流年夫妻宮化祿，則表示因為外界環境給了自己機會，可以對伴侶表達情感，這個大概會是跡象最明顯的。

無論是上面的哪一種化祿，最好的就是武曲化祿，會較務實的用金錢展現對另一半的愛，女生找這種對象最實在。若是遇到桃花星化祿，通常表示感情太豐富了，雖然浪漫，但難免多情，讓人擔心。（紫微斗數中化祿的桃花星有天同、太陰、巨門、破軍、貪狼，廉貞則因為需要遇到桃花星才會轉身變成桃花星，所以不在這個範圍內，何況廉貞若是化祿，還會變成乖乖的。）

1-3 自我人生價值的實現——化祿在屬於自己的各宮位

如果說化祿在屬於人際關係跟情感的六親宮位，說的是自己對那個宮位的情感付出，那麼化祿在屬於自己的宮位，代表的就是對於自我價值的投注跟實現。如同前面介紹，若是本命化祿在僕役宮，表示自己對於與平輩朋友間的交往與情感是投注心力的（投注心力的方式或效果等等，則看是哪個星曜產生的化祿）。同樣的，若是將屬於自己的宮位「命宮、官祿宮、財帛宮、遷移宮」，還有代表精神狀態與來財方式的「福德宮」，以及代表財庫與合夥關係的「田宅宮」都算在內，這時星曜在裡面的表現，表示我們在這些宮位內的自我價值與態度，當然這裡所說的是本命盤，若是運限盤，則表示這是當下我們正在做的事情。化祿的基本含意是「本來不屬於我而增加出來」，當然就表示自己在這個宮位內的價值被產生出來了。

化祿在屬於自己的宮位，仍是要分本命盤跟運限盤，例如本命盤的財帛宮有化祿，表示自己的理財能力會有所增長，比別人好，也比自己其他宮位所處理的事情擅長；若是化祿的是武曲星，因為武曲是認真勤奮而務實的財星，因此表示自己的理財、賺錢能力會比其他宮位所代表的事情有更多增長，或是比別人好。可以解釋為，因為自己務實的理財態度，以及無論賺錢用錢都相當理性且認真，財務能力才有所增長。但是不能直接解釋成是自己很會賺錢，因為這只是能力跟價值觀。若是大限與小限這類運限盤的財帛宮出現武曲化祿，則表示透過努力與務實就會賺到錢，因為運限盤表示的是現象發生，所以才能說有機會賺到錢。

化祿是「增加出來」的概念，當化祿在屬於自己的宮位，自己在這個宮位上的期待跟價值，有能力展現出來（本命盤），或者目前正展現跟得到這樣的成果（運限盤）。再舉個例子，太陽星化祿出現在本命盤的官祿宮，官祿宮代表的是工作上的態度跟能力，太陽星在紫微斗數中被設定為父親，或是一個團體內可以主導事情跟照顧大家的人（如同傳統上我們對於父親的期待），那麼化祿在官祿宮，表示希望自己在工作上可以扮演這樣的角色，但是如同我們常說，自己雖想要，不見得做得到，我希望自己可以在工作場合上像太陽，卻不一定有能力，但至少那是我對自己的期待。也表示相對於其他人，自己可以比較有這樣的能力，讓我在工作上因為能夠照顧人、帶領人，而得到工作上的成就，以及職場上的人際關係。若是發生在運限盤，則表示這個時間內，我因為願意照顧人並且做好領導者的角色，因此在工作上得到成就，甚至更多的工作機會（化祿的概念是增加出來的，可以是工作機會，也可以是工作上的人緣），這就是化祿在屬於自己的宮位上展現出來的力量。

若是化祿在遷移宮，則對應遷移宮所代表的，是自己在外的表現，包含人際關係以及外人對自己的看法，還有自己展現出來希望別人看到的樣子。在本命盤說的是自己天生的特質，在運限盤說的就是自己正展現這樣的狀態，若是桃花星在宮位裡面，則更注重在人緣上面；若是像武曲這類財星，當然就表示自己外出時有機會因為務實的個性，在人際上得到緣分，並有得到財富的機會。

若是在福德宮，福德宮對應自己來說，表示運氣福分、精神感官還有賺錢的方式。有化祿在福德宮，當然表示自己在這些方面都相當不錯，福分增加，相對的，這樣的人也會有許多賺錢的機會，雖然有些星曜在這宮位裡不見得符合大眾的期待，例如天同星化祿在福德宮，以社會價值來說，可能會擔心耽於享樂，不願意認真奮鬥，但是追求優雅的生活不見得不好。

至於在命宮化祿，則表示對自己是很重視的，依照星曜的不同，可以判定是怎樣的重視法，例如貪狼是慾望之星，實現各類的慾望可以讓自己覺得很開心。命宮有個很重要的特質，它代表了我們這個人的整個主體，所以我們常說命宮統管了十二個宮位，當命宮化祿，幾乎可以當成十二宮都在化祿的狀態，只是還需要對應其它宮位內的情況。化祿在命宮可以說非常好，但是有時候也會有缺陷，因為不可能十二宮都沒有煞星。化祿在命宮固然指無論哪個星化祿，都會為自己依照星曜的屬性帶來各式各樣的好處，但是如果遇到有煞忌的宮位，就會很衝突了。例如有人太陽星化祿，卻在父母宮有煞忌，這表示自己希望可以做好照顧大家的角色，但是這個做法可能會跟父親引起衝突，往往善心做壞事。人生常常都是如此，因為我們對自己的期待，甚至因為天生有能力（本命盤有化祿的宮位），卻反而可能帶來問題。人都是期待付出可以得到回報，往往卻失落於付出無法得到回報，或是付出的方式不對，而得到反效果。

小練習

1. 六親宮位中，化祿出現在哪個宮位最好？

2. 屬於自己的宮位中，化祿出現在哪個宮位最佳？

↓

解答／

1. 六親宮位中，所有化祿都是自己付出給予對方，只有父母宮和兄弟宮是代表父親、母親給予自己，但是兄弟宮唯有表示母親的意義時，才有這樣的效果。又因為命盤談的是實質影響力，若是母代父職，則也是看父母宮，因此自私地來說，當然是在父母宮最好。

2. 屬於自己的宮位內，哪個宮位化祿最好？我個人的看法是福德宮，因為命宮化祿遇到桃花星化祿則桃花太重，遇到需要照顧人的庇蔭星化祿，如太陰、太陽、天梁這類，若是遇到煞忌或是太陽落陷的時候，可能會好心做壞事，甚至力不從心，並且因為命宮掌管十二宮，所以命宮化祿其實要擔心其它宮位產生的風險。至於官祿宮化祿，則又只局限於工作上的發展。一樣地，如果遇到對面的夫妻宮不佳或是財帛宮太差，也可能徒有夢想卻無法實現。因此，代表運氣福分跟來財方式的福德宮化祿是我個人覺得最好的，畢竟運氣好是人生很重要的事情啊！

1-4

希望一心掌握無法放下的人——化權在六親宮位

化權是「加重、掌控」的概念，如同化祿一樣，我們要用較寬闊的概念去聯想，想想所謂在情感上面「加重」，我們會做怎樣的事情？所謂掌控，我們會做怎樣的事情？其實四化在六親宮位上，通常表示我們相當重視與那個宮位的關係，只是重視的方式和態度會因為四化而有所不同。

六親宮位代表的意義是我們與那個宮位的關係，以及那個宮位所代表的人對我們人生的影響，因此當命盤上六親宮位出現化權，則表示我們對於那個宮位所代表的人，以及跟這個人的關係，可以被我們掌控。我們會很重視他，這個重視會展現在希望他可以被我們控制與影響。「控制」這兩個字，往往讓人感覺是不好的字眼，但是其實我們常常在做控制他人的事情，例如我們會希望孩子照自己的建議去唸某所學校，希望另一半可以如何如何，可能都是出自善意，希望孩子的將來一帆風順，希望另一半更好，然而這些期待與希望，甚至是（自己覺得的）幫助，都是某種層面的控制。因為你希望他照著你的意思去做，你希望在關係中，你可以掌握主導權。這樣的態度有時候會讓人不舒服，因此化權所在的六親宮位，若是再遇到煞星，自己可能就會跟那個宮位的人關係不融洽。

化權在六親宮位，跟化祿一樣都存在「位階」的概念，比我們先出生的人，是他掌控我們，例如父母祖上；而我們出生後才認識的人，例如朋友跟情人，則是我們希望可以掌握那份關係。並且因為四化是由星曜產生變化，所以可以從哪個星曜所化的化權，來看出自己對於那個宮位是用怎樣的方式去掌握。例如武曲化權，就是自己用金錢觀念，甚至實際是利用金錢的能力去掌握，另一方面，武曲也代表務實的態度，所以也可以說是對錢財上的務實態度希望對方能夠認同，或是會以此建立彼此的關係。例如本命夫妻宮武曲化權，自己在情感上的態度是很務實的，而且這種態度會展現在金錢觀念上，所以會同時對於感情對象願意花錢、給予，但是也會計算這份給予是否能夠有足夠的回報。若是運限盤的夫妻宮有武曲化權，則表示在跟另一半的關係中，會希望在財務上有主導權，甚至會想要管控對方的財務觀念。

而六親宮位也可以代表那個宮位的人的特質狀態，例如本命的父母宮，可能代表自己與父親的關係，也可以說自己的父親是一個怎樣的人。如同我們常說的，星曜要隨著宮位的定義去解釋，例如財帛宮有紫微星，若是討論財帛宮所代表的理財方式，則紫微星要說這個人花錢像皇帝，若是說到喜歡買什麼東西，則可以說這個人喜歡精緻、高品味的名牌，皇帝用的東西當然是好貨啊！所以要對應宮位不同的意義，給予星曜不同的解釋。而在六親宮位，一樣可以因為不同含意，對應星曜做出不同解釋。若是父母宮說的是父親的個性，則這時的化權就表示他重視自己，希望一切都掌握在自己手上，當然這樣的人相對來說就會較為強勢，也就符合父母宮化權，表示父母對我們有較大的掌握能力，因為父親在我們出生的時候就存在了，所以可以在本命盤這樣討論。

如果是其他如夫妻宮、僕役宮，本命盤只會表示我們與這些宮位的相處關係跟態度，雖然也會因此找到比較多這類的朋友，但不能說是我們一定會遇到這樣的人，這是許多網友或學生常有的提問，原因在於大家不容易分清楚本命盤跟運限盤對於宮位的解釋差異。在運限盤上若是夫妻宮、僕役宮化權，可以說除了自己的個性態度之外，還有現象的發生。這時候就可以說自己可能會遇到較有權勢或個性較強的朋友。也可能是自己跟另一半容易有爭執，因為自己希望在感情中掌握一切，但另一半也是如此，到底在感情的範疇中誰要當權，自然就會產生問題，這就是為何這時怕會遇到煞忌的原因，既然你不聽我的，我只好再去外面找一個，這也是夫妻宮的運限盤上如果有化權，可能會有外遇跡象的原因。

由此可見，其實化權不太適合在六親宮位上，人跟人的相處上，過度希望掌握彼此關係，反而讓人傷神，很容易就會好心做壞事，覺得自己的真心得不到認同，更別說若是遇到庇蔭類的星曜，如太陽、太陰、天梁出現在六親宮位，更容易因為自己本來就容易在人際關係上，希望在與人的關係中，扮演較高的角度，這時再加重「庇蔭、保護」這樣的態度當然容易出問題。這也是我們常說的，紫微斗數中每個星曜、每個四化、煞星，都不能絕斷討論它是好或不好，而需要看它的本質含意。化權在六親宮位上，這種希望掌握一切的特質，是我們需要注意的，注意自己是否太過度希望掌控彼此的關係，這種控制情感的企圖，會影響我們的情緒問題，也容易讓我們失去判斷能力，少了對人之間傾聽的能力。若是化權在自己的命宮，雖然可以說對自己的要求很高，也會重視人生價值，但是因為命宮影響十二宮位，所以也一樣容易出現六親宮位化權的問題。

小練習

若是說化權在六親宮位，會希望與那個宮位的關係可以被自己掌控，所以反而容易造成與那個宮位代表的人關係不佳、緊張，但是人生必然會有化權的宮位，本命被躲開還會有運限，既然如此，化權應該在哪個宮位比較好？再者，若是運限走至運限盤的夫妻宮化權，又逢煞忌，我們該如何面對感情當中可能出現的問題呢？

↓

解答／

既然躲不開，就面對吧！其實化權放在父母宮或是福德宮都很不錯。父親或是阿公對我們的控制，或許不見得讓人太舒服，除非宮位內有太多煞忌，否則畢竟是自己的長輩，相對來說殺傷力並不大。

若是運限夫妻宮遇到化權而且有煞忌，感情可能會出問題，這時讓自己專注在工作上其實會是一個好方式。夫妻宮的對宮是官祿宮，夫妻宮等於是官祿宮的遷移宮，也就是工作上在外的表現跟內心的態度。因此當夫妻宮出現化權，在外面工作的表現會很有魄力，自己對於工作也會較有企圖心，所以將心力從感情轉到工作，可以轉移注意力，更何況若是夫妻宮有煞忌，表示也會影響官祿宮有煞忌，這時候往往容易因為感情問題影響工作，所以更是需要專注在工作上面。

1-5

掌握生命的決心——化權在自我的各個宮位

許多斗數的流派都很重視跟命宮相關的三方四正宮位，尤其是官祿宮（一般人則很重視財帛宮），這是因為官祿宮代表一個人在生命與生活中的價值。每個人平常與人相處的時候，就是用官祿宮建立起與他人的橋梁，一般對於官祿宮，聯想到的是工作，我們因為工作而跟社會產生關係，工作造就我們在社會上的價值存在，所以我們可以成為社會重要的一分子。但是沒有工作的人呢？因此，必須擴大解釋官祿宮，不能只說是工作。

如同我們一直提到的，命盤談的是實質影響力，所以官祿宮說的是你在生活中的能力跟價值。如果你是學生，官祿宮代表的就會是學業；如果是忙碌的家庭主婦，照顧家人就是你的工作；如果是退休老人呢？那麼退休後的生活無論是學習或參加活動，都可以是自己的官祿宮。因此，討論官祿宮的時候，不能只看字面上的意義。其實十二宮都是如此，紫微斗數中，除了每個宮位會因為宮位彼此之間影響，而產生的不同面向意義（例如兄弟宮是父母宮的夫妻宮，所以可以當成是母親的宮位來看，但同時也是夫妻宮的父母宮，所以也可以當成另一半的父親來看待），另一方面我們也需要瞭解宮位字面上的意義，以及它真正代表的核心價值。例如官祿宮其實是我們的生活重心跟面對生活的主要態度，夫妻宮其實是感情對象跟狀況，但不一定是代表一個單一的感情對象，甚至不只是夫妻關係，因為宮位是整個紫微斗數命盤的主要結構，因此必須先瞭解宮位的主要涵義，才能真正掌握星曜，以及透過星曜所產生的四化變化。

從上述的角度出發，我們就可以瞭解為何北派斗數這麼重視官祿宮，也可以理解為何化權出現在官祿宮會比較好，因為當化權出現在官祿宮，若是在本命盤，我們對工作跟人生主要的生活事項，是希望有很好的掌控能力。如果是武曲化權，則是較為一板一眼，並且用很務實的態度面對生活。若是太陽化權，則是願意在工作與生活上多照顧人，但是這個照顧人的過程，也是希望讓相關的人依照自己的規則做事。各式各樣的化權在官祿宮，都表示自己在工作與生活態度上，希望用那個星曜所產生的特質去影響別人，讓自己覺得工作和生活安心穩定。問題是，如果你很重視但卻做不到呢？

本命盤討論的是與生俱來的價值，人當然會為了自己的價值而努力，但是運勢不佳、環境無法讓自己發揮自我價值的時候呢？如同我愛潛水，好不容易有機會出國潛水，卻遇到暴風雨，這時候會是怎樣的心情？在這裡就可以知道兩件事，本命盤只是天生的特質，或許這個人因為化權在官祿宮，重視工作，因此比較可能會在工作上有所發揮，但還是需要注意運限盤是否有機會，否則只是個性特質如此，不能說他一定如此。而且，如果運限狀況不佳，其實他會比一般人更覺得自己不如意。運限盤說的是現象跟狀態，所以若是運限上的官祿宮有化權，表示自己在工作上可以掌握狀況，當然就有可能會成為主管或老闆。運限上的化權，我們會說可能有創業或是升官機會，但因為化權是掌權的意思，因此這裡所謂升官不見得是名義上的位階提升，也可能是實際影響力的提升。例如自己本來是會計，但是因為出納請假生小孩，所以同時兼任出納，這樣等於身兼兩份職位，當然影響力大增，也會是老闆上司重視的人。

也因此，化權才會有**「雙份」**的意思，再延伸這樣的情況去聯想，當然也可能是因為自己多做一份工作，因此格外重視工作，這是自己的價值跟態度，不想讓自己浪費時間，或者有其需要，所以有兩份工作。

若是在財帛宮呢？財帛說的是用錢理財的態度。能夠掌控用錢理財的態度，表示這個人喜歡或是希望可以做投資，或者可以有兩份賺錢的工作，因此本命盤的財帛宮有化權，說的便是這個人在個性上會希望能夠掌握自己的金錢。若是運限盤，說的便是希望可以有掌握金錢的態度跟動作，我們必須看這個四化的本質內涵，從它的內涵聯想它所產生出來的情況。

四化一定是展現星曜的變化力量，當一個人想掌握金錢，如果是較穩定的星曜，例如武曲、在旺位的太陽，他會希望穩定地讓自己的財務狀況變得很好。若是運限盤，則是有這樣的機會跟能力出現。如果是破軍化權，或是財帛宮的三方四正內同時有太多煞忌出現，這個化權就會變成利用財務槓桿，去誇大自己的理財能力，通常就會是用借貸來投資，當然這樣的行為是一種現象，所以是發生在運限盤上。

但如果是本命盤呢？表示這個人骨子裡的個性是不在乎做借錢這種事的（華人教育是反商的，因此許多人對於借錢的行為十分害怕）。如果運限走到有投資或是賺錢機會，他也會做這樣的行為。如果化權將他的財務能力放大，就需要注意他是否有足夠的能力跟運氣去掌握。如果本身命宮不佳，代表財庫的子女宮、田宅宮不佳，卻一心想要投資，就會非常危險，所以實務上，我們對化權在財帛宮，必須注意相關宮位，那麼愛賺錢的話，其實可以多兼一些差，不見得要投資，這是化權在財帛宮看起來很好卻隱藏的風險。

至於化權在福德宮，除了重視自己的精神以及靈魂深處展現的內心價值，因為福德宮也是來財方式，因此也有希望可以多一份賺錢機會或是收入的情況與態度。而代表財庫的田宅宮若是化權，則有希望可以掌握好財庫的概念。延伸來說，就是會展現出希望可以有房子，或是除了自住之外，還可以再多一間房子來存錢的概念。因此，化權在非六親宮位上，大體來說還算是好的情況，只是需要注意它是否會因為太重視某方面的價值，卻沒有足夠的能力去支撐，反而讓自己落入痛苦的境地，這一點也是一般初學者很容易忽略的情況。

小練習

以下三張為本命盤，哪一張的化權最有利？

圖一／

財帛宮在丑，紫微破軍及陀羅同宮，破軍化權，對面天相。

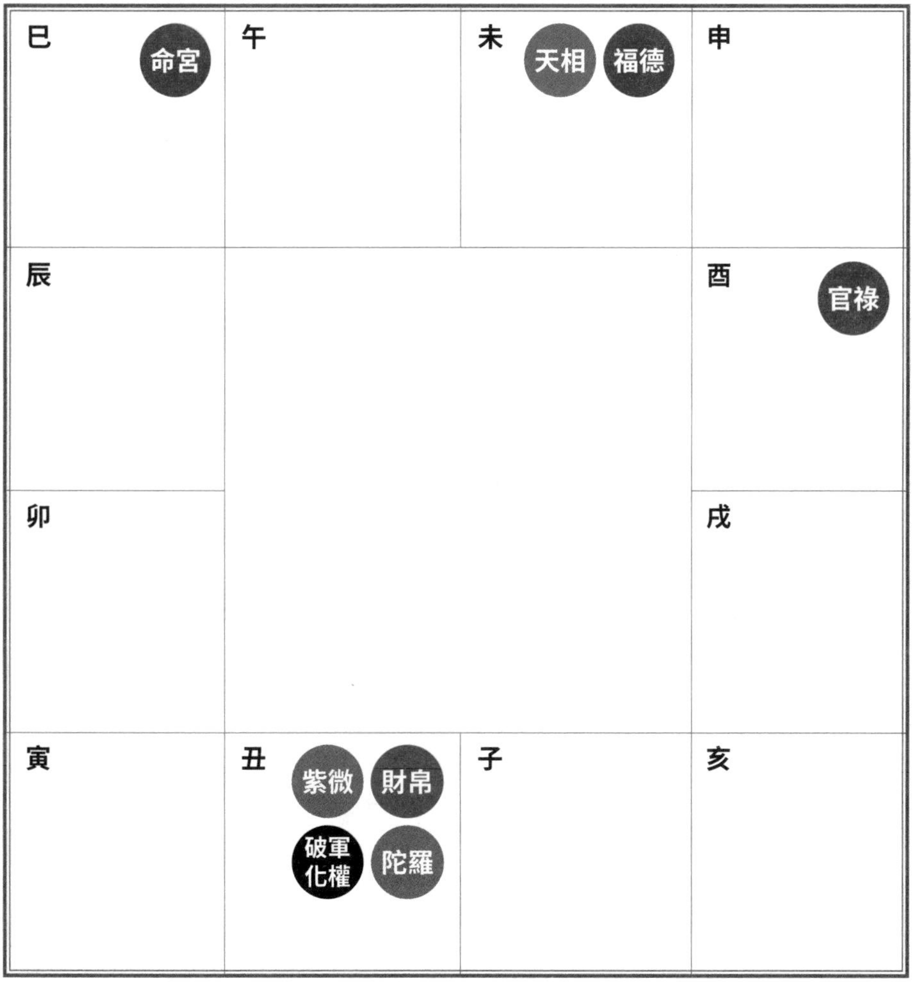

圖二／

命宮在寅，紫微天府同宮，紫微化權，財帛宮武曲化忌，夫妻宮有擎羊衝官祿宮。

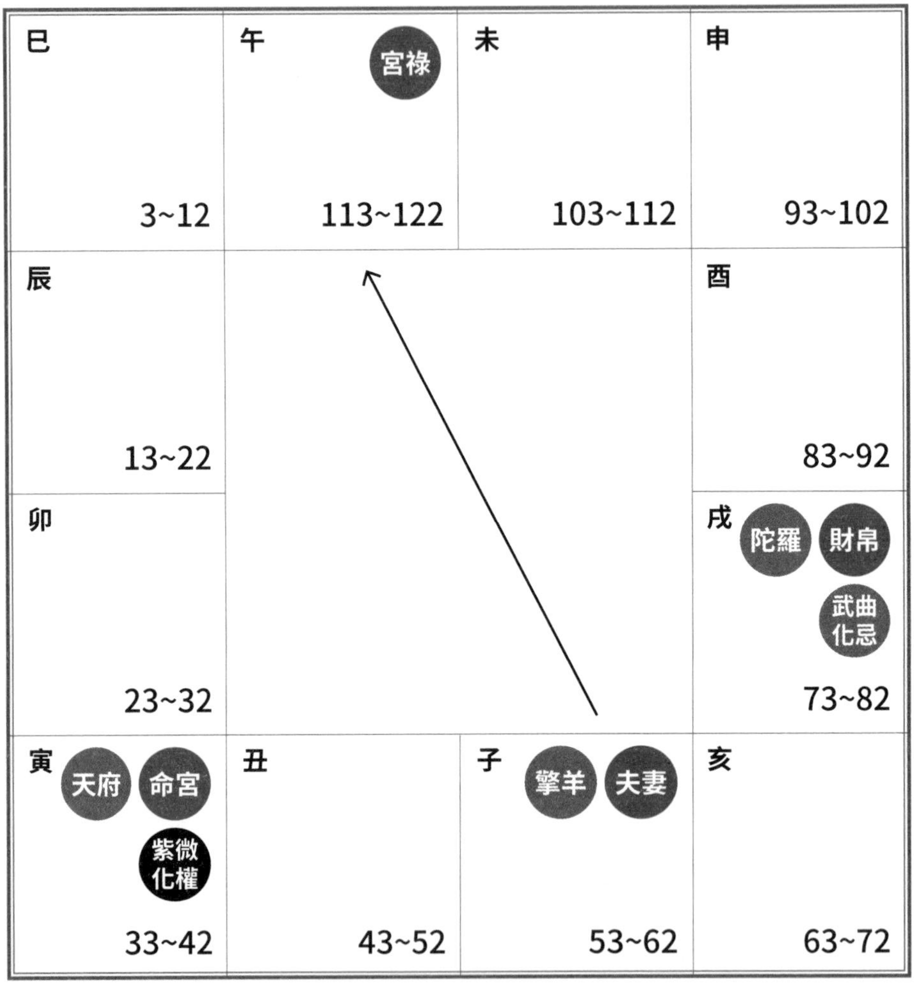

圖三／

命宮武曲化祿，對面貪狼化權。

巳 3~12	午 113~122	未 103~112	申 93~102
辰 武曲化祿 命宮 13~22			酉 83~92
卯 23~32			戌 貪狼化權 遷移 73~82
寅 33~42	丑 43~52	子 53~62	亥 63~72

解答／

圖三可以算是最好。

圖一：容易受到運勢影響，而做出超過能力的投資跟創業。若是遇到庚年，或者大限命宮宮干是庚，造成天相化忌，只要再遇到煞星進去，就容易因為投資引起財務糾紛。並非說不能做投資，但是必須相當注意運限盤的變化。

圖二：這個命盤最常被誤會是很好的組合，因為紫微天府兩個都是帝星，紫微代表皇帝，天府代表王爺，皇帝王爺都讓你當了，感覺非常爽，但卻是隱含了紫微斗數中過旺則不佳的條件。一個宮位內同時有兩個相同性質的星曜，其實違反了華人命理學上喜歡追求平衡的準則。這時候紫微星還化權，而且還是在命宮裡，命宮統管了十二個宮位，這個皇帝不但是個愛面子的皇帝，還是個強勢霸道的皇帝。王者霸道沒關係，但是如果沒有足夠的實力，就會從王者變成亡者。這個組合裡面，財帛宮武曲化忌，個性強勢就算了，還很愛賺錢。如果他在相對應的地方，例如僕役宮很好，有人幫忙，譬如官祿宮很棒，運限帶給他官祿宮有化祿，那麼或許會有一番作為，否則他有擎羊衝官祿宮，這樣的組合會造成這人容易心高氣傲，再補上一些煞忌，就充滿風險了。

圖三：這是一般所謂百工之人的組合，以專業技術來發展事業是最適合的狀況。武曲在命宮化祿，而貪狼在對宮遷移宮化權，這個組合表示自身有很好的理財跟努力賺錢的能力。在遷移宮又是一個屬於桃花星的貪狼，讓他感覺沒有那麼不好親近，以及好學習，會貪心地希望有更多能力，更棒的是，貪狼化權了，貪狼化權表示貪狼的慾望被加重了，這個慾望搭配上對面武曲的務實，讓他只會在工作跟賺錢上有慾望，反而讓貪狼的桃花降低，單純留下貪狼在遷移宮的人緣魅力，並且可以用這個魅力掌握人心，是個博學又努力的人，這類的人就算運限遇到煞忌，大致上因為本性穩定，也可以平安度過，只要運限盤走得好一點，多幾個祿，就會有不錯的工作與財運成就。

初學者往往害怕看到宮位內有許多星曜以及各類四化，不知該如何是好。常常有前輩或是書上會說，要多做練習，卻沒有好好解釋練習的步驟。練習並非一直看命盤就可以了，需要有個一步一步來的步驟。其實做解盤練習，必須像我們做的各類小練習，從一個基礎慢慢地去堆疊答案，並且透過宮位的結構去拆除不必要的答案，留下需要的，利用宮位去聯想星曜給予的可能解答，再去看四化的衍生意義。

若是還不熟悉星曜的情況，可以單純地想，如果一個人化祿在命宮，表示這個人很懂得自己的生命價值，會豐富自己的人生。而遷移宮表示這個人內心世界以及在外的表現，還有別人對自己的看法，所以內心化權就是重視自己的內心想法；在外表現化權，就是自己在外的表現要被自己所掌控，並且別人看待自己是個凡事要自己掌握一切的人，這當然表示重視人際關係，進一步推論，想要豐富生命，當然需要博學、有錢以及有好的工作，才可以掌握自己的人生。雖然我們不瞭解星曜的意義，其實也可以推想出來，有上述個性跟生命態度的人（因為是本命盤），只要運限不要太差，通常就會有成功的機會。

1-6

名聲的所在、愛現的地方——化科的親友是我的面子

化科，搭配上化祿、化權，在古書上被稱為「三吉」。因為一個擁有權力（化權）、一個是本來不屬於你而多出來的（化祿），而化科是名聲，所以在古代，這當然是三件不錯的事。但同樣有個問題，當書上寫了三吉，我們就會一股腦兒地認為很不錯。如同前面所說，許多古代華人的知識，因為受限於文字的結構，只能用一個單字來代替很多含意，但是我們卻常被字面意思所迷惑，忘了這個字當初被設計出來的基本含意和衍生的含意。在命理上、醫學上，甚至武術上面，都有很多這類問題，不夠瞭解就會產生許多詭異的理論。在紫微斗數中，「吉」就是一個很常出現的案例。在一個宮位的三方四正出現化祿、化權跟化科，就會被稱為是「三吉嘉會」，通常表示是一個相當好的情況。想想看，如果一個人官祿宮化權，則他會重視並且在工作上掌權，而財帛宮化祿，除了破軍化祿容易投資過頭，基本上都算

是不錯的，而化科代表的主要是名聲，這個人命宮化科、很有名聲，這樣一個有名有權又有錢的人，當然很棒，所以稱為三吉嘉會，但是事實真的如此嗎？

排除需要注意四化是由哪個星曜產生之外，四化通常同時存在正反面的意義，如同前述化權的概念，正面來說，化權擁有權力是不錯的；負面來說，一個希望掌握一切的人，可能會失去了跟親人的關係。初學者很容易忘記，紫微斗數必須跟隨著命盤的架構來解釋，本命盤只表示態度，不表示現象，因此即使有三吉嘉會，也不代表這個人會有這樣的情況發生，只能說這個人因為個性使然，所以「比較容易有機會」。若是在運限盤，則就會有這現象產生，但是也需要看這三吉是否剛好放在對的位置，如同人是否在適合自己的崗位。化科代表的是名聲與發生，但是如同化權與化祿，化科只代表名聲跟發生，不代表好壞，有時候，壞的名聲也是名聲，只是我們容易自動聯想成名聲就是好的事情，這一點是許多初學者甚至開業的老師都會搞混的部分。所以，當代表名聲與發生的化科，放在各個宮位，就產生出不同的含意，也就不一定都是好事。

化科代表了人對於自己的面子問題，因此它的含意主要在較為表面的展現。如同蒲公英，看起來繁花似錦，但是風一吹就飛到遠方，雖然相當美麗，賞心悅目，但是要將它視為有實質用途或具體幫助，通常是虛少甚至沒有的。所以在六親宮位上，例如化科在夫妻宮，雖然一般書籍都描述這表示會有美麗的老婆，或會嫁給有社會地位、或是帥氣有才華的老公，事實上卻是因為：感情的對象是自己希望能展現名聲的地方，自己無法接受一個被大家批評的人，所以尋找對象的時候，很自然地希望對方有出眾的外貌或才華。當自己的個性如此，條件不符期待的對象自然就不會有機會，於是最後找出來的當然都是這一類，就算差強人意（有時候運限走得不好，來的人條件都不佳），自己也會幫助他變成受人注目、欣賞的人（在六親宮位，除了父母這類比我們先出生的人，其他都是我們對他、我們給予他），因為他是我們名聲所在，我們會重視他是不是讓我們有面子。

因此，化科在六親宮位，若是以本命盤來說，化科代表父親的父母宮，可以表示父親是愛面子的人，或是有社會地位的人，或是讓自己有名聲的人。如果是在代表母親的兄弟宮，則含意雷同於父親，也表示父親喜歡美女，畢竟那是父親的夫妻宮。但是這僅限於本命盤，其實只能說是自己小時候的情況，因為運限轉變，長大後還是要看運限盤。（也許父親在自己小時候是大學教授，但是長大後因為投資失利而引發官非辭去教職，甚至導致父母離婚，這是受運限的影響，這時候你說他的父親是個有名望的人，他一定不會承認。）除了父母親之外，化科在本命盤其他的六親宮位上，都表示自己希望那個宮位的人，能夠為自己帶來名聲，因此與這些人相處與結交時，較會挑選能讓自己提升社會地位、名聲、有面子的人。

同樣地，如果自己的期待在運限上做不到，自然就會比較痛苦，例如僕役宮化科，但是運限遇到的僕役宮是廉貞貪狼，而且廉貞化忌，廉貞貪狼同宮。廉貞代表人際，所以貪狼的慾望當然是展現出自己在人際上的慾望。化忌代表空缺，因此會更加追求人際上的關係，這表示在心態上希望可以結交對自己有幫助的人，並且是在社會上有地位的。而自己在這個運限中對於朋友的態度來者不拒，什麼樣的人都會結交，可惜樹大有枯枝，人多有白痴，不只有白痴還有壞人，而且壞人專門騙那些喜歡表面風光的人，所以就容易遇到損友，若是再搭配上小限或者流年的煞忌，通常就很容易出事了。

因此化科若是在六親宮位，需要注意與這個宮位的人的關係跟選擇，往往容易出現看起來風光，但是卻選錯了人，如同夫妻宮化科，其實是容易遇到不對的人的跡象，因為漂亮的老婆總是難以照顧啊！有才華跟地位的老公也容易吸引很多人來搶，不是嗎？

小練習

依照前面的說法，推想一下化科在哪個六親宮位算是比較好的呢？

↓

解答／

化科在兄弟宮算是不差的，至少兄弟姊妹成就不錯，算是好的。除此之外，也表示自己會對他們關心以及有所期待。在父母宮也不差，只是不能因此就解釋成自己家世很好或是對父母有很高的期待，而是要當成至少自己的父親很重視面子，只要不是遇到太差的星曜，通常這樣的人會有所成就並能要求自己。當然，在夫妻宮、僕役宮也不算差，只是要注意，不要因為自己的心態而造成錯誤的決定。

1-7

人生成就的展現——聚光燈所照射的宮位

化科若是在非六親宮位上，便是希望透過自我努力展現給人看的部分。例如化科在遷移宮，會重視自己在外面的表現以及別人的看法，算是很愛面子，如果是女生，會注重自己的外表，所謂沒有醜女人只有懶女人，說的就是這種情形。重視外表的人通常較會打扮，自然不會醜，更何況在這個科技進步的年代，只要願意，腐朽都可以化成神奇，腐女也可以變成仙女。但是化科產生的漂亮跟真正帶有桃花星的美貌較為不同，真正具備桃花星的較有女人味，化科的則只是在基本星曜上做出調整。

而化科若是官祿宮，就表示希望工作、學業能為自己帶來名聲，因此這一類的人一定會為了課業或工作成就而努力。當然這裡說的是本命盤，本命盤代表天生的價值與態度，所以化科所在的位置，就會影響到屬於自我宮位的這些價值。若是化科本命命宮，當然就表示我們對十二宮都相當重視。

比較有趣的是財帛宮，財帛宮代表用錢的態度，用錢的態度化科了，變成重視名聲所在和面子的展現，想想看，怎麼把用錢的方式變成自己的面子？當然就是拿錢出來花給大家看。同時間若是出現化權，說的是投資上要財務自主、掌握金錢，但很可能是因為面子問題而想掌權罷了。（所以化科在財帛宮的人，是我們需要認識的朋友，為了面子可以很大方地請客。）雖然有一種說法是化科在財帛宮的人相對地比較有品味，但其實只是因為他的錢都花在能讓自己有面子的事情上，例如喜歡花錢買名牌，如果他沒有亂選亂搭配的話，名牌通常都是有品味的。

而化科在田宅宮，一方面可以說是家世背景不錯，因為本命盤的田宅宮表示出生之後的家庭環境，出生時的家庭環境讓自己很有面子，這是說住得不錯，家住得不錯，當然就是指家世背景不錯。如此聯想，才可以不用背誦。另一方面可以說自己較重視居家是否在不錯的地方，至少是說得出名號的地方。此外，因為田宅宮是財庫，化科了也可以說是把財庫拿出來給人家看，自然也是一種破財。由此可知，化科說的就是展現自我價值，但是這個展現有時候不見得好。

以上說的都是本命盤，那麼在運限盤的情況呢？

運限盤說的是現象的展現跟發生，所以在運限盤中，化科會相對較好。本命盤說的是態度、天生的價值觀，天生的價值觀如果無法搭配運限的支持，往往讓我們有種生不逢時、英雄氣短的感嘆，因為希望自己被看見，跟自己真正能被看見是兩碼子事，但是運限盤的化科，就是較實際的名聲展現，是一種現象的出現。

我們在看升官機會的有無，考試考得好不好，通常會看官祿宮是否有化科。當然命宮因為管了十二宮，也可以同論，但是其實要看運限的官祿宮比較準確，雖然本命的也有可能，但是運限的官祿宮化科更容易展現在工作或學業上得到名聲。很奇妙的是，財帛宮化科卻是在本命盤比較刺激，本命財帛宮化科會一直花錢，花得很爽快，但是運限盤的財帛宮化科只有在那個運限的時間點會出現破財的跡象。問題來了，為何在本命官祿宮化科不見得能考取好學校、能升官，但是在本命財帛宮化科卻會一直破財呢？因為亂花錢是與生俱來的習慣跟態度，但是考上好學校、升官卻是現象的產生，所以現象的發生看的是運限盤，習慣跟特質則是看本命盤。這樣的觀念差異與邏輯，就是讓初學者常常搞不清楚的地方，想想看，我可以因為個性而愛花錢，但有可能因為個性喜歡升官就升官嗎？

運限盤中如果化科在遷移宮，有時候也表示自己在外面名聲不錯。在田宅宮，則是希望自己的居住環境不差，通常也喜歡人家來家裡玩。

如果在運限中，化科的是文昌星，那麼就會很有趣，因為運限盤是一個現象。我們先來談若本命盤的文昌化科，又在自己命宮的三方四正，可以説自己是在相對宮位表現的價值上很有想法跟規則，也以此為榮，並且會很努力展現這樣的價值，因此文昌化科在命宮的人通常會很努力於學業，因為在本命盤上文昌星表現的是思慮跟規則，重視並堅守思慮跟規則是自己的面子所在，當然會在這方面努力。而思慮好的人通常學業也不會太差。可惜，如果是運限盤，這個文昌化科就不見得是好事。文昌在展現現象的運限盤，可以代表文書、法律、書報、媒體，因此若是文昌化忌或逢煞，也可能代表犯了官非（官非兩個字聽起來很可怕，其實就是一種違反了規則、違反了合約，例如被開罰單也是犯官非），也可能是不好的消息上了媒體，因此這時如果化科，表示這件事情發生了，這不見得是好事。

所以，化科原則上除了本命命宮化科，愛面子、重視外表之外，其餘的化科其實在運限盤比較好，比較符合一般人對於化科的想像。但是切記不能遇到太多煞忌，否則化科只是讓不好的名聲曝光而已。更別説是在財帛宮了，表示因為面子問題會很衝動地亂投資、亂花錢。

小練習

下面三張圖是三個自己心儀對象的命盤，請問哪一個比較會願意花錢在自己身上？

圖一／

巳 命宮化科	午	未	申
辰			酉
卯			戌
寅	丑	子	亥

圖二／

巳 官祿化科	午	未	申
辰			酉
卯			戌
寅	丑	子	亥

圖三／

巳 財帛化科	午	未	申
辰			酉
卯			戌
寅	丑	子	亥

解答／

圖一：命宮統管十二宮，命宮化科類同十二宮都化科，基本上會願意花錢在心上人身上。但是你必須確認自己真的是他的心上人，畢竟他的命宮化科，他還是比較愛自己。

圖二：官祿宮化科，人生的價值在於工作成就，雖然官祿宮也是夫妻宮的對宮，但是這表示他喜歡讓他很有面子的正妹／帥哥，若你是，那他應該會願意花錢。

圖三：財帛宮化科，其實這個人基本上是善良的，給他點面子，他就不會小氣，不需要是正妹或是有多愛你。

1-8

內心的力量——總是讓人誤會與害怕的化忌

四化中最讓人討論跟害怕的，無非就是「化忌」。忌的原意是「己心」，化忌就是自己的內心因為空缺而產生的力量。人的內心會產生力量，通常來自於內心的不安與空缺，我們會因為內心忽然湧現的慾望而努力尋找填補的方法。如同內心希望吃到一份想望很久的美食，也許是有名的拉麵、也許是家鄉巷口的排骨飯，可能讓我們大半夜開車尋找這個味道。或許這些美食真的有其厲害之處，但是世界上不至於有什麼真正無法取代的食物。如果單純以食材來說，這其中的無法取代、讓我們魂牽夢縈、努力追尋，其實絕大多數除了美味，還包含時空環境造成的記憶空缺。我們對美味的記憶，往往忽略了當下的情境，才會有當年吃的時候覺得很棒，後來再吃卻感覺還好的狀況。這般尋找失去的情境、失去的缺憾，就是化忌的概念。

我們會因為「空缺」的產生而希望去填補，但是這個填補的過程，或是無法填補的缺憾，通常令我們不安難受，因此化忌的狀況與現象，通常都被形容得相當不好，各類的負面評論充斥在各種書籍中，腦補加上錯誤資訊的惡補，造成我們看到化忌就十分害怕，卻忘記了，人心深處的慾望全都來自於希望填補自己所不足之處。從情感的依靠到文明的進展，其實都是一個填補的過程，因為需要才會有動力，因此，化忌其實是我們內心力量的來源，而化忌也是命盤上讓我們可以發揮自身力量應用的地方。

如同我常說的，命理學是展現人生或者說宇宙架構的理論，所有理論不可能說好或壞，所謂好壞是人訂出來的價值標準，而這份價值標準會隨著社會環境改變。當今一個男人若是三妻四妾，我們會說他是劈腿的爛人。若是在一百年前，他可能是風流才子，人人羨慕，如果他可以把三妻四妾照顧得很好。因此，在學習命理的過程中，需要不斷提醒自己必須讓思維超脫社會價值觀，單純用邏輯思考，否則容易陷入因為自己的價值觀而產生的誤判，更別說自己的價值觀通常都被社會價值所污染。化忌所說的只是一種空缺，並沒有好壞，否則就很容易判斷錯誤。

而說到空缺，就要談到紫微斗數宮位中一個很重要的觀念：三方四正。主要宮位與對宮以及另外兩個拱它的宮位，組成所謂三方四正，例如命宮的三方四正為遷移宮（對面宮位）、財帛宮跟官祿宮（拱的宮位），主要宮位的整體結構與情況，必須用所謂三方四正的四個宮位去綜合判斷，不能單獨以一個宮位來討論（詳情可見前作《紫微攻略》）。而這其中，主要宮位跟對面宮位通常是最重要的兩個，是彼此影響最大的，因此對於初學者來說，若是無法一次看四個宮位，甚至是六個，至少需要一起查看對宮，因為這兩個宮位是彼此連動影響最大的。其中，命宮跟遷移宮的關係，可以說是其他十二宮的縮影跟典範。（我的學生在上到高階斗數課程時，通常被要求一次看十二個宮位，由十二宮綜合判斷一件事，因為人生向來都是綜合影響的。）

若命宮是主要宮位，則遷移宮是它的對宮。遷移宮有個對命宮來說很重要的意思，它代表這個人的內心，也就是說，如果命宮代表這個人主體呈現的樣子，則對宮遷移宮就表示這個人內心深處真正的想法。所以有書上會說這兩個宮位是陰陽宮，一個是陽（命宮），一個是陰（遷移宮、內心），或者說互為表裡。說起來很玄妙，其實就是這兩個宮位，彼此代表了你對這個宮位內在的想法跟態度，這是一個很重要的宮位觀念，例如巨門星常被形容為內心空虛不安，其實這個現象是在巨門對面有天機星的組合時才會出現。因為天機表示善良而不穩定，一個人內心善良而不穩定，想法很多，當然就是因為某一種的不安全感所造成；同樣地，若是巨門在命宮，天同在遷移宮，或是太陽在遷移宮，這樣內心不安的情況就會降低很多，因為對宮遷移宮代表的是命宮內心世界，會大幅度影響命宮的主星，這樣的概念十二宮都適用。

例如夫妻宮的對面是官祿宮，我們就可以從官祿宮來看自己在感情內心深處的想法與態度，不只是從夫妻宮，相對來說，官祿宮也可以展現我們對於感情真正深切的期待，這也是許多初學紫微斗數的人，甚至許多號稱大師的人，對你的感情狀況分析得不太準確的原因，因為他們只看你的夫妻宮，忘記需要注意對面的宮位。也因為這個邏輯，所以兩個宮位彼此影響，並且連動，會互相支援對方，當一宮位出現化忌，產生空缺，自然而然另一個宮位就會來彌補、支援，所以在紫微斗數中，若是一個宮位出現化忌，通常會將心力放在對面的宮位上，例如夫妻宮化忌，往往就會在工作上投注很多心力，如同一個人情感不順利，不知道該如何處理，便只好將精神放在工作上，這樣兩個對面宮位彼此影響的關係，在化忌上是一個相當重要的觀念，也因為透過連動的關係，讓整個命盤變得更靈活。

例如前面所舉的例子，夫妻宮化忌會讓官祿宮受到影響，因為在情感上無法得到滿足，所以將心力投注於工作。但是若在官祿宮內有太多煞忌，反而會讓原本工作上就有問題的人，更因為感情不穩定而工作不順利。如果官祿宮裡有桃花星，則變成容易從工作上尋找情感，甚至是不好的情感。化忌在夫妻宮，感情有所空缺，影響對面的官祿宮，因為感情有空缺而投注精神在工作，但是因為官祿宮是感情的內心世界（夫妻宮的遷移宮），所以如果同時間官祿宮有煞星，反而會因此讓工作更不穩定，加上又有桃花星，則容易在工作上出現爛桃花，這些狀況起因於夫妻宮的化忌，自己在感情上有空缺，需要情感，這個內心的空缺連帶著會引發一連串的影響。

紫微斗數利用這個設計，讓整個命盤貼近人心與社會的連動，因為**人心的變化才能帶動一個人人生的整個變化，我們做任何事都起源於內心的需求，但是卻又不願意面對內心。**如同許多人常常抱怨自己總是遇到壞男人，卻不願意承認其實是因為自己挑選了壞男人，是自己給了所謂壞男人機會，儘管身邊的人一直勸阻，當事人還是會找許多理由，義無反顧，只因為內心的空虛而讓自己投向明知道不適合的人。想想看，自己只會怪那個壞男人不對，卻不去想自己若不給他機會，壞男人哪裡有機會對自己使壞呢？這就是因為**內心空缺引發個性**使然，感情如此，事業、財運、許多事情也都是如此。我們會因為內心不為外人道或是不願意面對的，甚至即使知道了也無法抵抗，因為空虛所產生出來的需要，去帶動我們的行為，最後讓自己無法擺脫命運的牽絆，這也是化忌一直為人所害怕的原因。而這個本宮與對宮的連帶關係，以及彼此互相影響的觀念，也是紫微斗數設計出來，讓整個命盤可以更立體化的重要觀念。透過這個觀念的引導，我們就可以找出內心的問題，如果善加利用這個力量，反而可以成為人生很重要的能力。

十二宮圖，本宮與對宮

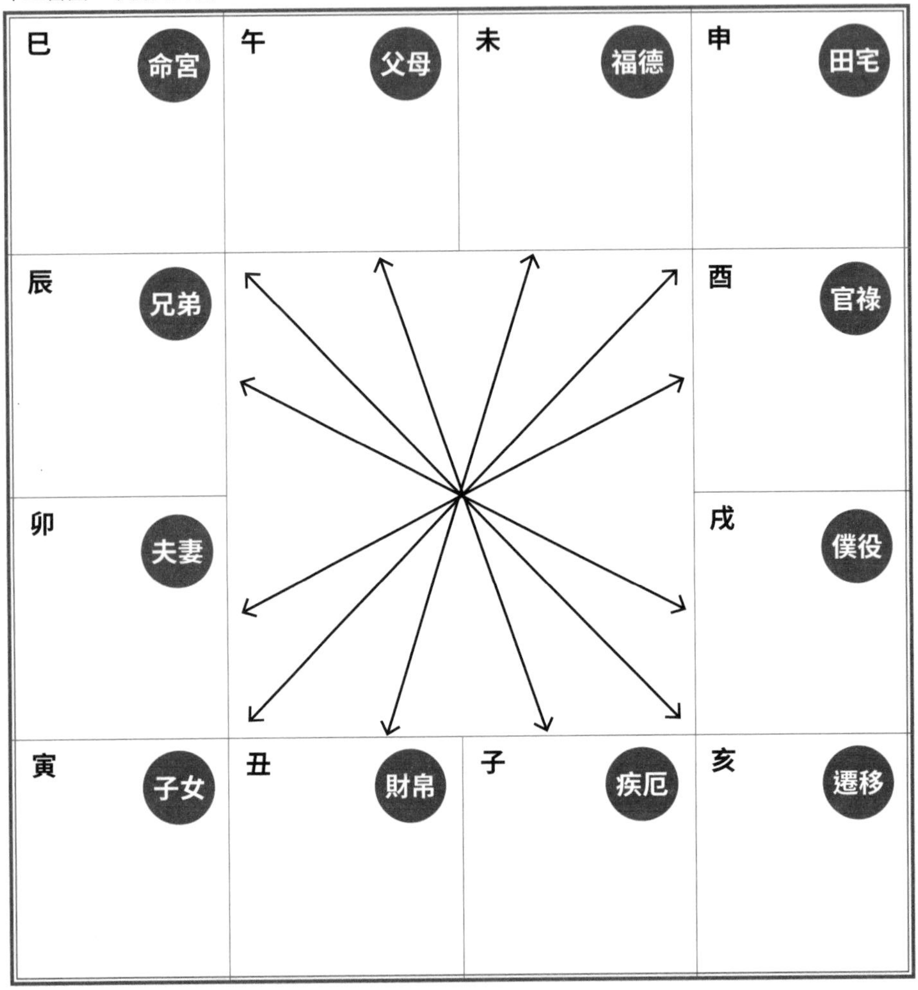
巳
命宮
午
父母
未
福德
申
田宅
辰
兄弟
酉
官祿
卯
夫妻
戌
僕役
寅
子女
丑
財帛
子
疾厄
亥
遷移

小練習

若有人化忌在兄弟宮，則此人會重視或是將精神時間花在什麼上面？

↓

解答／兄弟宮代表自己與母親或是同性別兄弟姊妹的關係。所謂同性別兄弟姊妹，就是指如果你是男生，兄弟宮代表你的兄弟；若妳是女生，則兄弟宮代表的是妳的姊妹。兄弟宮化忌，簡單來說可以是自己跟母親或是同性別兄弟姊妹關係比較疏離，或是相處上比較不合，也可能是分隔兩地，甚至根本沒有同性別的兄弟姊妹，但無論是哪一種情況，其實都會造成這個人覺得從小就比較寂寞，因此會將自己的心神、精力花在交友上（兄弟宮化忌，便在對面代表交友關係的僕役宮尋求安慰與心情投射），這時候我們需要注意僕役宮的星曜，若是僕役宮的星曜是怕煞忌的星曜，就需要擔心容易交到壞朋友或是受朋友所害，因為自己覺得需要朋友，自然容易將情感投注在交友上，也容易不嚴格挑選朋友，自然而然就會容易受朋友所害。當然這說的是本命盤，本命盤是天生的個性；若是運限盤，則是在這個運限時間內，容易因為覺得親人無法給與幫助，對外尋求朋友的溫暖，但是反而因此容易受朋友所害。

1-9

越得不到越是重視，怎麼努力總是不夠——化忌六親宮位

化忌是一個空缺的概念，六親宮位在斗數命盤上，代表的是我們跟親人的關係，是情感與緣分的展現，在本命盤上代表了天生對親人的態度與期待。若是化忌在代表父母的父母宮與兄弟宮，則代表天生與父母親的關係。化忌在六親宮位，通常代表自己與那個宮位所代表的人，在情感和關係上有所空缺，這個空缺可能是因為自己的個性較不會處理彼此關係，或者可能自己與這個宮位代表的人，總是沒有相處的機會和契機，這是空缺的概念。除非再加上煞星，否則，因為人基本上都希望可以跟周邊的人保持不差的關係，因此這個化忌在沒有煞星的情況下，反而會變成重視跟在乎。

化忌所在的六親宮位，自己反而會因為不知道該如何與對方相處，或者沒有相

處機會，而很重視對方，將心力放在對方身上。

如同化祿、化權跟化科，除了代表父親的父母宮，以及代表母親的兄弟宮，其它的六親宮位，在本命盤上都會表示這是天生的性格上對於所化忌的宮位，會相對地不知該如何相處，或是較無緣分。但就是因為如此，自己反而更加希望得到與這些六親宮位的關係或關愛，只是通常效果不太好。當然，四化需要看是哪一顆星曜產生的，如果太陽星化忌在僕役宮，表示在與朋友的交往上，會希望可以照顧朋友，但是這種照顧又過於強勢，因為太陽是父親的意思，在與朋友交往中總是希望像父親一樣可以指導跟主導別人，出發點是好的，但是卻會因此得到不好的效果。若是在運限盤出現這樣的情況，則表示在這個時間點內，自己與這個宮位的人不夠親近，或是關係不佳。

如果化忌在代表父親、母親的父母宮與兄弟宮，則表示父母對於我們的情況，所以通常表示自己與父母的關係較差。但這只是本命盤，除非再加上其他煞星，否則並不會太過糟糕，畢竟那是自己的父母。如果加上煞星，就會再補上煞星的力量，變成需要他們的關愛，但是彼此的關係又因為煞星而顯得緊張，一方面追求彼此的關愛，一方面卻又個性強勢，這通常是親子關係中愛之深責之切，內心無法說出口卻又深愛對方，彼此折磨的狀況。如果沒有煞星，則只是對於彼此的關係有深切的需求。需要注意的是，因為有運限的煞星會進去，所以即使本命盤上的父母宮、兄弟宮沒有煞星，也要注意三方四正以及運限會進去的煞星。

有趣的是，我們也會因為運限盤產生的化忌出現在本命盤上，例如流年化忌出現在本命的夫妻宮，這一年對於感情會有更多的期待與需要（本命盤是價值觀與個性特質）。如果是本命盤產生的化忌，也就是依照生年天干產生的化忌，出現在大限的夫妻宮，可以說是因為天生的個性，導致這個十年感情較容易出現問題，因為紫微斗數的各個命盤可以交疊使用，彼此的四化也可以一起使用，透過這個方式來堆疊出人生各種關係事件的前因後果。

因此，化忌由哪裡產生？出現在哪一個宮位？相當重要，一般初學者、甚至許多書籍只會說化忌出現在哪個宮位就說那個宮位不佳，卻忽略了四化是星曜因為時空環境的變化而產生，星曜產生了變化因此影響宮位，這才合乎命理學上講究與探討人與環境的關係，以此原理推論預測人的運勢，**當人被改變了，對應環境的態度也被改變，當然運勢就被改變了。**這樣的基本結構在紫微斗數的推算中十分重要，如此推算才可以避免見某某宮位化忌只說那宮位可能不太好，這樣連自己內心都不太確定的答案，可以利用紫微斗數給予的結構，推算出很細緻的回答。

瞭解化忌由何而來，才會知道是哪個時空變動造成的化忌，是因為代表本命盤的天生個性？還是代表年歲增長個性轉變的大限盤？或者是因為外界環境造成影響的流年盤？知道化忌在哪個盤的哪個宮位，也才能解出會影響在哪件事情上，是影響了我們天生的價值觀？還是運限上面的態度轉換？

PS：父母宮的化忌，因為是天生的情況，所以父母宮給予的空缺會對於對面的疾厄宮產生影響，可以被解釋為會有天生的遺傳疾病，因為疾厄宮在紫微斗數中另成一個體系，是源自古老中醫學派的理論，因此在這裡只是簡單介紹，不做深入說明。

小練習

搭配四化表（P.114）看這張盤，解釋這個人的化忌會產生什麼樣的問題呢？

本命盤太陽在戌坐命宮，流年 2018 戊戌年，天機化忌

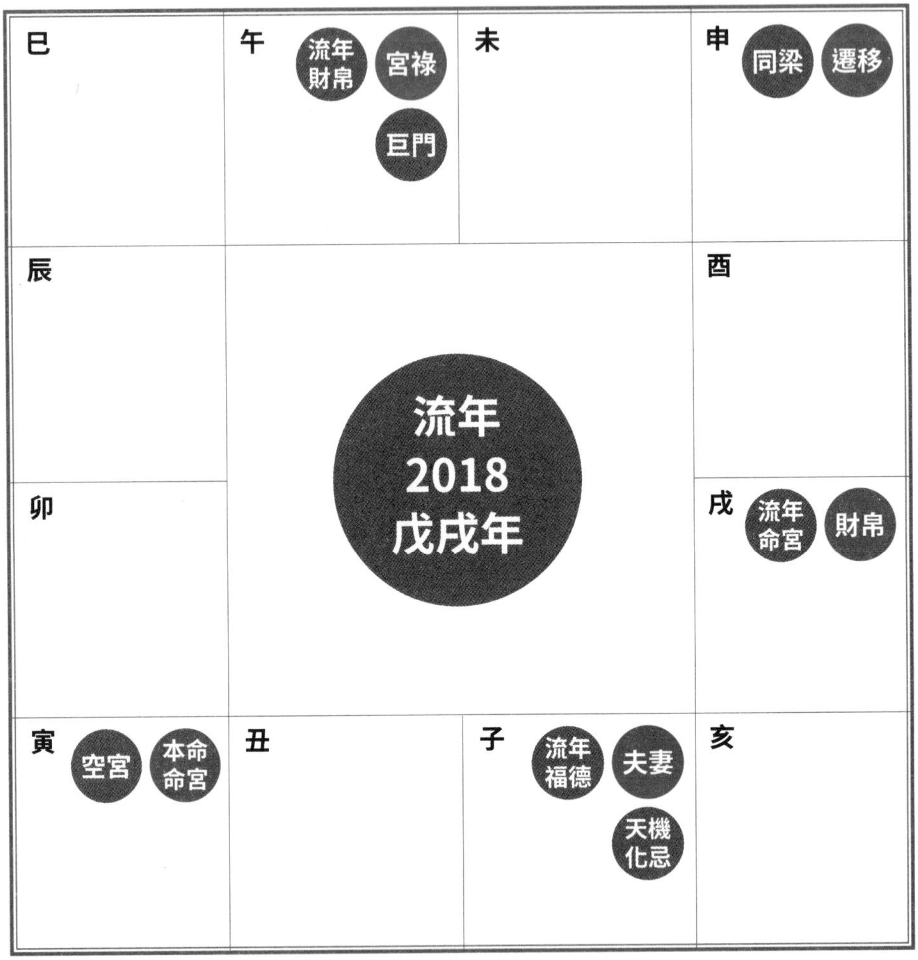

解答／

這張命盤，本命命宮在寅位，空宮對面有天同天梁星在裡面，流年 2018 年是戊戌年，戊的天機化忌，所以剛好會化忌在這個人的本命夫妻宮。因為化忌是由流年天干造成，因此外界環境會讓這個人在情感上感覺內心空虛，精神不安，而影響了對面的官祿宮。只有工作才能讓他安心（在對面的宮位尋求安慰），但是同時因為官祿宮是巨門星，因此也會因為自己在工作上求好心切，跟人起了口角紛爭（巨門有口舌之爭的意思），同時也是這個人流年的福德宮，表示外界環境讓這個人覺得這一年的財運不太順利，總是覺得投資賺錢不如預期（流年財帛宮），因此會希望花錢在與心靈相關的事情上面（流年福德宮），例如學習、求神、娛樂。

1-10

肚子餓了才有動力，不滿足才能不懈怠——化忌給的人生力量

化忌在六親宮位是我們對那個人有無法忘記的情懷，因為內心對他有需求，而無法抵抗他。如果說這個對別人的需求，是放在自己身上呢？化忌，如果是出現在屬於自己的相關宮位，則表示對自己在相關宮位上的事物有著追求的態度，因為空缺所以產生需要，因為需要就會追求。

例如官祿宮化忌，在工作上，會總是覺得自己做得不夠好，因此會一直努力工作。一個人追求工作上的努力，當然也就容易成功，畢竟他會比一般人更認真。很多書上說官祿宮化忌，會因此工作不穩定、不順利，其實是因為這個人對工作有所要求，可能是要求薪水、工作環境，也可能是工作對他的人生價值。例如貪狼化忌，貪狼是慾望之星，在表示人生價值的官祿宮上，可以說這個人對於事業工作有所期

待，而且有很多想法，這時候如果化忌了，表示覺得自己的慾望不被滿足，如果工作不能讓他覺得可以有很多發揮，自然會想離開。只是在華人喜歡安穩的奴性思維裡，覺得人一直換工作是不好的。這是在本命盤。

若是在運限盤，說的當然是在那個時間內，自己對工作的期待不被滿足，因此會希望能夠做得更多。如果再遇到運限的煞星進去，對事業有很多的要求跟期待，卻又覺得現實狀況不被滿足（貪狼化忌），再補上一個讓人衝動的煞星（擎羊或火星、鈴星），可能就會離開工作；如果再加上化權，希望可以掌握自己的事業，就可能會去創業了。又如果有化祿在命宮、財帛宮等等，創業還可能因此賺錢，這就是紫微斗數解盤的邏輯。

依照基本結構，一層一層推理分析，並且堆疊現象會出現的條件，從這樣的角度來看，我們就可以知道，其實化忌並不可怕，甚至可以是動力，因為對事業的渴求，反而讓自己有了開創事業的動力。依此類推，如果是武曲化忌，可能就是因為錢，因為武曲是財星，如果進去的煞星是陀羅星，可能不會衝出去開創事業，因為陀羅是糾結跟堅持，這時候會變成在原本的工作上繼續努力。此時這個人如果是你的員工，就可以好好要求他、折磨他，因為他會很努力但是又不敢離開，只會一邊罵，但是一邊為公司拚命。

如果在財帛宮，當然是指使用金錢的態度，如果有化忌產生了空缺，表示對於金錢容易沒有安全感，總覺得錢賺得不夠。大家要知道，覺得自己賺得不夠的人通常會認真賺錢，覺得自己吃不飽的，才會吃到變成胖子（例如我）。因此如果本命化忌在財帛宮，其實反而會更努力。如果運限走得好，機會來了，會比別人更加認真賺錢。那麼這跟官祿宮有何不同呢？官祿宮說的是工作與事業，因此官祿宮化忌，求的是在事業上的發展與成就，但是在財帛宮就比較傾向於金錢上，雖然好的事業可能會為自己帶來財富，要賺錢也需要有好的工作，但是兩者還是有所不同。許多人努力工作但是不見得賺錢，同樣地，財帛宮化忌的人會比較不要求工作上的滿足，因此從化忌在哪個宮位就可以知道這個人的人生動力從哪裡來，當然上面說的是本命盤的財帛宮，而本命盤說的是態度跟價值觀，我覺得自己缺錢，不見得就真的缺錢，至少在小學時候如果財帛宮化忌，可能是因為想買漫畫，但零用錢不夠。

如果是運限盤的財帛宮，就可能真的有財務壓力，也就是在那個時間點的理財與財務能力，讓他覺得很空缺。一個人為何會覺得自己的理財能力不夠好，一定是因為錢不太夠，可能希望有一億，但是只有五千萬，也可能是希望投資卻資金周轉得很吃力，這些都可以是財帛宮化忌的跡象，但是不等於這個人沒有錢或是無法賺錢。最好的情況當然是這個人覺得自己的財務狀況不夠好，覺得財務能力是人生的空缺，但是他一樣會努力。同樣地，如果同一時間他有好的祿在對的位置，例如命宮（運勢不錯，若是武曲化祿在命宮更是帶了財運）、田宅宮（家人的支持或是有存款）、官祿宮（工作順利或是事業上有人緣），甚至是財帛宮，反而有賺錢的機會。

當然，我們不可否認，化忌這樣的空缺感確實可能來自於自己，也就是能力不足，或是資源不夠，因此很多老師才會將化忌形容得很可怕。也可能是我們因為化忌的空缺，而有太多的要求與期待、追求與渴望，所以在遇到煞星進來時，就讓我們衝過頭、做錯事，如同肚子餓容易很衝動地找到爛餐廳一樣，渴望愛情的時候通常會遇到渣男，因為空缺的不安而給自己洗腦，告訴自己可以接受不對的人。同樣地，也可能因為希望賺更多錢而讓自己做了錯誤的投資跟判斷，這是一般對於化忌負評解釋的由來。但是如果我們知道風險，瞭解化忌的力量，搭配上好的運勢，反而會是無比的動力，讓我們可以有超越常人的努力跟用心，自然能在同樣的條件下得到更好的成績。所以，化忌在自身的宮位，其實許多時候可以視為我們對自己的要求，只是需要找到對的追求方向。

跟自身有關的宮位，除了我們都很關心的財帛宮跟官祿宮，還有代表整體個性能力，幾乎影響每一個宮位的命宮、表示一個人內心與外在表現的遷移宮、代表自己福分與精神狀態的福德宮，以及財庫的田宅宮。用前述官祿宮跟財帛宮的例子來說，化忌的宮位產生了空缺，會希望可以在對面宮位產生彌補，我們來看看這幾個宮位若是化忌會有怎樣的情況出現。

以本命盤來說，若是化忌在表示內心與外在表現的遷移宮，代表內心有著一份空缺感，這份空缺感除了在內心，也會表現在外顯的部分。化忌在遷移宮，會覺得內心有所空缺，產生不安全感，以及覺得自己在外人面前表現得不夠好（其實只是自己覺得不夠好，或是不知道該如何處理好對外關係，並非真的很差勁），一旦覺得自己在這方面做得不夠多、不夠好，就會很重視自己在外的表現，內心也因此常常出現小劇場，會有很多想法。

同時間，化忌會連動到對面的宮位，希望得到彌補，所以化忌在遷移宮，會影響到對面宮位命宮，會希望用命宮來彌補內心的空缺，或是在外表現的不如意，這時候會產生怎樣的力量呢？這個人應該會很要求自己，因為他會希望自己的能力個性能夠消弭內心的不安，所以會努力追求成就跟各方面的條件，這類的人會因為尊嚴跟面子還有價值去努力，可以說是一個相當督促自己的人。

四化是因為星曜產生變化，因此我們可以更深入去看是什麼星化忌，如果是文曲星，文曲是思慮跟桃花，還有想法跟創意，化忌了會覺得自己的想法不夠好、不夠多，甚至人緣不夠好，所以會想得比較多，也會要求自己做得更好，不過有時候要求過多，反而會造成思緒混亂，甚至因此惹來不好的桃花。一個人一直希望被人家重視跟看見，就情感層面來說，自然容易惹來爛桃花，這是一步步推演出來的。

如果是福德宮，這個代表潛意識的宮位，是我們靈魂跟精神狀況的宮位，若是化忌了該怎麼解釋呢？

遷移宮的內心，與福德宮的潛意識，常常會讓人搞不清楚。簡單來說，遷移宮的內心世界是內心的小劇場，表面上談笑風生但是內心焦慮萬分，這個焦慮萬分是遷移宮的展現，雖然表面上是很開心的，但其實內心一直有個聲音在告訴自己為何人生如此倒楣。不過，不管有多困難，自己都非常堅持態度，雖然內心有聲音說環境很痛苦，卻還是一步步面對，這就是潛意識，也就是福德宮在這個部分的展現。

潛意識談的是不自覺做出的決定跟展現的態度，內心的聲音則是指自己會很清楚知道的想法。當福德宮化忌了，表示在潛意識中覺得自己是有所空缺的，例如武曲化忌在福德，這個人不會直接感受到自己缺錢（在財帛宮），或者不會展現自己很愛賺錢的樣子（在命宮），但是無形中會展現出對金錢有莫名的不安全感。武曲星也有重義氣、個性剛直的意思，所以也會在無形中展現出對某些價值有莫名的堅持，表面看不出來，其實在很多關鍵時刻都特別重義氣。福德宮也表示了賺錢的方式，因為它會影響對面的財帛宮，因此當福德宮化忌，因為感覺賺錢的機會跟方法不夠好，自己也就會比較努力賺錢，如果是代表慾望的貪狼星化忌，就表示會希望有更多的賺錢方法或是收入，如果是本命盤，當然是與生俱來的特質，如果是運限盤，就會是這個時間點內展現出來的價值觀，並且形成事件的發生。

田宅宮除了財庫也代表家人，田宅宮如果化忌，感覺自己總是虧欠家人，對家人就會有許多付出，但畢竟是空缺所產生的虧欠，所以付出的同時並不會太開心。對財庫來說，也有財庫空缺的意思，財庫既然空缺，就會一直想存錢，但並不容易存到錢，如果再加上煞星，就會是一直破財的象徵了，如果是在本命盤，恭喜你！一輩子都是如此；如果是運限，既然這個時間點留不住錢，就多帶家人出去玩好了，反正也是要照顧家人。

大家最害怕的就是化忌在命宮，許多人對於命宮有個化忌總是十分恐懼，以為一生都很糟糕。如果依照化忌是空缺的基本概念來說，命宮化忌可以解釋成生命有所空缺，我們當然會希望可以讓自己的生命變得很美好，因此自然會對自己有諸多要求，會願意讓自己變得更加完美，並且隨時注意是不是做得不夠。一個如此能夠自我要求的人，通常個性上比較不好相處，但如果加上其他桃花星，或者化祿同時存在，就可以改善。但反過來想，一個願意要求自己的人，自然會比一般人努力，雖然必須依照宮位內的星曜去解讀，搭配上三方四正，可能不見得全都是一般普世價值觀中認為好的狀態（例如廉貞化忌，廉貞是被設計成像外交官的星曜，而且足智多謀、反應很快，但是化忌的空缺會讓他太過追求這樣的做法，反應快能夠有小聰明來解決事情，若是做過頭，就會變成是喜歡不擇手段），但一個願意為了人生信念而努力的人，當運限不太差的時候，是很有機會成功的。

再加上祿隨忌走的概念，化忌在命宮會覺得自己的生命有空缺，當然希望所有的好處都拿來填補自己。而對於對宮遷移宮的影響，則在於這類的人會對外尋求有更多的機會跟認同，以及實現自己內心想法。從這個角度來說，化忌在命宮其實相當不錯，甚至可以說化忌星最好就是在命宮，這是本命盤的角度。如果是運限盤，則十年大限的大限盤，會有因為個性產生的現象出現，所以這十年會特別要求自己，並為人生努力，希望能得到成果。小限盤因為也是利用自己的時間、歲數所產生的命盤，因此小限命宮化忌，是在這一年會因為對自己的不滿意而努力。流年則是因為外在環境的關係，迫使自己必須這樣做，而因為化忌是一種空缺，所以會有一種覺得內心得不到滿足的不安、不開心感，但也同時是可以砥礪自己的一份動力，搭配上好的運限條件，能夠讓自己在這個時間點上，甚至一生，都有不錯的成就。

我們要記得化忌是一種空缺，人會因為空缺與需求，產生希望彌補空缺的力量，這股力量會變成我們的動力。不能將化忌單純看成不好的事情，只是需要擔心，有時候追求的力量太過頭，例如遇到煞星，可能會讓我們因此做了不好的事情。

小練習

試著以下面三張盤做簡單的四化解釋

圖一／

官祿宮化忌、財帛宮化科、命宮化權。

巳 化權 命宮	午	未	申
辰			酉 化忌 官祿
卯			戌
寅	丑 化科 財帛	子	亥

圖二／

命宮化科、官祿宮化權、財帛宮化祿、田宅宮化忌。

巳 化科 命宮	午	未	申 化忌 田宅
辰			酉 化權 官祿
卯			戌
寅	丑 化祿 財帛	子	亥

圖三／

命宮化忌、官祿宮化科、財帛宮化權、田宅宮化祿

巳 化忌 命宮	午	未	申 化祿 田宅
辰			酉 化科 官祿
卯			戌
寅	丑 化權 財帛	子	亥

解答／

圖一：命宮化權表示希望掌控關於自己的一切，因為四化的根源一切起於忌，所以命宮的化權實際上來自於工作的空虛和不安感，也就是希望夢想能夠得到滿足，因此希望掌握一切，而財帛宮化科則表示為了達成夢想，不在乎金錢的花費，希望用錢財來實現自己需要的化權，以及滿足化忌。

圖二：命宮化科，是個重視面子跟對人生有所期待的人，四化皆起於忌，這個人化忌在田宅宮，家庭教育和對家的態度讓他覺得需要做好人生大小事，並且化權在官祿宮，所以也會希望自己在工作上掌控一切，化祿在財帛宮會有不錯的理財能力。這樣的組合稱為所謂的三吉嘉會：有名聲（命宮化科）、工作努力希望掌握一切（官祿化權）、有理財能力（財帛宮化祿），除非遇到太多煞星或者財帛宮是破軍化祿，否則通常不差，更重要的是因為田宅化忌，祿隨忌走，只要家裡需要，就會將錢拿回家。

圖三：命宮化忌的人，會因為對人生的不安感而努力的自我要求，並且因為一切起於忌，所以其它三個祿權科都會受到化忌的影響，這時候如果官祿宮化科，會是因為對自我要求，所以在工作、學業這類人生價值的追求上，希望得到好名聲，通常也會相當有成就，並且財帛宮化權希望有掌控財務的能力，所謂的掌控財務，通常表示自己的錢自己控制，這只有當老闆才辦得到，因此化權在財帛宮的人通常會創業；最後田宅宮化祿，對家人很好、期待自己可以存錢買房也重視家庭，這樣的態度讓家人很願意給予他幫助，因為祿隨忌走，可能是家族給予他創業的幫助，或者說家庭的溫暖讓他在為自己努力的過程中得到幫助。

第二章

空缺是力量的由來，人生中動力的來源——飛化與自化

2-1

要怎麼飛，飛去哪裡？——何謂飛化

我在《紫微攻略》的最後一章提到，利用別人生年天干造成自己命盤四化，表示這個人會對自己的人生有何影響的技巧，這其實就是一種「飛化」——這個四化的產生不是因為時間而造成。

命盤上無論是生年的四化、運限的四化，其實都是因為時間的變動或是設定所造成命盤上的星曜變化，如同隨著年紀增長，對於感情、朋友、工作的態度也會轉變，是因為時間不同而產生變動。但是人的改變不會只有時間，也可能是因為人與人之間的相處，所以有了別人生年天干造成你命盤上星曜變化的技巧。

這是紫微斗數中討論人與人的關係的一個重要訣竅，因為這是別人的天干，跑來你的命盤，好像天上飛過來的一樣（當然如果是渣男，你也可以說這是垃圾堆飛過來的），所以稱為「飛化」。簡單來說，所謂的飛，就是非時間因素自動產生，而是別人給的，放大定義來說，可以說是「A給B」，因為**A產生的天干，造成B的星曜產生四化，這個飛化的技巧不只是別人飛給你，也可以是自己飛給自己，可以是自己的十二宮彼此給各宮位產生四化，**例如夫妻宮的宮干可以造成命宮的星曜化忌，表示感情態度常常讓自己內心感到空虛。例如夫妻宮的宮干是甲，命宮的星曜是太陽星，甲天干太陽化忌（可見P.114四化表），所以是夫妻宮的天干造成命宮化忌。（見P.89圖）

而化忌在命宮，我們會說這個人因為內心的空虛跟沒有安全感，因此會很努力地充實自己，希望自己更好。但是這個在命宮的化忌本來並不存在於自己的命宮，也沒有因為大限的時間走到了，才感到內心空虛要奮發向上，而是因為感情造成，或者說是因為自己的感情態度所造成，因為是代表感情態度的夫妻宮內的天干，造成命宮化忌（A夫妻宮，B命宮，A給B一個化忌），因此，這個化忌產生的力量當然就落在感情上，不會像生年或是大限產生的。就如同有個人平常對自己是得過且過的，但是卻對情人言聽計從，可以為了追一個女人上山下海，他可能就是因為夫妻宮化忌到命宮，因為感情造成了命宮的空缺，有空缺就會有力量，上山下海、萬死不辭啊！

因此我們常說找對象很簡單，找夫妻宮化忌到命宮的最好，因為他會很愛很愛你，當然並不保證他除了很愛你，是否也很愛其他人，畢竟這只表示他對感情的依賴程度很高，但不保證你是他感情唯一的依賴，而且往往這類依賴感情的人，也會是一直尋求感情的人，因為當你給的不夠，他就會往外找了。

由十二宮彼此給其他宮位四化，透過這個方法，我們對紫微斗數宮位的架構就能有更立體的觀念，跟紫微斗數將人當成一個小國家或是小公司，公司的組織架構就像是十二宮，彼此有一個平面性，前後有順序的關聯，如同兄弟宮的逆時鐘一個宮就是夫妻宮。也有組合宮位的概念，如同各部門需要彼此協同作戰，這是宮位有三方四正的觀念。而本命盤像公司部門的基本組成，運限盤就像是公司在每個時間點的發展狀況，大限像是十年的主要大計畫，小限則是這一年公司內部的計畫與發生的現象，流年則是這一年外界環境給予公司的變動與影響。

而各宮位間的飛化，可以看成各部門間的彼此連結跟影響。例如財帛宮化忌，就像是財務部門覺得公司的現金總是不夠，這時如果財帛宮化忌到官祿宮，就表示財務部門會希望業務部門認真一點，給予業務部門壓力；如果化祿在遷移宮，就表示會希望多往外走，多增加人脈跟機會。這樣的觀念跟技巧，讓紫微斗數可以藉由

A 宮位天干造成 B 宮位星曜化忌

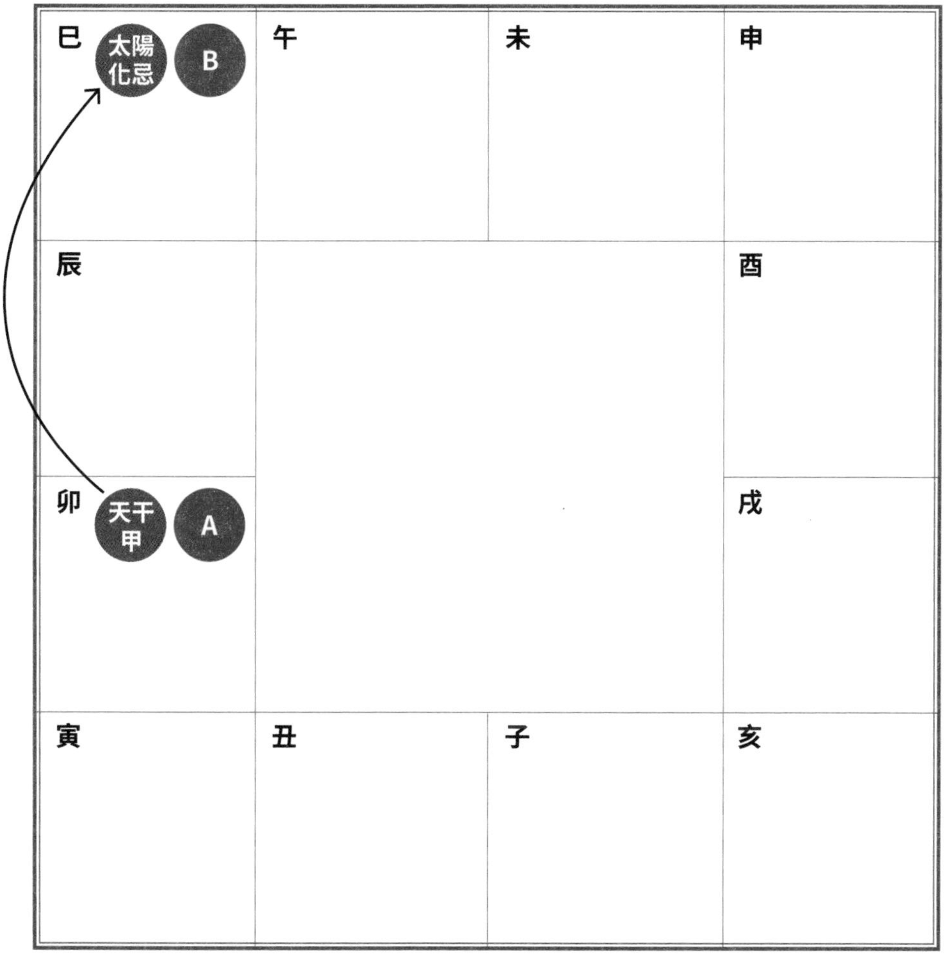

二宮彼此的影響，更多元地判斷一個人心之所繫的價值，以及從盤面上找到乍看之下看不出來的內心波動。這是原本不被記錄在傳統《紫微斗數全集》、《紫微斗數全書》上的技術，而是在明朝時期成型，相較於南派斗數利用占星學手法，更貼近易經概念的北派斗數重要技巧。

利用這個技巧，可以輕鬆找出我們在乎的事情，以及所造成的人生問題，如同《紫微攻略》中提到，可以利用這個方法找到適合自己的人一樣，十分簡單好用，只需要熟悉宮位的含意以及四化，就可以簡單判斷。雖然四化必須跟著星曜解釋，才能夠有詳細的解答，但是對於一般人的使用，可以暫時跳過星曜，簡單利用宮位的變動做出概略的解釋，等到熟悉後，再搭配星曜的學習，便可以將事情解釋得更為詳盡。

因為這個飛化的技巧可以產生許多排列組合，常讓人無法捉摸到底該怎麼使用。因此，雖然是目前華人紫微斗數圈主流的流派，卻常常使初學者無法真正上手。聽老師講解都很厲害，自己卻很難學會，主要是因為絕大多數的書籍，都是利用許多複雜的口訣教授，但是誠如我一直強調的，人生的變化何其大，根本不可能用公式套，公式只是幫助我們建立邏輯思考的工具。光背公式一定會出錯，必須理解基本的原理。而飛化的基本原理透過這個概念，搭配紫微斗數結構嚴謹的宮位與星曜設定，就可以透過慢慢的熟練，而讓紫微斗數為自己日常所使用，幫助自己。

若說《紫微攻略》談的是一張人生的地圖，這裡說的**飛化，就是自己十二宮內彼此之間相互的影響，讓自己產生動能。**而四化的起源來自化忌，一切起於化忌，人必然因為有空缺才有所追求，所以化忌的空缺會為我們產生動力，當我們利用飛化找到各自宮位缺乏的問題，同時也可以利用這個空缺為我們帶來改變的力量。

小練習

以下財帛宮化什麼給哪個宮位？

財帛宮宮干為甲

巳 空宮 命宮	午 天機 父母	未 紫微破軍 福德	申 空宮 田宅
辰 太陽 兄弟			酉 天府 官祿
卯 武曲七殺 夫妻			戌 太陰 僕役
寅 天同天梁 子女	丑 天相 財帛 宮干甲	子 巨門 疾厄	亥 廉貞貪狼 遷移

解答／

財帛宮宮干為甲，再排進星曜下方寫出四化，並且畫出箭頭指引財帛宮化什麼到哪個宮位。

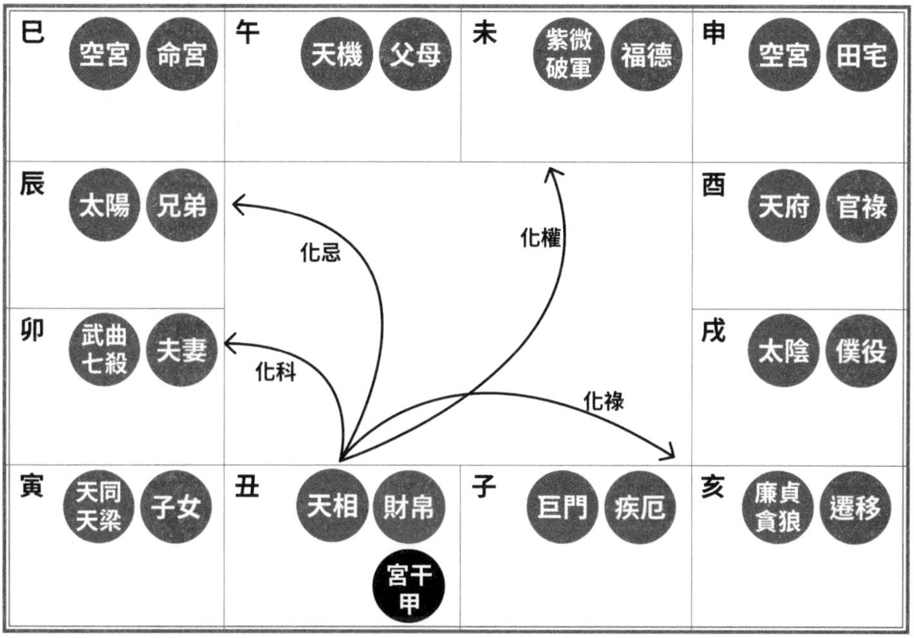

2-2

自己害自己的自化到底有多可怕？

自化，是一個很有爭議的四化用法，有些書將自化說得很可怕，好像有了自化，一生就會有什麼問題。也有一種說法是自化根本不重要。其實這些解釋都不太對。什麼是自化呢？我們說四化是依照天干來代表時空環境，所以幾乎只要是有天干產生的地方，就可以產生四化。因此，可以有出生年的天干，大限命宮的天干，甚至是別人生年的天干，以及各宮位的天干對其他宮位的影響。而自化的意思是，在某一個宮位中，宮位的天干（我們稱為宮干）造成該宮位星曜有了四化，例如某人夫妻宮內有個太陽星，而夫妻宮宮干剛好是甲，甲天干會造成太陽化忌，所以我們可以說這個夫妻宮有個太陽自化忌，是自己的宮干造成自己化忌。

夫妻宮太陽自化忌

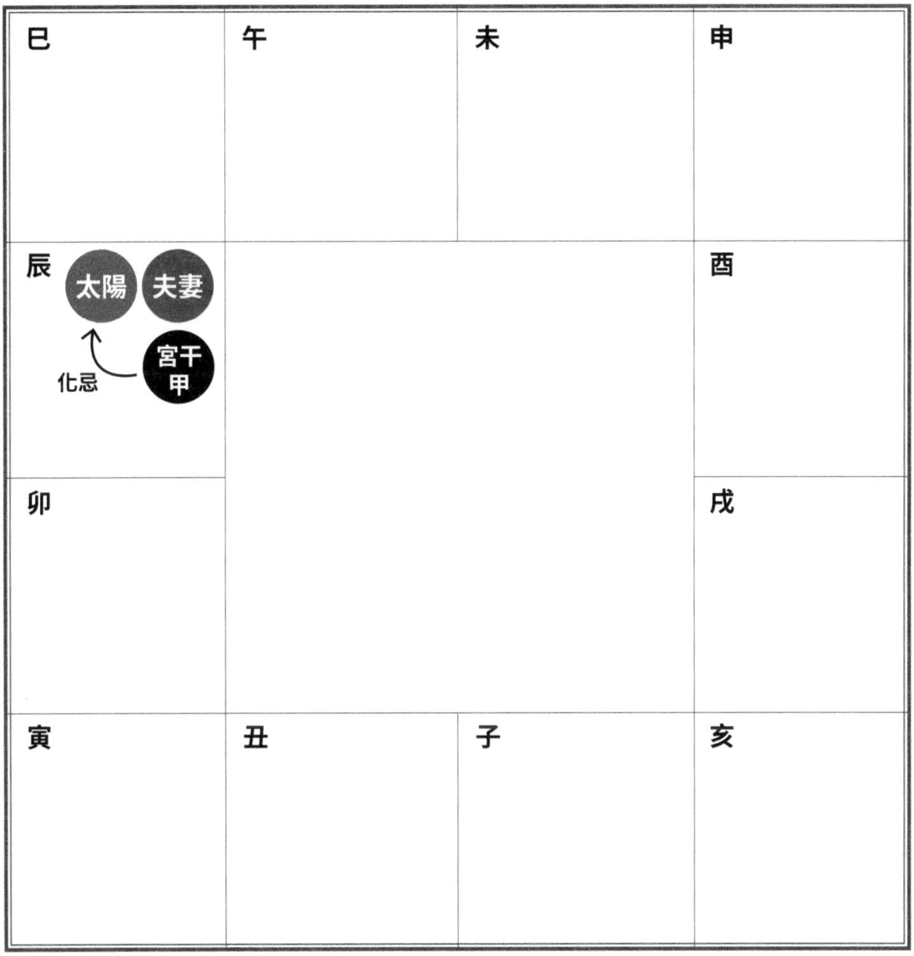
巳
午
未
申
辰
太陽
夫妻
宮干
甲
化忌
酉
卯
戌
寅
丑
子
亥

這就是自化的意思，是自己宮位的天干造成自己星曜的變化。紫微斗數中的宮位，在本命盤代表了我們一生在各類事情與親屬關係上的情況，其中的星曜來代表我們對這個宮位產生的價值與態度；運限盤的宮位則代表了那個宮位所展現的時空環境以及與自己的關聯，因此，當這樣一個代表時空環境與價值，或者說人生在這個區塊的態度的宮位，它所代表的天干，造成了內部產生變化，這樣的自化，可以簡單解釋為：**這是自己造成的，自己引發的**。

以前述太陽星在夫妻宮裡面為例，如果是本命夫妻宮，我們可以解釋成這個人在感情態度上希望擁有主導權，希望照顧別人，也希望另一半依照自己的想法、配合自己。如果這個人的出生年是甲，天生命盤在夫妻宮上就會產生太陽化忌，這代表此人特別重視感情，對於情感的態度，是更加希望對方照著自己的想法，因為覺得自己的作法才能夠真正照顧對方。這是因為太陽化忌了，所以引發在夫妻宮太陽的特質，在情感上會覺得自己總是做得不夠多，不能更照顧對方。如果夫妻宮內是武曲，就會習慣性地用錢來衡量愛情，這是因為出生年產生的化忌會有的情況。如果是運限出現化忌，就會是在這個時間內有這樣的跡象，運限夫妻宮武曲化忌，會因為金錢的問題讓感情出現問題。若是太陽化忌，就會因為自己在情感上希望對方聽自己的話，也重視自己在感情上的主導權，因而產生問題，這些是四化基本的應用，但如果是自化呢？

自化之所以會出現，是因為自己的宮位所產生，也就是自己在那個宮位所代表的價值觀與態度造成的。舉例來說，夫妻宮自化忌，夫妻宮是自己對感情的態度，使宮位產生了一個化忌，表示自己對感情的態度造成了夫妻宮內有個化忌。也就是說，如果夫妻宮武曲自化忌，表示原本不會因為金錢觀造成感情問題，頂多是在情感面比較務實；夫妻宮太陽自化忌，說的只是在感情上比較照顧人，並不見得會產生問題，但是因為自己對於情感的要求，反而出現了問題，因為這完全是自己的個性價值所造成。這個部分常讓人分不清楚，覺得無論是生年化忌或是自化，似乎都是自己的個性所造成，但是這中間有何差異呢？

如果是生年產生的化忌，是自己與生俱來的。化忌可以說是自己一生都覺得空缺的地方，一生都想彌補的位置，也會影響對面宮位，例如田宅宮化忌，家是這個人一生都覺得無法得到安全感跟滿足的地方，通常這類的人與家人的關係比較差，或者會有比較多的問題，而影響了對面的宮位子女宮，希望能從子女身上找到彌補，因此這個人通常很喜歡小孩，有了小孩，會讓他覺得自己有了一個家，這是一般本命盤上因為出生年產生出來的天干，並因為這個天干化忌影響宮位的基本概念。

但如果是自化忌，這個化忌並不是與生俱來，而是後來因為自己的個性態度才造成的，也就是對家人的態度（田宅宮）或是感情的態度（夫妻宮）而造成，是自己認為、覺得家人對自己不好（田宅宮武曲自化忌），覺得自己在情感上做了很多的付出（夫妻宮太陽自化忌），認為自己受到了怎樣的待遇跟自己的心情如何，一切都是自己覺得，一種自以為的狀態，因此**自化忌雖然也可以因為對面宮位與自己的價值態度而彼此影響，卻不能將心情投射在對面宮位，希望尋找對面宮位來彌補。**因此，如果是田宅宮自化忌，就不會如同田宅宮生年化忌的人，特別喜歡小孩，這是自化的基本概念。

自化忌跟生年四化一樣，是本命盤完成就出現在盤上，不會隨運限產生變化（自化依照本命盤十二宮天干產生），因此展現出來的情形會很類似生年的四化，如同田宅宮出現化忌加上擎羊是破財，如果是本命盤，則表示這個人一輩子都會無緣無故地破財，無由來地破財。如果是自化忌呢？則表示破財通常是自己造成的，自己造成了財庫破洞。但是自化忌的人卻不會承認是自己的問題，就像有人喜歡亂停車，結果常被開罰單，這要怪誰呢？

就是因為如此，所以坊間對於自化有幾種看法，第一種認為沒有自化，因為這太不確定了，只是一種個人認知的問題；第二種認為自化很嚴重，這類的說法很好理解，人只有自作孽，別人才會完全無法規勸跟阻止；第三種則是持相反意見，覺得自化沒什麼影響力，這也很好理解，因為這是「自己覺得」的事情，當然效果也不大。以下舉幾個例子大家就能明白。

我們說命宮化忌的人常會要求自己，總覺得自己做得不夠，如果這個化忌是自化忌，就會變成覺得自己很要求自己，但其實不盡然。如果有一個人官祿宮有太陽，一般來說，工作上很有領導能力，很能夠照顧人。如果是生年化忌了，就會變成很要求工作、重視工作，在工作上會照顧人，但也希望大家照他的方式去做，而且這件事情會是他一直努力的，因為他總是覺得大家不夠團結、不夠努力。相對來說，他可能會因此在工作上獲得很好的成績，但也會常因此跟工作夥伴、上司起爭執、衝突，這是本命官祿宮太陽化忌，他一輩子的工作態度跟個性都會有這樣的特質，如果運限沒有遇到好的官祿宮修改，就會一直如此。如果是運限產生的，則表示在運限的時間內，他會有這樣的心態而造成這樣問題。如果是自化忌呢？自化是一種自以為的情況，所以自化忌會是在本命盤造成他一直覺得自己要照顧別人，也覺得自己照顧得很好，很有領導能力，卻也覺得為何大家都不聽他的話，不照他的意思（自己覺得，不見得如此），如果再有煞星進去，就會讓這個自以為是的情況加重。如果單純只是一個自化，就只是自己跟自己說話，自以為而已，其實並不是太嚴重。

有的老師認為，自己造成內心的聲音，才會真正影響運勢，所以自化很嚴重；有的老師認為既然只是自己造成的，只要改變心情就沒事，很簡單，所以自化的影響不大。這些看法其實都是因為自化的特質來自於內心、是自以為所產生的問題，有了這樣的自化基本概念，我們就可以知道為何會有如此大的解釋差異，也可以知道其實**自化是一種可以隨我們心意調整的力量**。

四化在紫微斗數中是很重要的概念，原因之一就是紫微斗數利用基本原理跟條件，建構了每個人專屬的小宇宙、專屬的世界，但是在這個小宇宙中，並不是一個恆定的狀態，它是會發展、成長跟分裂的，因此它呈現的是變化的狀態，而紫微斗數用了許多的設定，讓我們可以推演這個小宇宙的變化。我們可以從這個小宇宙中瞭解自己，可以因為掌握了這個小宇宙而知道它將如何發展，當然也就可以利用自己的力量去改變這個小宇宙，改變自己的人生，這正是紫微斗數當初被設計出來的原因。初學者容易受限在各種條文跟解釋中，忘了紫微斗數是要解釋人生的，但人生怎麼可能被條文所構成呢？人生本來就是複雜而多元，所以紫微斗數是有變化的，因為它是被建構出來對應我們的人生。這些變化的工具可以是疊宮、可以是飛化、可以是各類運限盤，各式各樣的工具展現出命盤的靈活，最後我們發現，這些東西不只是推演，而是讓我們可以倒過來去影響命盤，改變我們的小宇宙。而改變人生最重要的工具之一，就是四化，進一步講，帶動整個四化的力量來自於化忌，因為空缺而有追求能量的動力。因為化忌，我們可以讓整個命盤的能量流動，掌握好這個能量的流動，就可以利用它改變人生。

化忌的力量，是專屬於我們內心的能量，透過前面對化忌的認識，我們就可以利用飛化在各宮位之間化忌彼此影響，進而發現、解決問題，甚至更進一步讓自己有更大的能力改變人生。

小練習

如果可以有自化忌，當然也可以有自化權、自化祿跟自化科。請問如果化科在命宮的女生，表示這個女生會因為愛面子，重視自己的名聲，而注重打扮，所以通常化科在命宮的女生算是外表不錯的，但如果是自化科呢？在一樣的星曜條件下，會有一樣的效果嗎？

↓

解答／ 因為自化是自以為，所以如果化科是重視自己的外表，自化則是覺得自己的外表很不錯。當然，覺得自己長得好看的人通常也比較愛打扮，例如老師我覺得自己應該已經沒救了，若要好看，唯一的機會是投胎，連整型都無法救我，那我自然不會重視外表。但是如果有人覺得自己還不差，會認真打扮自己，通常也會有不錯的外型，但是生年化科，表示天生就有不錯的外型，而自化科表示他覺得自己不錯，這兩者是有所區別的。

第三章

愛情的力量與挑戰（一）

十二宮化忌到夫妻宮

3-1 飛化對感情的影響

我們說生命中總會有空缺，所以會想要彌補空缺，也會因此產生人生的力量，因為人生總是在不足之中才會有所追求。但是既然會有不足的感覺，當然就是力不從心，力量的產生往往來自於挑戰，挑戰的出現也讓我們更增加了自身的力量，一來一往、一起一落之間，就如同愛情給我們的感受，這個感受最深的地方就是化忌的所在。許多人的夫妻宮本身就會因為生年化忌，這是天生對愛情的追求，也無法放棄的需求；運限產生的夫妻宮化忌，則是在整個運限的時間區塊，自己因為個性跟心態而對感情產生期待以及努力。小限則是那個年份自己對感情對象的努力，卻往往努力過頭，反而讓自己不知所措。若是流年夫妻宮，則會因為流年代表的外在環境的影響，在感情上有所空缺，讓自己不知道如何是好。除了這些化忌，還有誰會讓我們的感情路上充滿挑戰，也讓我們增加了力量？

如果命盤是一張人生地圖，飛化就是地圖上看不到的隱形挑戰與隱藏路線，可能會讓我們在危險的峽谷後面找到出路，在叢林中找到自己專屬的柳暗花明，這就是宮位飛化帶給我們的無形影響。如前面所說，所謂飛化就是某個宮位的宮干，造成另一個宮位的影響，十二宮各宮位都可以讓夫妻宮產生化忌，而夫妻宮也可以讓十二宮各宮位化忌，如果不瞭解飛化，便不能看到這個在命盤上隱形存在的影響。許多初學者甚至是老師，或是去算命的客人，因為不瞭解飛化而無法瞭解自己在感情路上找不出來的問題，命盤上看起來很好的夫妻宮，跟另一半也有很好的情感，卻總是出現一點問題，甚至當運限出現不好的煞星進入，最後導致兩人分開。在《紫微攻略》中，我們提到了三個以上的煞忌就會造成宮位的破壞，有時候雖然只有兩個煞忌，但還是出了問題，這可能就是來自飛化的影響，本來就具備問題，最後再補上一個衝突的力量，產生宮位的破壞。或是雖然看起來普通的宮位，卻因為這個看不見的力量，讓我們對感情充滿無可抵抗的執著。

曾有個客人，與老公感情很好，卻無由來地在某個年後，老公對她態度丕變，表面很好卻越來越冷淡，最後導致兩人分開。她的婆婆對她總是百般關心，幫她與老公溝通，兩人分開後，她依然感謝婆婆。事隔一年多才知道，其實婆婆一直在背後說她的壞話，兩面做人，因為老公很疼愛她，引起婆婆的不滿。但是這樣的情況有時候在命盤上是看不太出來的，如果用飛化化忌的方法，有時候就可以看出端倪，例如，有某個宮位化忌在夫妻宮，讓夫妻宮產生無形的空缺，從本命盤來說，可以說是先天的個性特質，造成在感情上的不穩定跟不滿足，或者說是沒有安全感。若是搭配上運限的煞星，就可能在感情上產生問題。前面提及的例子，因為母親在背後說老婆的壞話，而造成自己與妻子感情變差，這何嘗不是因為自己容易受母親影響呢？如果不是因為自己本來就容易受影響，母親說老婆的壞話，自己反而會對母親反感吧？至少也能夠分辨出這是不是惡意的中傷，而不會導致與老婆分離。所以各宮位化忌進到夫妻宮，在本命盤上，都會用各宮位所代表的事情去影響自己在情感上的價值觀來解釋。如果有這樣的問題，就該注意是否會有煞星進去。如果是在運限盤，則是本來沒有，但是在運限代表的時間點內會有這樣的情況出現。

本命盤說的是心理素質，自然心理上容易受到影響，運限盤說的則是現象的發生，所以當我們拿到命盤的時候，看看命盤上的夫妻宮會受到哪個宮位飛化影響造成化忌，就可以知道這個人的感情問題會很潛在地受到什麼事情影響，例如這個人的本命夫妻宮是太陽，但是代表母親的兄弟宮宮干是甲，則兄弟宮宮干的甲造成他的夫妻宮太陽化忌，夫妻宮有太陽星，表示他喜歡有主見的女人，但是這樣的女人通常也就不是那麼乖順（除非是在申、酉、戌、亥、子、丑這幾個位置的太陽，因為是在落陷位，是逐漸下山的太陽，所以力量比較弱）。

在本命盤表示，他的母親其實不喜歡他心儀這類有主見的女生，如果是在運限盤，因為運限表示的是現象，所以這個運限的時間點內，母親會造成他跟情人間的感情出現問題，因為化忌的是太陽，所以通常是因為母親跟他的情人要爭奪一個家的主導權（太陽是一家之主），而造成他的感情問題。

兄弟宮化太陽忌到夫妻宮

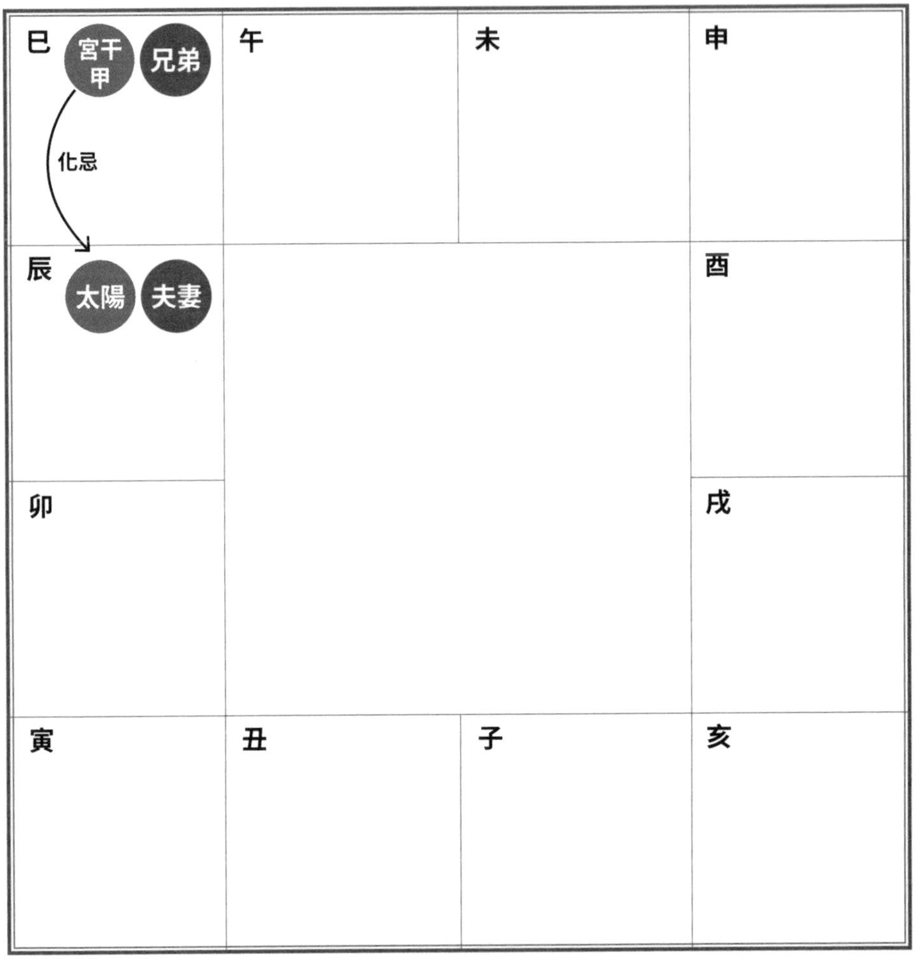

飛化的應用可以幫我們在基本的紫微斗數命盤中，找到我們不知道的問題。那麼，飛化的應用在命盤上十二宮中彼此的影響各自代表了什麼？又各自可以對我們的人生在感情上產生什麼影響呢？這通常也是專業命理師在實務上快速看盤的技巧。可以很快地找到命盤上的問題，搭配上對星曜的瞭解，解析出很細微的情況，初學者們即使不太熟悉星曜，也可以利用這個方法瞭解問題的重點在哪裡。

小練習

請問下圖表是哪個宮位造成夫妻宮化忌，並且試著解釋含意。

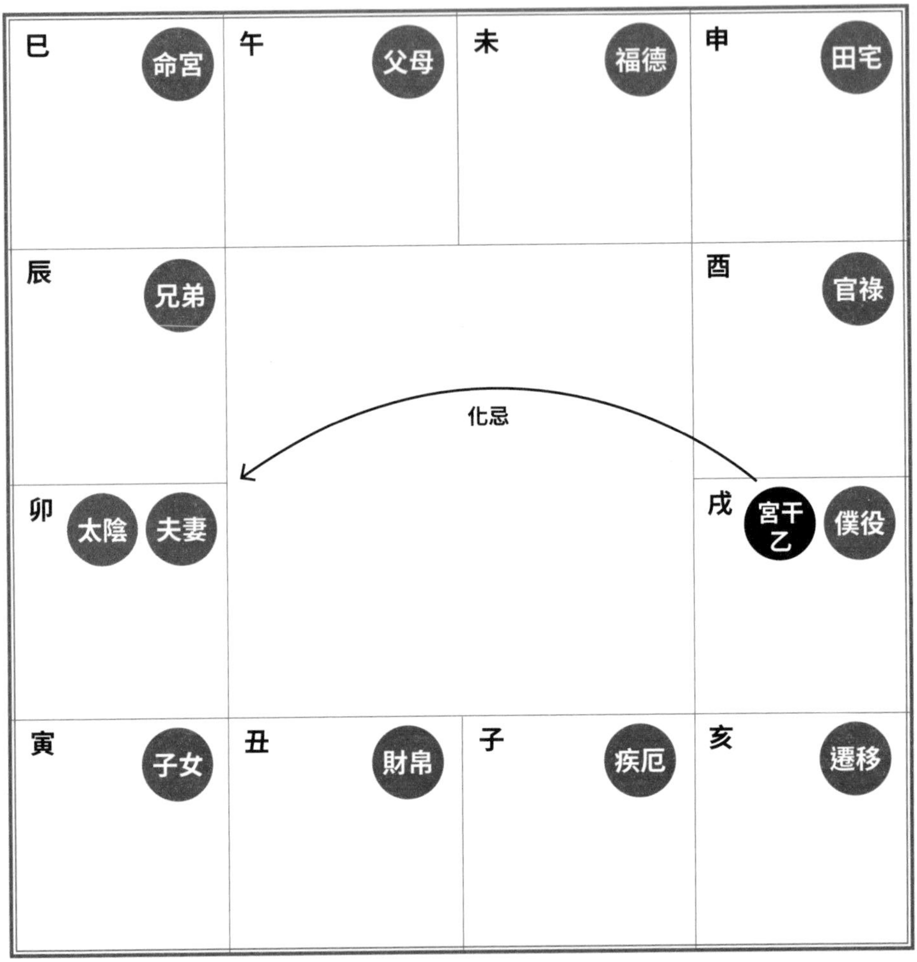

解答／

這是僕役宮造成夫妻宮化忌，如果是本命盤，表示這個人選擇對象時，很容易受到朋友意見的影響；如果是運限盤，則表示在運限間內，他的感情總是受到朋友的干擾；如果是男生的命盤，更可能是女性朋友會影響他跟自己女友的感情。

3-2

是誰讓我永遠得不到愛——十二宮化忌到夫妻宮

宮位中有化忌產生，造成宮位空缺，會讓自己希望追求屬於那個宮位的事情，夫妻宮有化忌，感情就是一直希望追求的事情。若這個化忌來自於生年（因為出生年所產生的），那麼天生就會對感情有很深的期待跟追求；如果是運限產生的，則是那個運限時間內對於感情有所期待跟追求，而這個期待跟追求搭配上星曜跟煞星的特質，也會造成感情上的各種現象發生，因為本命盤只代表了個性跟態度、價值，但是運限盤談的是當下時間內的情況，所以雖然會因為個性決定命運，造成我們容易一生都有本命盤上的情況，但是真實現象的發生還是在於運限盤上，因為那才是當下自己的決定。如同一個天生開朗的人，他還是會有發怒的時候，只是一個天生開朗的人跟一個天生暴躁的人，當下發起怒來的狀況不同而已。這也是為何我們一直強調，本命盤跟運限盤的差異性必須分得很清楚，才能瞭解到底是天生性格使然，還是因為時間運勢所造成。

而夫妻宮除了生年跟運限的天干會造成化忌，讓我們產生對於感情的空缺，進而有所追求之外，飛化也會造成夫妻宮化忌，也就是說，會有其他宮位所代表的事情造成夫妻宮化忌，這是紫微斗數很有意思的地方。

一般我們對於自己的瞭解，通常被解釋成自己的個性，例如你是個怎樣的人，我是個怎樣的人，其實解釋起來很單薄，但是在紫微斗數中，將人分成了天生的個性（命宮）、外人對自己的看法，以及自己內心的聲音（遷移宮）、自己的潛意識跟靈魂（福德宮）、以及十二宮各自代表自己對那個宮位的態度跟價值，還有與親屬朋友的關係，利用這些垂直跟平面的宮位結構，建構出非常立體的實際人生面向，組合出屬於自己的小宇宙。因此，影響一個人的感情不會只是因為天生的個性，或者說不會那麼單薄，只用天生個性來籠統訴說，而是可以細分成許多面向，在感情上的空缺感，可以是因為內心不安，可以是因為家庭教育，可以是因為潛意識甚至是靈魂造成的，更可能是因為財務觀念、工作態度，造成自己在情感上的空缺，最後引發問題或動力。這樣的分析設計能力，就是建構在飛化這個很重要的技巧上，利用各宮位宮干對於夫妻宮所產生的化忌，來分析推算出到底為什麼讓我的夫妻宮沒事產生一個洞（空缺）。

十二宮都可以讓夫妻宮產生化忌，但是因為這樣的飛化不會出現在命盤上，需要自己推算，不瞭解的人往往就忽略了命盤上飛化的跡象，因此建議大家至少該把下面這張「四化表」背起來，方便推算使用。（我大概是最不建議背書的命理老師了，但是有些基本的設定還是需要記一下。）這張表跟一般台灣通用流行的四化表在庚年的時候有所不同，其中諸多原因，在此不做贅述，有興趣的人可以看我的部落格文章，裡面有所說明。

四化表

天干	祿	權	科	忌
甲	廉	破	武	陽
乙	機	梁	紫	陰
丙	同	機	昌	廉
丁	陰	同	機	巨
戊	貪	陰	右	機
己	武	貪	梁	曲
庚	陽	武	同	相
辛	巨	陽	曲	昌
壬	梁	紫	輔	武
癸	破	巨	陰	貪

3-3

媽媽叫我不要嫁——兄弟宮化忌入夫妻宮

各宮位會如何造成感情產生空缺呢？以兄弟宮來說，兄弟宮代表了母親或是同性別的兄弟姊妹，在本命盤上可以代表母親或者是自己跟同性別兄弟姊妹相處的態度。若是本命盤的兄弟宮造成夫妻宮化忌，可以說是母親影響了自己的感情觀，這裡所說的包含了遺傳自母親的個性與態度，也可以表示是從小母親對自己的教養，因為自己出生的時候，母親已經存在，因此本命盤上，兄弟宮代表母親的時候，可以當成是一個已經存在的現象，如果兄弟宮化忌到自己的夫妻宮，就表示受到母親的影響。當然，也可能是同性別的兄弟姊妹影響了自己的感情觀念（不同性別的兄弟姊妹則用僕役宮代表）。

化忌是空缺的意思，所以是母親或是我們的同性別兄弟姊妹，造成夫妻宮有空缺，有空缺就會有需求出現，如同肚子餓了就會想吃東西一樣，肚子空缺了自然會想找食物。生年天干造成夫妻宮有空缺產生，表示天生對感情的渴望與需求；運限的命宮天干造成夫妻宮化忌，則表示在那個時間點，因為自己年歲改變而產生對於感情的需求。

如果是兄弟宮、夫妻宮產生化忌，就代表我們對於感情的空缺感、缺乏，不知道該如何處理感情的種種狀況，來自於兄弟宮的影響，也就是來自於從小跟同性別兄弟姊妹的相處，或受了母親的影響。可能是從小因為與母親不合，所以期待被另外一個女人照顧；也可能是因為從小受到母親過好的照顧，所以希望另一半在情感上，也如同母親一樣地照顧自己；也可能是因為跟兄弟姊妹的感情很好，或是因為從小缺乏，所以希望另一半可以像兄弟姊妹一樣。化忌是一種空缺，生年的化忌會造成我們期待感情，但是往往又無法好好處理，造成感情容易不順利，而運限盤是在這個運限的時間點有感情的問題，這些感情問題可能來自於母親跟兄弟姊妹的影響。

如果沒有熟記四化並知道應用的方法，在命盤上是看不見飛化的，《紫微攻略》中提及，宮位如同時空環境，所有的命理基礎皆在於人跟時空環境的關係，其中之一被破壞了，狀況就會不穩定、有所變動，而宮位只要遇到包含三個以上的煞忌，就會被破壞。因此，如果有一個人的本命夫妻宮具備了一顆擎羊，感情的態度本來就是敢愛敢恨，這時候如果再補上一顆因兄弟宮產生過來的化忌進入夫妻宮，表示這個人從小與母親或者同性兄弟姊妹的關係，影響了他對感情的期待，再加上他是敢愛敢恨的人，這就具備了如果另一半無法符合自己的期待跟要求，他就會很容易斬斷關係，勇敢地追求愛。

進一步解釋，這個人期待的感情，是希望另一半能夠像自己的母親一樣，或者是符合從小母親給予的觀念，如果不如預期，可以很快地斬斷，這樣的情況當然就會造成這個人感情上容易不穩定。一個人迫切希望得到，得不到也會很快就放棄，如同我們期待看一部好看的動作片，但是電影開場後卻動作節奏緩慢，是不是也會很容易失望呢？這樣源自需求而生的不安定感，是化忌在感情上的跡象，兄弟宮化忌入夫妻宮，就是由兄弟宮來造成夫妻宮產生這樣的問題。

如果是運限盤有這樣的情況，則可能是事件與現象的問題，這時候就可能是因為母親或者兄弟姊妹對於自己的感情態度或是對象有意見，造成感情上有阻礙，可能是對自己挑的人不滿意，可能是會加以阻止。

相對來說，其實要讓這樣的人深深愛上自己，只要能夠像他母親一樣對待他就可以了。如果這是自己的問題，就該想想自己是否在內心深處受到這樣的影響，尋找伴侶的時候，可以將這個條件考慮進去，找出內心真正的需求，也可避免找錯對象，雖然人會因為運限盤而影響自己的感情態度，這個運限的時間點上，會因為時間年歲的關係造成價值觀改變，但是本身骨子裡的態度還是在本命盤上，因此，往往運限盤那個時間點自己選擇的對象，在運限過了以後回歸本命時，就會覺得對方不如自己預期了。

小練習

如果本命盤兄弟宮化忌入夫妻宮，而夫妻宮本身已經有化祿了，這時候該如何解釋呢？

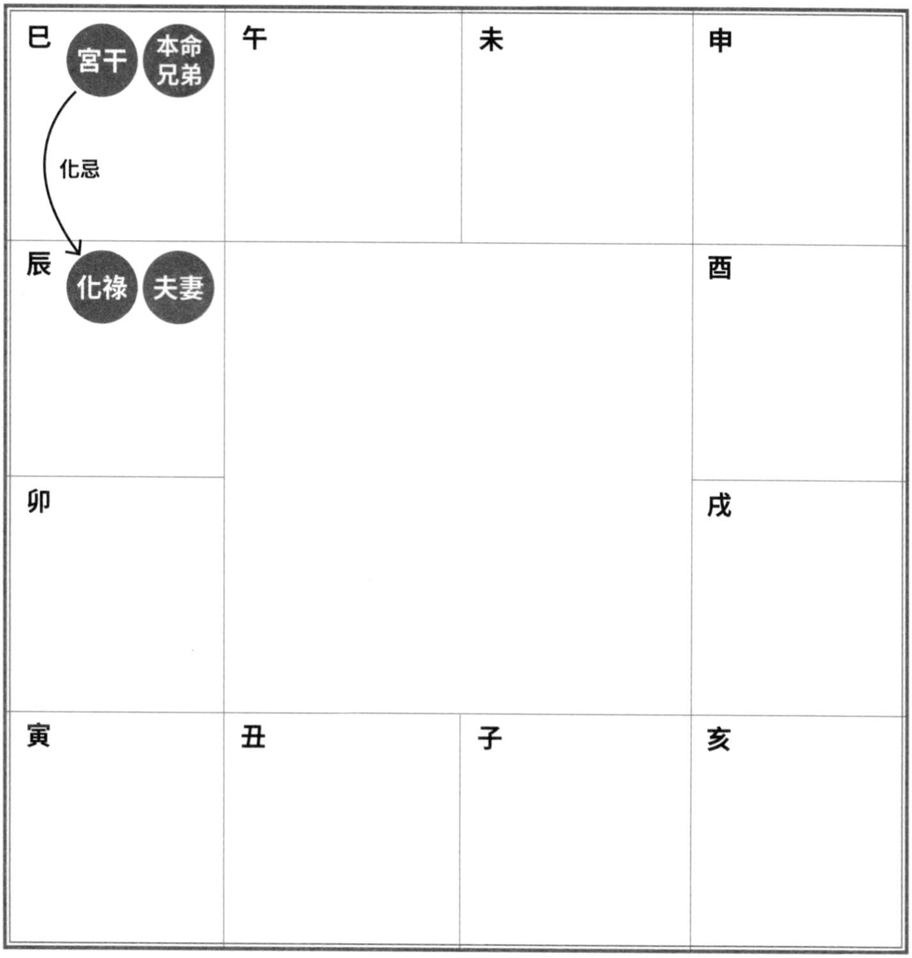

解答／

如果本命盤夫妻宮化祿，表示自己在感情上投注心力，願意為對象付出（看是什麼星曜的化祿，付出方式不同，例如貪狼化祿表示對另一半熱情不小氣，而且在情感上浪漫）。如果同時兄弟宮化忌給夫妻宮，這時候可能就會因為自己同時間願意為感情付出，也希望有好的感情對象，但是因為所受的教育或者是家庭，會造成自己在情感上面有所期待，但是又希望擁有更多，因此造成感情問題。

同時間存在兩個情況，通常是初學者很難掌握的部分，這時候可以將兩個情況分開解釋，自己重視感情但是又受到家人影響，因此常會有兩難的情況出現，越是兩難也就越會對感情有期待，這樣複雜的心情，如果是相對穩定的星曜還好，如果是比較浮動的星曜，例如貪狼再加上其他桃花星，就容易因為感情的需求與期待，反而變成感情不穩定，比較花心，因為重視感情卻又找不到像媽媽一樣可以照顧他的人（當然很難找到），所以只好到處找了。

另外，運限盤上面，兄弟宮也可以當成是同性別的兄弟姊妹，因此也可能是妯娌之間的問題，也可能是另一半的父親，引申為他的家世背景或者是教育環境，所以也有可能是因為岳父的阻攔，或是雙方背景不同造成的問題。

3-4

兄弟如手足，老婆如衣服——僕役宮化忌入夫妻宮

有沒有一種人讓人感覺很不舒服，口口聲聲說愛妳，但是朋友一找就不見人影，糟糠之妻的千言萬語抵不上酒肉朋友的隻字片語。

兄弟宮對面的僕役宮，代表的是**不同性別**的兄弟姊妹，也代表了交友關係與對朋友的態度，因此，如果是本命盤的僕役宮有四化的人，本身通常會很重視朋友之間的關係。原則上，化祿是對人與人的交情會相當良善，並投注心力；化權則是希望在朋友圈擁有話語權，因此會很重視朋友之間的事；化科則是希望得到朋友讚美，也希望結交的都是社會上有名望的人；化忌是空缺，表示希望得到朋友的關心關愛，這是僕役宮內有四化的基本結構。

這一類的人在感情上往往出現一個小問題，就是會被另外一半抱怨：重視朋友不重視自己。除了本身有四化在僕役宮裡的命盤，也可能是因為僕役宮化忌入夫妻

宮，因為自己的交友態度跟關係影響了感情生活。許多人會説，那是不得已的，因為朋友需要他，不是故意的，但是人生中哪有那麼多的不得已呢？人生是由不同的選擇所建構出來的，今天選擇去哪家餐廳，選擇哪間學校，選擇哪個男人，選擇要不要偷情，選擇是否該狠賭一把，還是該甘願平凡一輩子，人生的每一分每一秒，我們都在選擇，即便是已經計畫好的事情，我們都要選擇是否該更動或者堅持計畫。無論前方多麼困難，選擇權其實都在我們的手上，但是人心很容易逃避選擇、逃避責任，將自己的人生怪罪到他人頭上。從命盤上我們可以看出為何他無法做出好的或是更明確的選擇，化忌就會是其中一個原因。但是這並非告訴我們需要依照宿命走，反而是讓我們知道該如何擺脱宿命，如同醫生告訴我容易痛風，並非讓我準備去洗腎，而是告訴我應該要注意飲食。

僕役宮化忌入夫妻宮，交友態度跟個性會影響自己的感情，就本命盤來説，可能是因為自己在交友關係上總是得不到認同，所以會特別希望得到感情的溫暖，這會出現在僕役宮有問題的時候，當然如果本身夫妻宮桃花又太多，就容易造成這個人在感情上不穩定，一直利用情感在尋求同儕間的認同，也可能是希望另一半能得到朋友的認可。僕役宮造成夫妻宮化忌，朋友造成自己感情空缺，那麼是不是等於如果朋友滿意了，自己感情就不再空缺呢？這個答案要換個角度想：是自己希望另一半得到朋友的認同。這樣的觀念套用在兄弟宮化忌入夫妻宮時也可以使用，既然家世背景可能會造成自己感情的問題，當然表示自己是因為希望另一半可以得到母親認同，否則根本不用在乎母親或者是朋友，他們必然也就無法影響自己的感情態度，當然更不會造成自己感情有空缺了，不是嗎？這是就本命盤來說，我們的天生價值觀會有這樣的情況，那麼如果是運限盤呢？

運限盤說的是現象的發生，因此如果在運限盤上出現這樣的情況，則表示真的受到朋友影響感情狀態，例如，流年夫妻宮武曲，如果武曲化忌，可能因為用錢的觀念影響了彼此的感情，因為武曲是財星，財星化忌了表示因為錢財造成感情的空缺，但是如果這個武曲的忌來自僕役宮，則表示因為自己的交友情況、自己的朋友造成與另一半的關係產生問題，而這個問題來自自己用錢的價值觀，所以可能是因為今年會借錢給朋友，所以惹得老婆不開心，或者身邊朋友覺得自己的新對象太愛花錢，不是一個好對象，因此對自己的另一半很不認同，會勸自己慎重考慮這段感情。僕役宮也表示是不同性別的兄弟姊妹，也可能是妯娌問題，由此可以知道是不是小姑一直跟老公說自己的壞話。

當然細節要看裡面的星曜，基本的結構可以如此判斷，這就是飛化在單純對應宮位的解釋邏輯。

小練習

請問下圖表是哪個宮位造成夫妻宮化忌，並試著解釋含意。

圖一

1. 若是本命僕役宮化權，而僕役宮化忌入夫妻宮，該如何解釋？

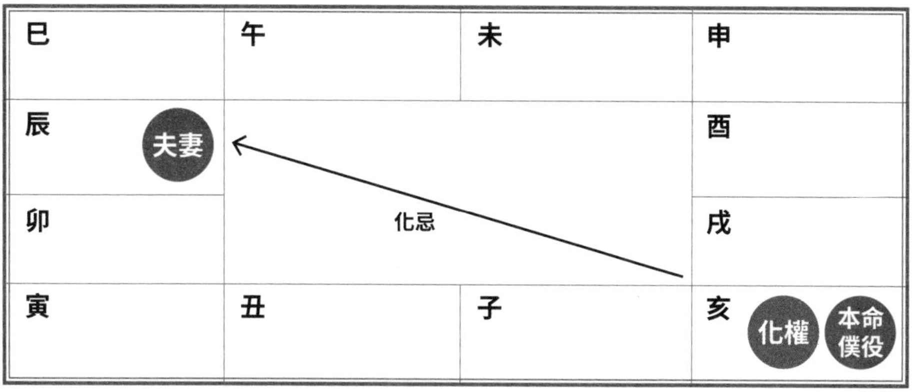

圖二

2. 如果是本命僕役宮化祿，而僕役宮化忌入夫妻宮，該如何解釋？

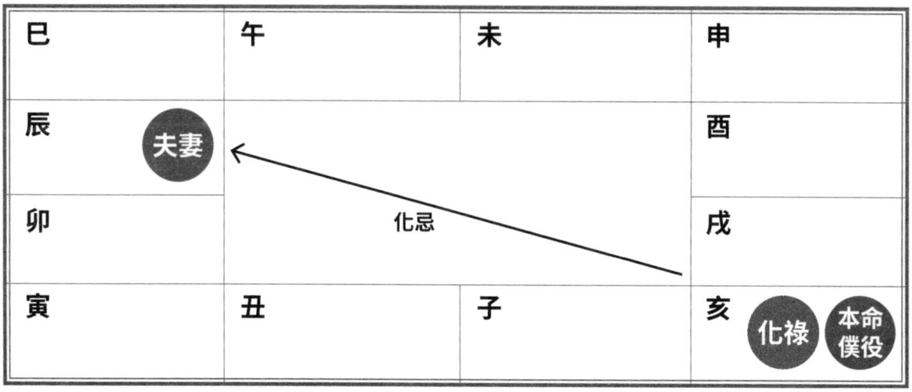

解答／

1. 僕役宮化權表示這個人會希望自己在朋友之間可以當老大，在朋友間有發話權力，這樣的交友態度跟個性，會造成他在感情上的問題，可能會因為太重視朋友或者是會容易聽從朋友言語，而影響自己的對象選擇。

2. 如果是僕役宮化祿，而僕役宮又造成夫妻化忌，表示這個人對朋友不錯，但是這樣對朋友的態度會導致另一半覺得自己不如他的朋友。如果僕役宮桃花又太多，這時候就很麻煩了，常常會引發許多跟朋友的曖昧關係，因為交友關係引發自己空缺的感情問題，但是在交友關係上桃花又多，而且重視異性朋友。僕役宮化忌到夫妻宮，也會希望另一半可以得到朋友認同，這樣的態度跟心態，往往會造成乾脆在朋友間找情人，或者會跟朋友之間關係曖昧，造成感情出問題時，當然也是找朋友訴苦，而且還希望另一半可以像自己重視的朋友一樣，這樣的人不是很容易朋友轉外遇嗎？如果是本命盤，表示是天生的態度問題，可以透過運限盤跟後天的個性修正去彌補；如果是運限盤，就需要注意現象的發生，剛好夫妻宮又有煞星，那就會有很高的外遇發生機會了，但是同時也會破壞了自己原本的感情，當然，或許也有人正期待這樣朋友轉小三的機會吧！

3-5

房子是伯母變岳母的魔法寶物——

田宅宮化忌入夫妻宮

「擁有房子，讓伯母變岳母」，這是一句房地產的廣告，簡單直白地訴說了在感情婚姻的考慮上，房子有多重要。背後的潛在因素，是華人對於感情看重雙方的家世背景，雖然說的是房子，其實看的是家庭的價值。或許市儈，但卻是事實。還好在命盤上，田宅宮不一定代表房子，家世背景也不一定代表好與壞，這還需要看宮位內的星曜，但是我們確實可以利用田宅宮化忌入夫妻宮，來討論家庭如何對感情態度造成影響。

田宅宮在本命盤上代表家庭背景跟自己對家的看法與觀念，同時田宅宮也是財庫，這個財庫的概念來自於自己希望能夠守護家庭，與家庭內所代表的安全感，因此而產生的延伸。所以如果是田宅宮化忌入夫妻宮，表示這樣的觀念想法會影響對於感情的態度，當夫妻宮化忌時，表示我們對於感情有所空缺，因為空缺會產生追求，而這個空缺來自於田宅宮，也就是家庭教育跟環境，以及我們對家的觀念，影響了對感情的需求。我曾有一個客人，因為從小家庭分裂，父母親的分離使得童年的她與兄弟姊妹流離在各親戚家中，她的本命盤上田宅宮坐落在動盪的四馬地（十二宮中最邊邊四個角落，稱為四馬地）。

四馬地

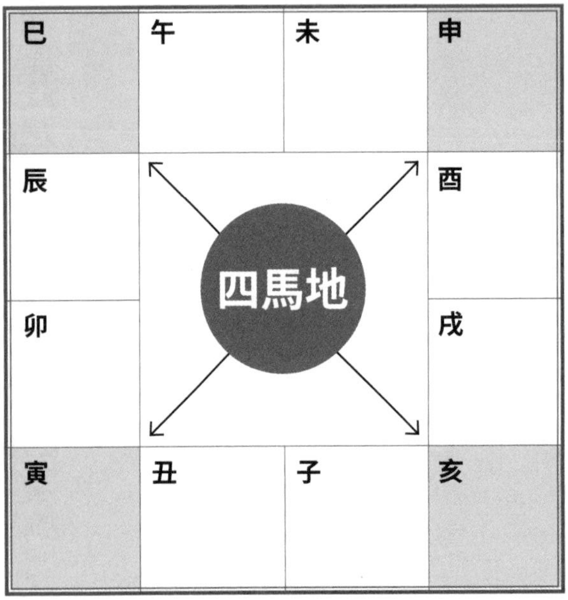

從小流離失所，讓她對家有許多期待，田宅宮又化忌入夫妻宮，因此，結婚有個自己的家，是她在感情上的期盼。但是這樣的態度造成她的情感一直出問題，因為只要發現這個男人不能給她一個家，她就想離開。抱持這樣的感情態度，當運限盤走得不好，沒有出現想娶她的男人時，自然就會一直給予對方壓力，並且一直在尋找一個能娶她的人，最後導致情感上不斷出問題，因為這類的人很容易希望尋找一份可以給予家庭溫暖的感情，擁有自己的家庭。當然，田宅宮除了家庭，還有其他的意義，有可能是家庭教育，也可能是與家人的關係，因為田宅宮也是財庫，所以可能是存錢的觀念，不過總體來說，根本上都是源自於原生家庭的影響。如果說，是運限盤上出現這個跡象，那就表示自己可能因為家人的反對，或者會希望另一半可以融入自己的家庭。

比較有趣的是，紫微斗數中因為有許多盤來解釋從態度觀念到各類現象的發生，通常越是長的時間，例如本命盤、大限盤，說的比較是觀念跟價值態度，越是短的時間，越可能是現象的發生，而各類現象的發生，也可以依照時間長短出現在流月盤上，影響當天或者數小時的事情則會出現在流日盤上。當狀況出現在流月、流日的時候，我們必須想想可能是哪一類的事情，這也就是推算命理需要經驗值的原因，例如流月或流日的田宅宮化忌到夫妻宮，要說是家人反對自己的感情對象，更像是因為自己破財影響了感情，因為家人不喜歡自己的感情對象通常不會只是短短一個月的事情，而破財這樣的事情比較會是影響在數日的範圍內，除非是很大的破財，否則通常我們過幾天也就忘記了，因此這時候田宅的解釋，會比較是破財這類的事情上面，或者搬家、家裡家具出什麼問題等等。

這裡提供一個小小的技巧，當運限夫妻宮出現煞星的時候，可以看看宮位內的星曜會不會產生化忌，如果會，可以看看十二宮的哪個宮位會化忌給它，大概就能推算出為了哪件事情吵架。

小練習

本命田宅宮自身有生年的化祿，但是化忌入夫妻宮，這該如何解釋呢？

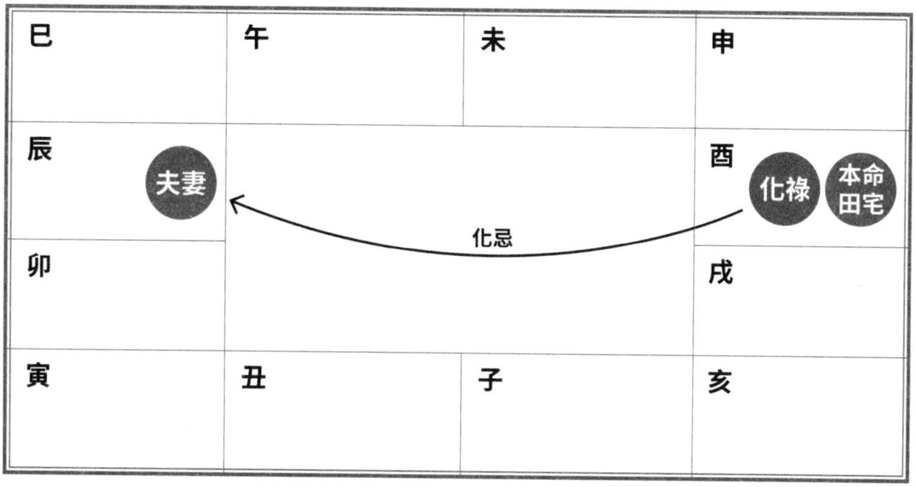

解答／ 本命田宅宮化祿，這個人不管是什麼星產生的祿，應該跟家人感情不差，至少是愛待在家裡的。這種愛待在家裡以及家人很好、重視原生家庭的特質，會影響他的感情觀，或許會讓他在情感上常讓人覺得太重視家人，也在乎家人對自己對象的看法。這時候如果在代表母親的兄弟宮，又有太陰天同這類表示感情深厚的星曜，沒有其他的意外，就真的是唯母命是從。如果媽媽擔心女兒的未來，可能真的需要用房子來讓伯母變成岳母了。

3-6

用肉體來控制我吧——子女宮化忌入夫妻宮

子女宮除了跟田宅宮一樣是財庫之外，也代表了一個人對孩子的態度、期待還有看法，所有跟小孩相關的事情都跟這個宮位有關，包含生小孩，所以討論性生活也要看這個宮位，因為性生活造成代表感情態度的夫妻宮空缺，該怎麼解釋呢？

紫微斗數的概念中，命宮對面的宮位遷移宮，代表自己的內心想法，這個概念在每個宮位也都通用，因此官祿宮等於是自己對情感的內心想法，因為官祿宮是夫妻對面的宮位，同樣地，夫妻宮也會是自己在工作上的內心想法。這個內心想法，有的書上會說是所謂陰陽面，這是傳統命理學喜歡用的解釋，其實說的就是每件事都會有兩個面向。一個熱情的人，另外一面可能是內心的空虛，一個在工作上對人冷酷的人，可能是因為他在工作上有深藏在內心的自我要求，這樣的觀念，是紫微斗數在探究人心深處很重要的技巧，初學紫微斗數的時候也可以簡單應用。

以子女宮來說，小孩子的出生通常可以被視為對自己原生家庭的投射，許多人將原生家庭得不到的溫暖，投注在孩子身上，會透過擁有孩子來滿足自己對家的期待，尤其是田宅宮有化忌的人，也可能是因為原生家庭的問題讓他不敢擁有小孩。如果田宅宮有化忌但是子女宮有煞星，這樣兩個對面宮位彼此的影響，會是我們在討論宮位的時候常需要做的思考，但是傳統上常常只會說化忌沖的宮位比較兇等，這類的字眼讓我們只能背誦，反而失去了紫微斗數透過命盤瞭解我們內心的能力。

所以，當子女宮是自己對家庭（田宅宮）的內心想法時，或者當成財庫時，若是化忌入夫妻宮，當然是自己對家的期待，會造成感情問題。如果談的是對性生活的態度，其實深層的意識是因為性生活中，兩個人親密的擁抱，那種彼此擁有對方的存在感，身體與心靈協調合一，在激情過後帶來的安全感，讓這個人有被擁有、被需要的感覺，這是我們對於家的深層需求，這樣的深層需求影響了自己的感情，因此這樣的人在感情上就會很重視性生活的被需求。既然有被需求，當然就可以透過滿足來填補，如同兄弟宮化忌入夫妻宮，兄弟姊妹、母親造成自己情感的空缺，換個角度說，希望自己的另一半是滿足母親的期待，同樣地，會希望另一半是滿足自己對性的期待。表面上是對性的滿足，實際是滿足內心對家的感覺。這類人最大的好處就是，可以床頭吵床尾和，再多的不開心通常可以透過激情來化解，當然前提是要讓他／她可以燃燒出激情囉！

至於運限盤出現這樣的情況呢？運限是現象跟事件的發生與展現，所以如果在運限盤出現子女宮化忌入夫妻宮，可能就直接表示兩方的性生活造成感情出問題了，可能要好好瞭解彼此的問題在哪裡。如果已經有小孩，當然也可能是因為自己對孩子的態度，造成兩個人的感情出現問題，這通常出現在兩人對於小孩的教養方式上。不過因為這樣的飛化畢竟是從子女宮出現，因此如果夫妻宮有煞星、桃花星又多，子女宮有桃花星，或者命宮有太多桃花星（一顆以上就算多），需要注意再遇到煞星進去，通常就會出現比較混亂的感情狀態，畢竟是因為生孩子的事情產生的感情問題啊！

小練習

1. 本命盤子女宮化忌，並且化忌入夫妻宮該如何解釋？

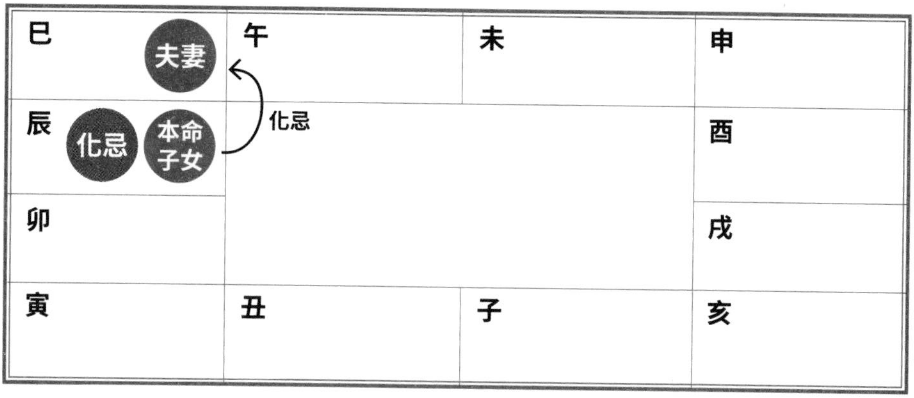

2. 本命盤子女宮化祿，並且化忌入夫妻宮該如何解釋？

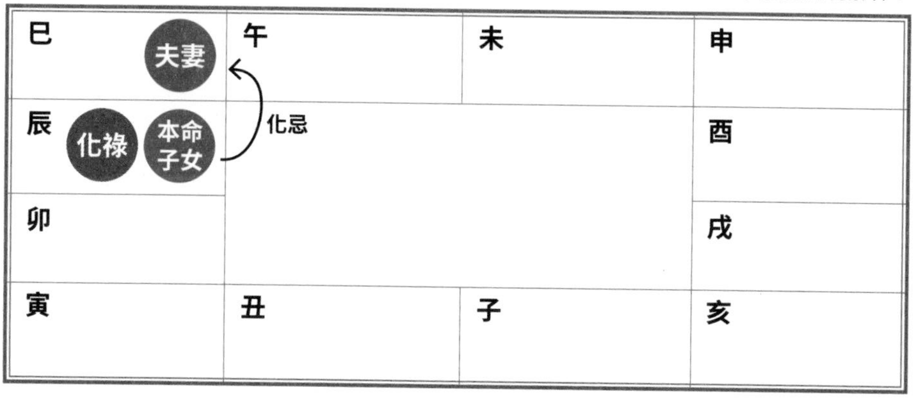

解答／

1. 子女宮化忌表示自己對於性事有所需求，這時候又化忌入夫妻宮，表示對性的態度跟需求影響了自己的感情態度，這時候需要注意如果是命宮有桃花星，子女宮有桃花星，這樣的人會有感情狀態比較複雜的機會，因為當運限有煞星進來，對家庭的空缺轉化成對性的投射，又引發自己情感上的空缺與需求，再加上煞星（衝動），很容易就會因為期待親密關係（子女宮化忌），而去追求感情的發生（因為子女宮而讓夫妻宮化忌）。如果運限走得不好，自然感情容易出問題。

2. 子女宮化祿並且因飛化造成夫妻宮化忌，就這個組合，如果說子女宮代表了性，因為化祿不像化忌，對於性的享受跟期待不是因為空缺，而是因為喜愛，就像我們吃東西，一種是因為愛吃，一種是因為肚子餓，展現出來的態度跟需求會有所不同一樣。化祿是自己願意對對方的付出與用心，並且因此產生能量，這個能量可以是緣分的增加，可以是感受的提升。所以，因為自己享受性的態度化忌到夫妻宮，可能需要擔心自己的另一半若比較呆板，自己就會覺得較無趣了。

當然這也可能是因為自己會因為喜歡小孩，而造成跟另一半的問題，本命盤因為是天生具備的態度，所以會對一生都有影響。如果是運限盤，則是在那個運限的時間內發生，也就是說可能在某個時間內，自己會跟老公因為孩子的事情吵架，但是時間過了就不會了。

3-7 寧願在賓士上為愛哭泣——財帛宮化忌入夫妻宮

網路上流傳一句話，代表了現代很多女生的心聲：寧願在名車上哭泣，也不要在國民車上放空。很直白地說明了愛情與麵包的價值選擇。或許現在很多人都會在快速變化的生活中，用金錢來衡量生活的價值，更理性、現實地以物質的能力來評論愛情的重量。或許就某個角度來說，我們更提早面對跟認識生活中現實理性的層面，用柴米油鹽醬醋茶撥開感性的面紗。

在紫微斗數中，我們可以透過四化看出命盤上自己所空缺的地方，利用飛化看出是什麼原因讓我們覺得感情無法被滿足，所以子女宮化忌入夫妻宮，性生活對於感情的維持變成相對重要。同樣地，財帛宮化忌入夫妻宮，個人的財務觀念也會影響感情，但是這所謂財務觀念倒也不一定是太小氣或是太愛錢，而是在感情的對象選擇上，單純地較重視彼此的金錢觀，或許因為自己對財務很理性、也可能是自己花錢比較大方、也可能是自己總是將賺的錢都拿回家，但是對於情人則比較小氣，具體情形會依照整個盤的情況，或是財帛宮內的狀況來判定，例如財帛宮裡面有煞星，花錢比較猛，這樣的金錢觀念可能常會讓自己在感情上出現問題，這是本命盤的情況。

如果是運限盤，就會是直接造成現象的發生，例如小限夫妻宮有巨門星，而小限財帛宮的宮干是丁，小限財帛宮造成小限夫妻宮內的巨門化忌。

巨門代表了大嘴巴，有了空缺，所以一直想要展現大嘴巴，這當然就是口舌紛爭，而小限代表的是自己的價值態度所造成的事件，小限夫妻宮代表的是自己當下的感情狀態，感情狀態上有了口舌紛爭。而這個大嘴巴可以是張開口說好聽話跟甜言蜜語，因為化忌了才會變成不會說話，讓兩個人的感情有了口舌紛爭，而且是財帛宮造成夫妻宮化忌，所以兩個人是因為財務問題產生了紛爭。

財帛宮化巨門忌入夫妻宮

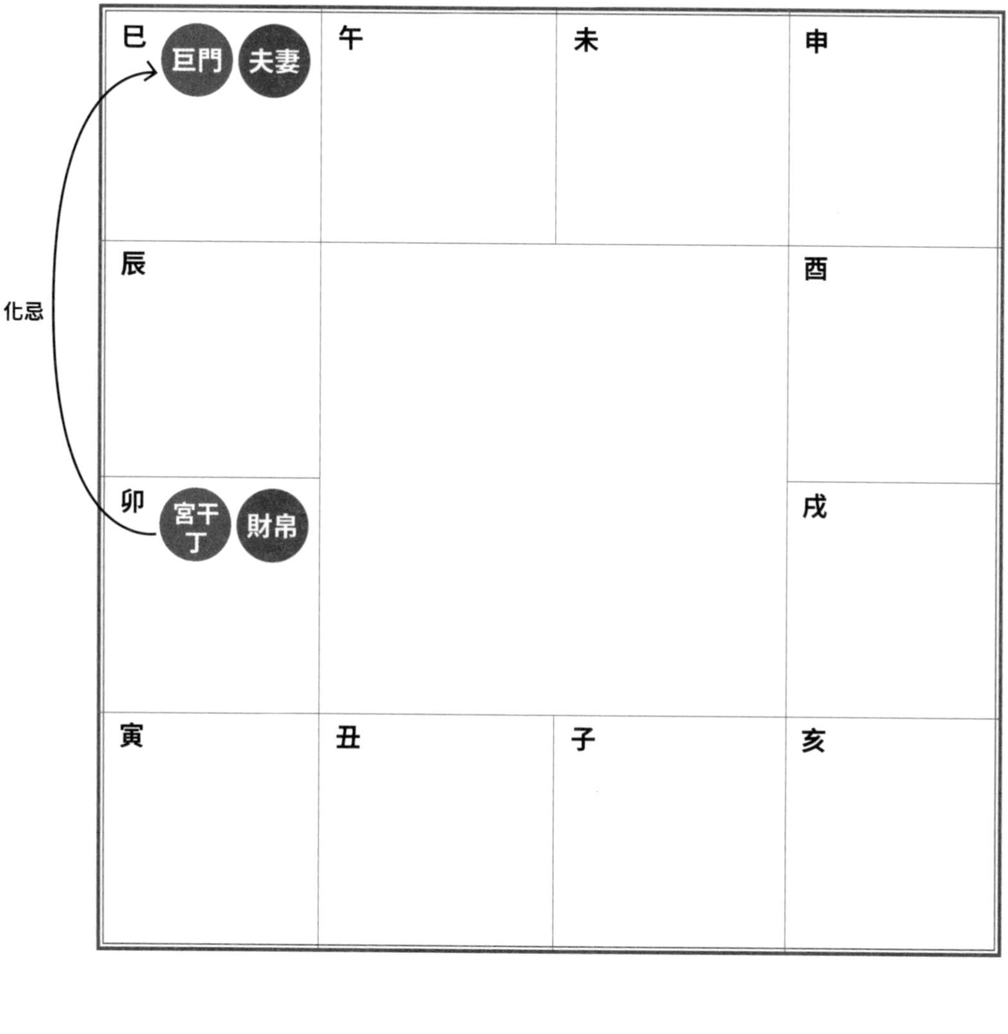

從上例可以知道，從本命盤的基本價值觀，到運限盤的當下現象發生，我們都可以用哪個宮位化忌入夫妻宮來找出是問題的源頭，當然也可以反過來面對自己的內心。有時候夫妻宮內的星曜會因為飛化而被改變，造成心裡期待的人，跟現實的我們真正可以接受的人不同，在名車上哭泣或者是在國民車上放空都是自己選擇，沒有對錯，選擇國民車的不見得比較高尚，不然幹嘛放空，選擇名車的也不見得比較無情，否則也不會哭泣。人只有選擇了自己真心需要的，才能面對愛情路上的許多考驗，而透過紫微斗數，我們可以真實瞭解內心的需求，幫助我們找到自己的定位跟追逐的方向。

小練習

本命財帛宮化權，並且化忌入夫妻宮，該怎麼解釋？

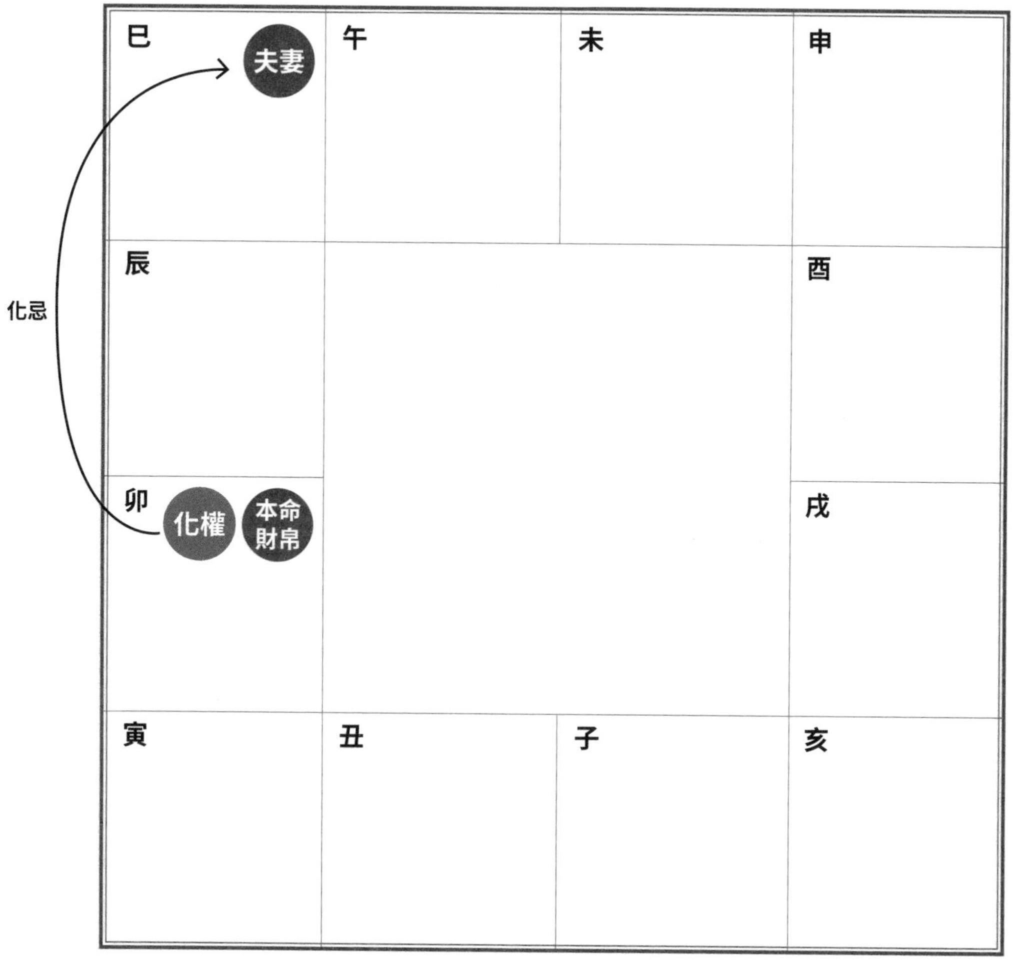

解答／

本命財帛宮化權，表示這個人對於自己的金錢與理財相當有自信，並且希望一切都要掌控在自己手上，這一類的人通常會投資甚至創業，或者會希望有額外收入，這樣的觀念會造成他也會希望可以控制另一半的金錢觀念。如果因為運限走得好，賺很多錢，就會變得很強勢，希望情人的錢也要讓自己來管；如果是運途不好，生意失敗，可能會希望身邊的人能夠在財務上資助他，否則就會不開心甚至分手。

3-8

心靈的感覺才是愛情的一切——福德宮化忌入夫妻宮

福德宮代表我們的靈魂跟潛意識狀態，也代表了賺錢的方式（因為在財帛宮的對面）、跟自己對晚年的期待、賺錢的方式，此外還有另外一個涵義，表示理財與消費上所在乎的重點，因此福德宮如果是紫微星，或者有化科的人，或者是天相星，買東西時通常很注重品質跟品味。

而對於晚年生活的期待，通常也被解釋成晚年過的生活，因為人只有到了晚年，身體跟企圖心都已經無法繼續拚搏了，才會開始回歸到潛意識中所設定的人生價值。但是這個潛意識或者說是精神方面的靈魂的概念，讓許多許多初學紫微斗數的人搞不清楚，到底遷移宮的內心跟潛意識有何不同？內心表示心裡想的事情，而潛意識不見得自己會清楚明白，但是卻會引導、影響自己，例如我內心雖然討厭家人，卻無法拒絕他們的要求，這個就是潛意識。整體來說，這些事情代表了福德宮，而福德宮化忌入夫妻宮，則是這些事情在本命盤所代表的價值體系上，影響了感情態度，總是覺得自己的感情有所空缺，可以說是因為對於潛意識價值的追求、心靈的追求，讓自己在感情上產生了空缺感。

換個角度來說，對於感情上空缺的彌補，必然要符合自己的靈魂跟潛意識價值，所以可以說對於感情的選擇和處理，通常是照著自己感性的部分去判斷，依照著心靈深處的感受去選擇，更簡單地說，在情感上是尋求與自己相同品味的另一半，心靈契合比一切重要，感情中可以沒有金錢，但是需要靈魂能夠相通，只要彼此靈魂相通，在國民車上放空都沒有問題。

如果運限盤上出現這樣的情況，表示會因為無法找到心靈相契合的人，所以運限時間內的感情狀況一直不穩定、找不到真心投入的對象，即使有對象，也會因為彼此的價值觀差異，造成問題跟疏離。當然也可以說是因為對於錢財的使用態度，造成兩個人的問題。因為福德宮也有精神的概念，所以是不是有可能因為自己的精神狀態有問題而影響感情狀態呢？當然也會有。福德宮可以說是潛意識的命宮，潛意識裡面的不安全感或是焦慮與多疑，都會造成自己感情的問題；反過來說，如果彼此心靈契合，則福德宮化忌入夫妻宮的人，必然就會對彼此投注相當大的情感。

小練習

本命福德宮化科，並且化忌入夫妻宮，該做何解釋？

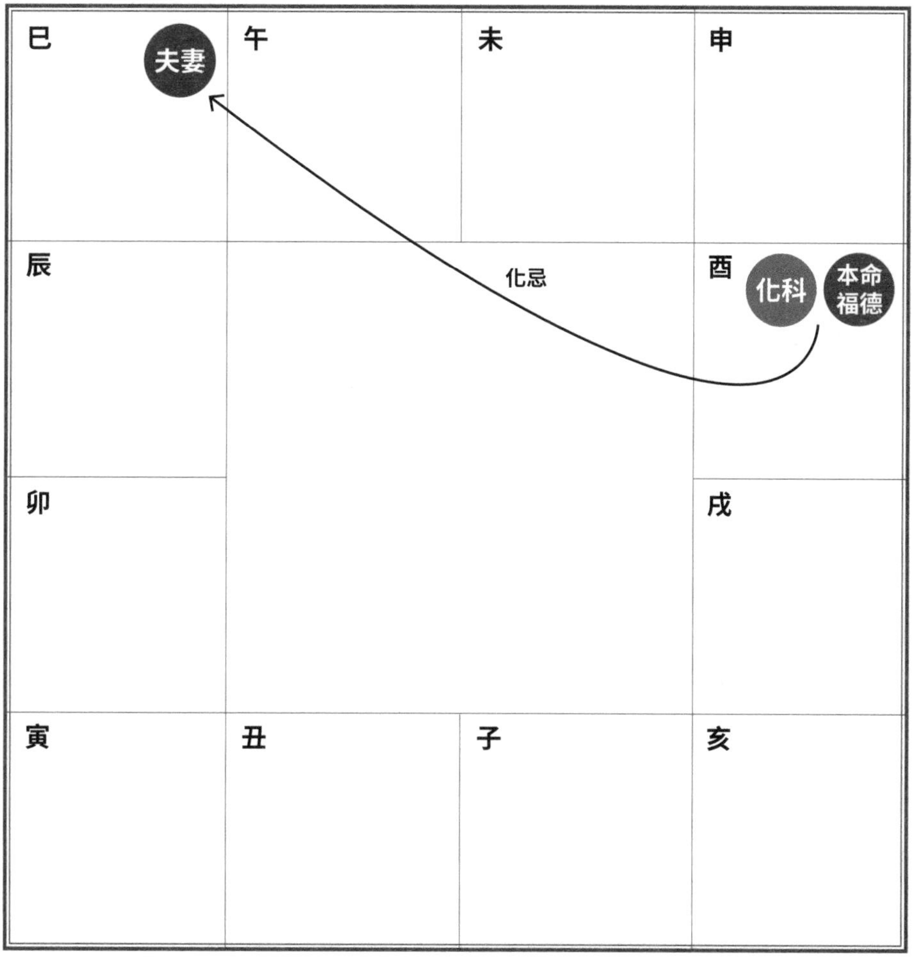

解答／

福德宮化科的人通常都很注意自己的精神生活、生活有品味、注意文化氣質跟涵養，甚至所選的工作都會希望是相對在社會上較有名聲或地位的，這樣的潛意識態度化忌入夫妻宮，本命盤是與生俱來的價值觀，表示這樣的潛意識會讓這個人的感情出問題，因為不自覺的生活態度影響了自己對於感情的追求，在情感中無法有比較多的退讓，也無法接受兩個人沒有默契、沒有相同的生活品味。

3-9

爸爸叫我不要娶——父母宮化忌入夫妻宮

前面的兄弟宮化忌到夫妻宮，提到兄弟宮有代表媽媽的意思，因此可以說是受到母親教育的影響。在紫微斗數中，父母宮更是完全代表了家世背景與家庭教育，因為父母宮代表父親，本命盤上面，父母宮具有自己對父親的看法，對別人的看法可能是來自於別人對自己的態度，因此也可以說父母宮是父親對自己的影響，引申為家庭教育跟家世背景。在古代，尤其是東方的文化氛圍中，是以男人為主，因此父親代表了家族的主導，所以父母宮會以父親為主；就現代來說，父母宮大致上可以如此思考，但如果是從小便與父親分離，就必須回歸到紫微斗數中很強調的「實質影響力」的概念，即是實際在生命中行使父親角色的人是誰，所以也可能是母親、養父，或者是對自己具備父親影響力的人，這樣是許多初學者沒有注意瞭解的，卻是紫微斗數中很重要的概念。

從以上的角度來看父母宮，並且從本命盤是對人的基本價值以及與生俱來的才能、條件來看父母宮化忌入夫妻宮，比起兄弟宮，更可以說是家庭教育跟環境影響了自己在感情上的態度。而化忌所在的宮位，表示會產生空缺。夫妻宮因為父母宮產生化忌，一方面可以說是因為家庭教育跟家庭環境的關係，產生了在情感上的空缺，這個空缺有兩個方面，一方面是在情感上的需求，父母宮造成夫妻宮有空缺，家庭環境讓自己在情感上產生需求，也就是說，自己在情感上的需求是來自於家庭，甚至可以說是父親所給予的，如果是女性，可能會希望情人如同自己的父親一般，甚至可以說有戀父情結，當然也有可能會因為父親花心所以討厭男人，甚至不相信感情，以致於情感不穩定，這就是另一方面的影響：是原生家庭造成自己的感情問題。這單純從命盤上可能不易被發現，自己可能也不知道原來感情空缺來自於自己的家庭問題，甚至是父親產生的影響。

如果運限盤出現這樣的情況，因為運限盤說的是時間區塊內的事件跟現象，所以這段時間若在感情上出現需求跟問題，表示感情可能受到父親的反對或是家庭的不認同，這時候如果運限的夫妻宮內沒有問題，沒有煞星，則問題不大；但是如果夫妻宮內有煞星，就會影響當下的感情狀態，甚至影響自己在工作上的心情。

小練習

本命盤父母宮化忌入夫妻宮，同時夫妻宮本身化權，該如何解釋呢？

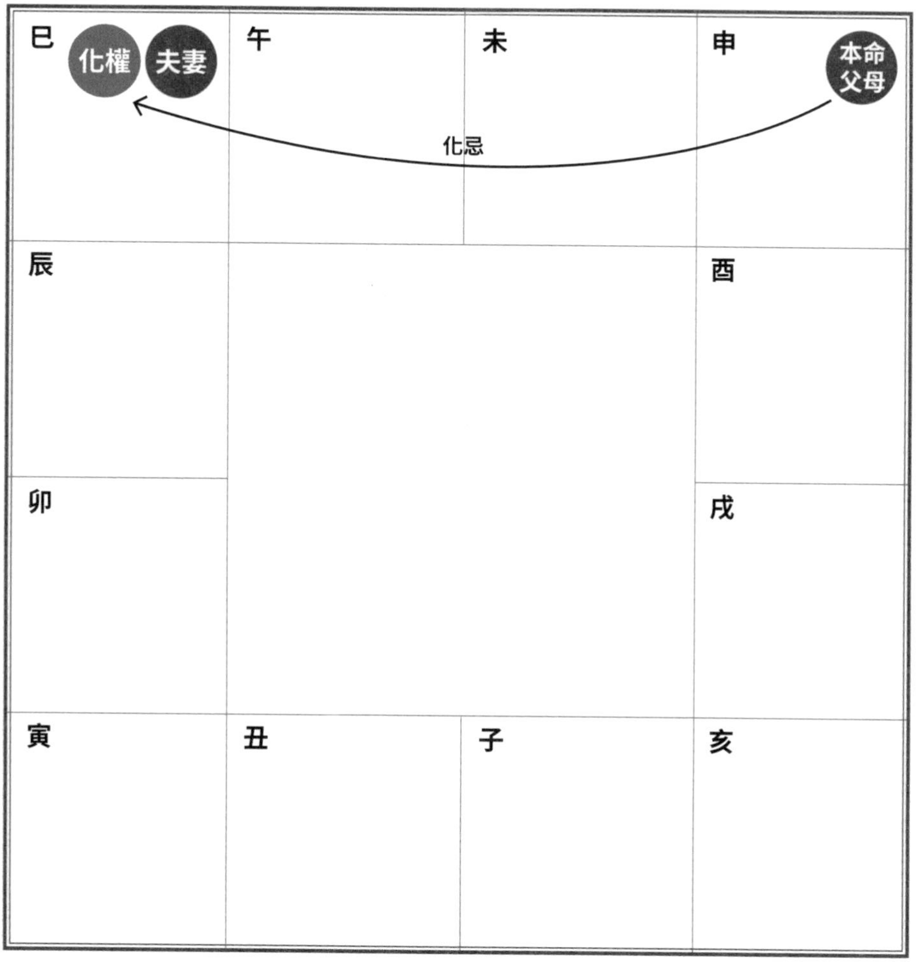

解答／

本命夫妻宮化權的人對於感情會有比較多的控制，會希望感情是能夠被自己所掌控的，也希望在感情上面有主導權，如果父母宮化忌入夫妻宮，自己的確受到父親或者是原生家庭的影響，造成對感情的需求與期待，此時如果夫妻宮還化權，自然表示這個人會對感情有更多的控制和期待，希望在情感上一切要依照他的意思，此時就要很注意他的父母宮，父母宮如果出問題，這將會是他在感情上一輩子都需要面對的功課。

3-10

帥帥惹人愛，不帥不要來——疾厄宮化忌入夫妻宮

紫微斗數命盤上代表身體狀況的宮位是疾厄宮，這個宮位在本命盤大致上談的是天生遺傳體質，從長相到遺傳疾病通通都包含，但是通常會用到的都是在長相外型上。而在運限盤，尤其是時間越短的運限，例如流月或是流日，也可以表示情緒問題。

紫微斗數的疾厄宮利用的是古代中醫邏輯，中醫認為人會因為臟器情況而影響情緒，例如肝不好的人容易發怒、肺不好的人容易憂愁、腎不好的人容易受到驚嚇，因此就引用在紫微斗數的疾厄宮上，表示情緒的變化，而情緒跟內心的情感以及內心世界常常被搞混，所以就有許多書提到疾厄宮代表內心世界，這就是初學者常把疾厄宮跟遷移宮搞混的原因了。

疾厄宮說的是情緒，例如我跟一個人說話，可能因為話不投機所以心情不好，

同時心裡可能浮現很多罵這個人的話，但是這兩件事其實是分開的，只是我們容易混淆，因為我也可能同時想著其他事情但是一樣情緒不好，或者情緒雖然不好，但是心裡想著等一下要跟男友出去玩，這就是紫微斗數有趣的地方，可以將人細膩地分成很多個面向。

疾厄宮化忌入夫妻宮，可以說是因為自己的外型造成感情空缺嗎？當然這不是沒有可能，也可能是因為遺傳疾病造成感情問題，但是坦白說，絕大多數的現代人不至於因為遺傳疾病而使感情產生什麼問題，至於外型，通常也不會有太過度的影響。我們反而該從疾厄宮還代表**對於自己的身體價值觀這一點著手**，這樣的價值觀通常也會投射在對外人的身體價值上，例如疾厄宮化科的人，通常重視自己的外型，當然這一類的人通常懂得打理自己，讓自己看起來不錯，這樣的觀念就會影響他對感情的態度，因而容易比較重視另一半的外在。化權的人通常對自己要求很高，這時候當然也不喜歡另一半不愛運動、比較懶惰。化祿的人重視身體的享受，如果另一半是工作狂，每天加班，他也會受不了。除了這些情況，因為疾厄宮在父母宮的對面，所以也是父母宮的內心宮位（每個宮位的對宮都是彼此的內心宮位），因此此人對於父親的情感當然也會影響他的感情狀態，這些都是在本命盤上面展現。

如果是運限盤，則表現在事件跟現象上，並且疾厄宮就可以有情緒的解釋，因此如果在運限盤上，就有更多的機會是自己的感情對象受到家庭，甚至更明確的是父親的反對，或者是因為在那個時間點，自己的情緒起伏不定影響了感情，當然也可以是身體狀況不佳，影響了自己的感情，例如男生體力太差，無法安撫好太座。

小練習

疾厄宮化科、夫妻宮化權，並且疾厄宮化忌入夫妻宮，該如何解釋？

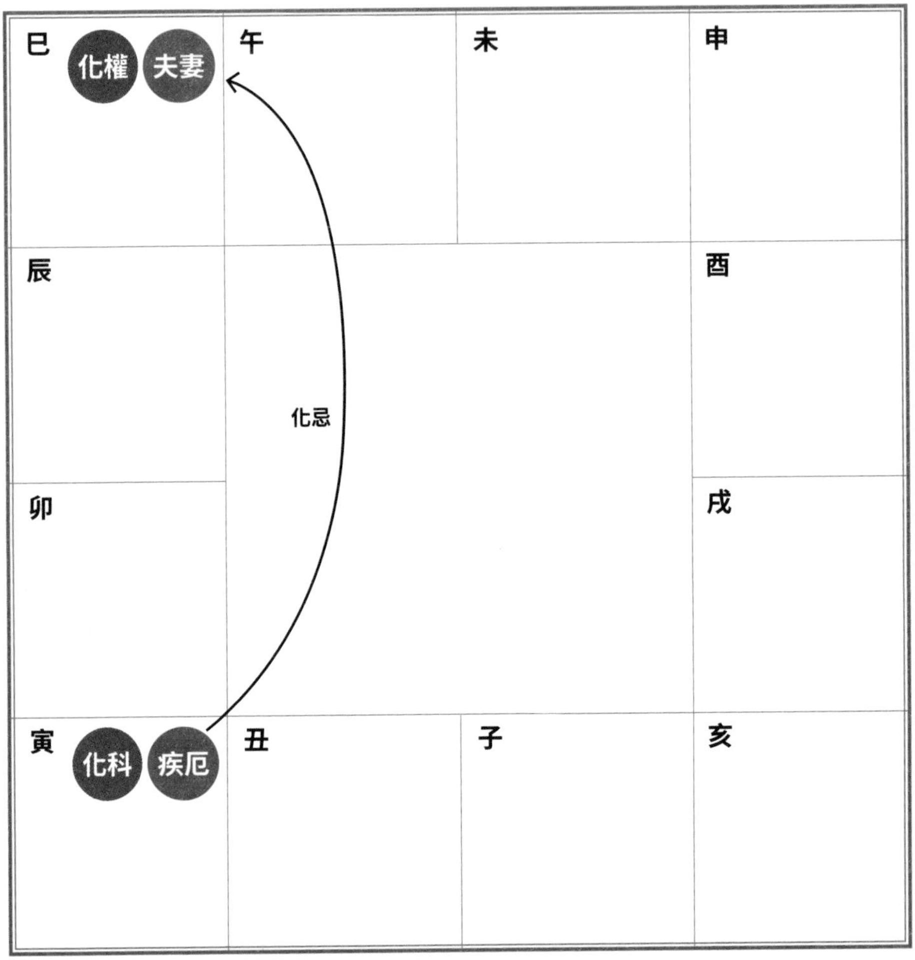

解答／

疾厄宮化科的人通常會重視自己的身體與外表，夫妻宮化權的人則會希望自己能在感情中擁有掌控的地位，如果此時疾厄宮化忌入夫妻宮，這是個重視自己外在，也會重視另一半外在的人，並且會在這件事情上面相當強勢跟堅持。

3-11

事業才是人生的戰場，兒女千萬不該情長——官祿宮化忌入夫妻宮

官祿宮說的是自己對於人生的價值，其中包含了對事業的態度。一般都將官祿宮當成工作，其實不只是工作，否則學生或是家庭主婦的官祿宮怎麼解讀？所以官祿宮說的其實是**生活重心所在**，說的是這個人對於自己**人生價值的追求方向**，以及在追求過程中，內心得到的是什麼？

官祿宮化忌入夫妻宮所產生的影響，當然是因為自己的工作或是因為對於人生價值的追求，影響了自己的感情態度，比較特別的是因為官祿宮剛好也是夫妻宮的對宮，所以官祿宮可以被視為是夫妻宮的內心世界，因此官祿宮化忌入夫妻宮最基本的解釋，就是我們的工作態度與追求，也就是說，對人生價值與生活重心的追求態度，會影響對感情的態度，因此有可能因為追求事業而忽視身邊的人，如果本來

官祿宮內就具備煞星，也可能是因為事業與工作不穩定，造成情感上的問題。

官祿宮也是夫妻宮的內心世界，所以一般來說，討論夫妻宮時就會檢查官祿宮，因為那是我們對於感情潛在的想法。因此，官祿宮若是化忌入夫妻宮，表示這個人在情感上會很貼近自己內心對感情的追求。簡單來說，這個人可能表面上看起來對人冷淡，但是其實內心充滿了對感情的期待，很容易表面跟心裡所想的不同，並且很重視工作的事是否能夠有個情感的對象可以分享。

比較需要擔心的是，如果遇到煞星還有桃花太多，會容易出現職場戀情，因為工作造成了感情的空缺，自然就會從工作上尋找感情的填補。如果是運限盤，說的就是當下的現象跟狀況，此時如果有太多的桃花星在裡面，再加上煞星，工作上便會有爛桃花出現，因為工作造成了自己的感情空缺，而人特別容易在有感情空缺時找到錯的人。

小練習

本命官祿宮化科，並且官祿宮化忌入夫妻宮，該如何解釋？

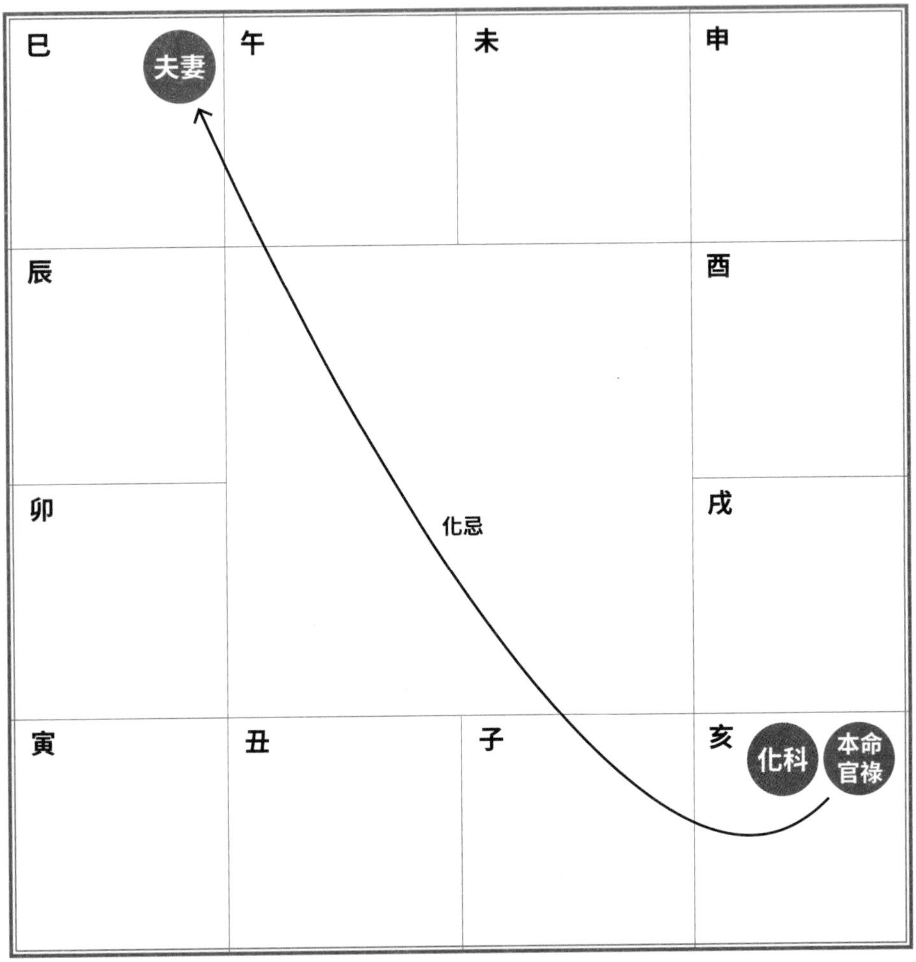

解答／

官祿宮化科的人通常很重視工作成就，如果同時間還化忌入夫妻宮，這個人有很高的機率會因為追逐工作成就而造成感情的問題。化科在紫微斗數來說，在於自己覺得化科的宮位，會是自己的門面跟驕傲。通常我們都會重視化科的宮位，如果很重視工作，覺得工作的成就和滿足感很重要，自然就會影響感情的態度。這樣的組合也相當怕煞星，如果有煞星在宮位裡面，無論是在官祿宮還是夫妻宮，都容易造成自己因為工作上得不到成就，而將情感心力投射在感情上面，但是這樣的投射並不是很正常的感情態度，就像有些人因為工作上無法滿足而追求情感，但是他真正要的是工作成就，自然在情感上面就不會太認真，當然感情就不會太穩定。

3-12

依照民調來擇偶，公平公開又公正——遷移宮化忌入夫妻宮

遷移宮代表的是我們的內心以及人緣，還有期待外人對自己的看法，因此遷移宮化科的人通常很愛面子。如果是遷移宮化忌入夫妻宮，我們可以說這個人談戀愛的時候，很在乎別人對於自己戀情的看法，明明喜歡的是高帥的男人，但是因為害怕別人說自己太膚淺，所以會依照大家的建議找對象，但內心還是希望身邊的男人要高要帥。這種受別人影響，表裡不一，或者無法真實面對自己的選擇，其實是在情感路上埋下問題的炸彈。

遷移宮化忌入夫妻宮也可以說因為內心期待，而讓自己需要感情。因為遷移宮這個代表內心的宮位讓夫妻宮化忌了，而化忌會產生空缺，空缺則造成追求的力量，所以這個人會因為內心對自己的期待，進而將這種期待投射在情感的追求上。如同一個

人很希望受到注目，但是可能無法在工作、外型或學業上得到關注，就會希望至少另一半要受到大家的注意，或者說要能證明自己的能力，這樣的感情當然也不是太好。這樣的人會去追求感情跟為了情感執迷不悟嗎？當然會，因為他也會害怕外人覺得他的感情出問題，是否定他的人生，這樣的情況會在本命盤出現，或許可以受到運限盤控制而沒有那麼明顯，畢竟遷移宮是內心，不見得會表現出來。

如果是運限盤的遷移宮化忌到夫妻宮，大限盤因為時間較長，一樣具備了價值觀念的意思，所以也會有類似本命盤的情況，也許在這個大限十年，自己總是依照著別人的建議在挑選對象；如果是時間較短的小限或是流年命盤，雖然也可能是受到別人的建議而影響感情，但也可能是自己內心舉棋不定造成感情問題（遷移宮太陽太陰星同宮，或者有陀羅星）。

運限盤的遷移宮化忌到夫妻宮，還有兩個人可能會分離的情況，因為遷移宮在運限盤上有外出移動的意思，所以有可能是因為遠距離而造成兩個人的感情出現空缺，這時候如果有煞星就需要擔心了，兩個人可能因為分開，接著就分手了。如果是單身的人呢？那當然是因為漂泊的人生（遷移），讓自己希望有一份感情（化忌讓夫妻宮產生空缺）。

小練習

本命遷移宮化祿，同時化忌入夫妻宮，該如何解釋？

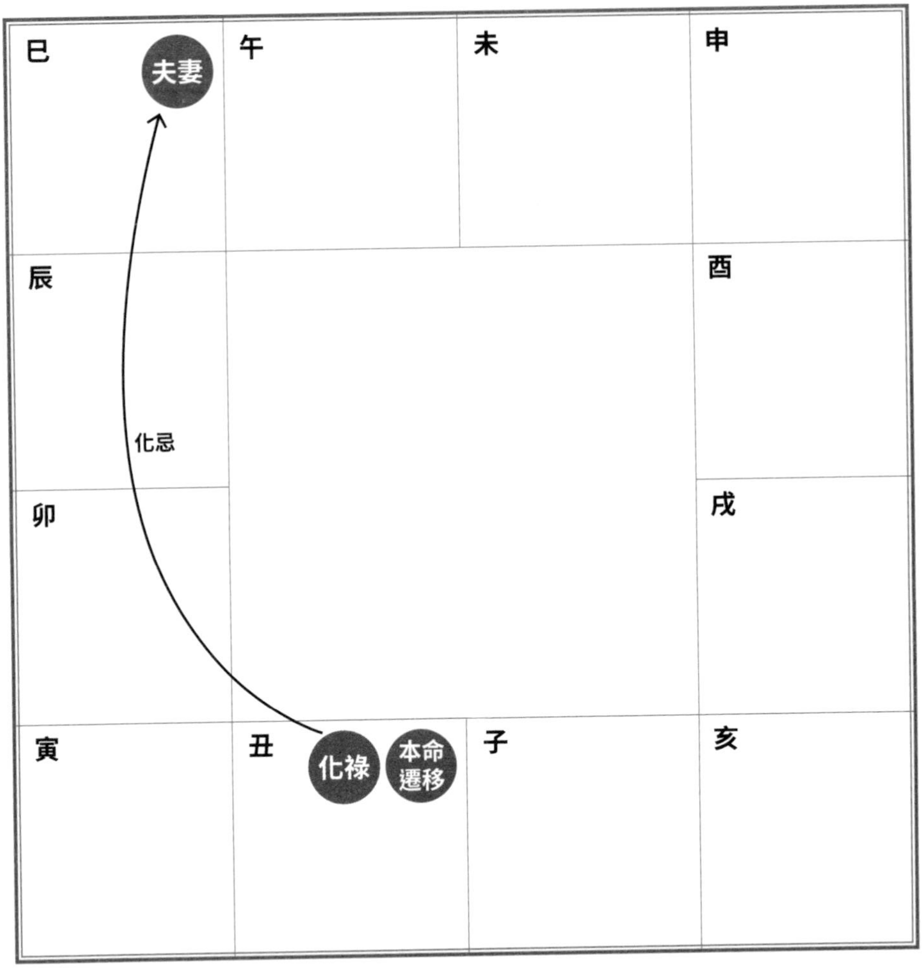

解答／

本命遷移宮化祿的人，容易喜歡在外面享受美好的人際關係，如果命宮、遷移宮在四馬地，更是容易天天往外跑。這種個性如果再搭配上命宮、遷移宮或夫妻宮桃花多一點，就會讓人覺得不安於室，這樣的生活態度也自然會讓感情會出問題。奇妙的是，這一類人空虛與歡樂同時存在，會說自己很需要感情，感覺雖然天天歌舞昇平，但還是需要真愛，如果不改善化祿的問題，感情的問題便無法改善。這其實是現代許多人的問題，每晚與朋友唱歌開趴，卻又希望真愛降臨，問題是哪個個性穩定的人會想找一個每天出去玩的人來陪伴呢？若在運限盤上，會出現的是現象，便有可能因為重視外在的人緣桃花，反而讓感情出現問題。

3-13

個性決定命運——命宮化忌入夫妻宮

命宮可以說是十二宮之中最重要的宮位，倒不是因為力量比較大，而是因為它會連動其他宮位。我們在任何宮位上的態度跟價值，都會跟命宮有所連動，會受到命宮的影響，這也是我一直不認同一般書籍，將命宮的星曜直接分類，並依照這個分類來斷論人的原因。例如看到紫微、天府就說是領導型，看到七殺、破軍、貪狼就說這個人個性衝動。事實上，貪狼根本算不上個性衝動，這類分法常常讓紫微斗數變得很呆板淺薄，也失去了紫微斗數具有多元化、立體架構、對人性真實分析的迷人優點。命宮連動了十二宮，十二宮也各自在所屬領域影響著命宮，這時候如果命宮化忌入夫妻宮，看法其實很簡單。

命宮代表了一個人的主體觀念跟態度，是一個人的基本個性，本命盤命宮化忌入夫妻宮，簡單來說就是個性造成感情上的問題。如果是運限盤，就是在運限盤代表的時間點，因為本身的個性態度讓自己總是覺得需要感情，但也因此造成感情容易出現問題，因為會回歸到命宮的基本價值，所以需要用命宮的主星去瞭解。關於主星的解釋，建議可以直接至網路上看我們免費的星曜教學影片，也計畫在年底出版第三本專書，談學習跟熟練星曜的書籍（透過星曜的活潑學習方法瞭解自己，並非僅有星曜的解釋），知道命宮主星是什麼星曜，以及它代表的意思，就可以知道自己受怎樣的個性影響著感情，如果一時之間無法完全理解星曜特質，在宮位內有四化或煞星的前提下，也可以簡單的用四化跟煞星來解釋。

小練習

命宮有化祿、化權、化科、化忌，又同時時化忌入夫妻宮，分別該如何解釋？

↓

解答／

命宮化祿者會重視自己，這樣的態度將影響感情，在感情上會希望對方對自己有較多的付出。

命宮化權的人重視自己，希望能夠掌控一切，因此命宮造成夫妻宮化忌，會因為強勢、喜歡掌控一切的個性，讓自己容易給予對方壓力，因此造成問題。對方如果不聽自己的話，就會覺得自己感情不順利。

命宮化科的人很愛面子，也重視名聲，覺得自己是個不錯的人，會有潛在的優越感，此時如果化忌入夫妻宮，很明顯的因為太過希望得到光芒而影響了感情，好處是這類的人只要多點甜言蜜語和尊重，就可以滿足他對情感的需要。

命宮化忌的人通常覺得自己永遠無法滿足，很要求自己，相對的也會要求他人，這樣的個性當然會造成感情問題。但是這種人也是個很好的情人，因為你也可以反過來要求他對你付出更多。

第四章

愛情的力量與挑戰（二）

夫妻宮化忌入十二宮

4-1

情人是我的逆境菩薩

俗話說得好，成功的男人背後都會有一個女人，一個讓他不得不努力的女人，可能是因為這個女人愛錢，他得多賺一點，可能是因為這個女人重視外在，男人才會好好保養身材，這雖然是俗話，但俗話往往都是人生的經驗。前面提到各宮位造成我們對感情的空缺，這一篇來談我們的感情態度會造成其他宮位什麼樣的情況。

夫妻宮化忌到各宮位，因為感情而造成其他宮位的空缺，從某個角度來說，是可以利用愛情的力量，讓我們從小卒變英雄，在人生中擁有無限的動力！畢竟化忌的空缺總是能夠產生無限的力量。想想當我們肚子餓、腸胃空缺時，對於食物的追求，是不是具有龐大的動力呢？雖然化忌的力量發動起來不見得讓人開心快樂，但是人生中真正能夠讓我們發揮能力的動力，往往來自於不甘不願跟萬分無奈，不是嗎？

4-2

愛情的力量是我事業的能量——夫妻宮化忌入官祿宮

飛化的重點，就是A宮位造成了B宮位的變化。前面提到官祿宮造成夫妻宮化忌，因為官祿宮剛好是夫妻宮的對宮，因為它們互相為彼此的內心，需要注意這兩個宮位彼此的關係。而官祿宮化忌入夫妻宮，因為工作造成了感情的空缺，含意完全不同，這種A宮位造成B宮位的變化，說起來簡單，卻常常讓初學者搞不清楚，到底是誰造成誰的變化？很多時候，A造成B的狀況會解釋成B造成A的變化，這樣的邏輯轉變是初學飛化時的一大挑戰，只要區分清楚這兩者的不同，就可以大大提升解讀飛化的功力。

以夫妻宮化忌入官祿宮來說，不是因為工作態度造成感情空缺，而是因為感情態度造成工作態度上的空缺。官祿宮是我們對於工作或者說是人生價值的展現，官祿宮化忌了，通常表示我們努力工作，是因為覺得自己在工作上有所不足，總是覺得自己做得還不夠好，也有可能是覺得自己找的工作不夠好，總之就是對於工作上的追求。如果是本命盤，也可能出現在學業上，或女生對於家庭的付出等等，如果她是一位家庭主婦，那麼照顧好家庭就會是她的工作，不是嗎？

當一個人因為空缺（化忌）而產生的力量來自於夫妻宮（感情態度跟觀念），愛情絕對是他工作上最大的動力。官祿宮也是夫妻宮的內心，自己的感情態度化忌給內心對感情的想法，當然表示自己對於感情的努力追求，會展現在對工作的態度上，所以愛情是這個人對工作很大的動力，如果用得好，就會有不錯的發展。那麼為何會有用得不好的時候呢？既然愛情是追求工作成就的動力，是不是也有可能在工作上期待愛情出現？因此這樣的組合需要注意官祿宮、夫妻宮內是不是有煞星出現，無論在工作或是情感的衝動，加上空缺，如果再補上桃花星，那麼辦公室戀情就會是他的日常了。辦公室婚外情大概也會隨著煞星的出現而指日可待。

這樣的情況若出現在運限盤上，就會直接變成現象，因此容易有因為感情問題影響工作的狀況，可能因為跟情人吵架，可能因為太多情人，也可以因為單身但是覺得沒機會談戀愛，只好將心力投注在工作上。因此，當運限出現夫妻宮化忌入官祿宮的時候若是單身，反而應該利用這個時候好好鼓勵自己，女人要有錢、有魅力，男人要有事業，才有保護愛人的能力。在這個時間點上，利用自己對感情的期待，將心力放在工作上，如果身邊有對象，這時候則是需要注意不要被戀情影響了工作，做好安太座的工作。

小練習

小限夫妻宮化祿，並且同時化忌入官祿宮，該如何解釋？

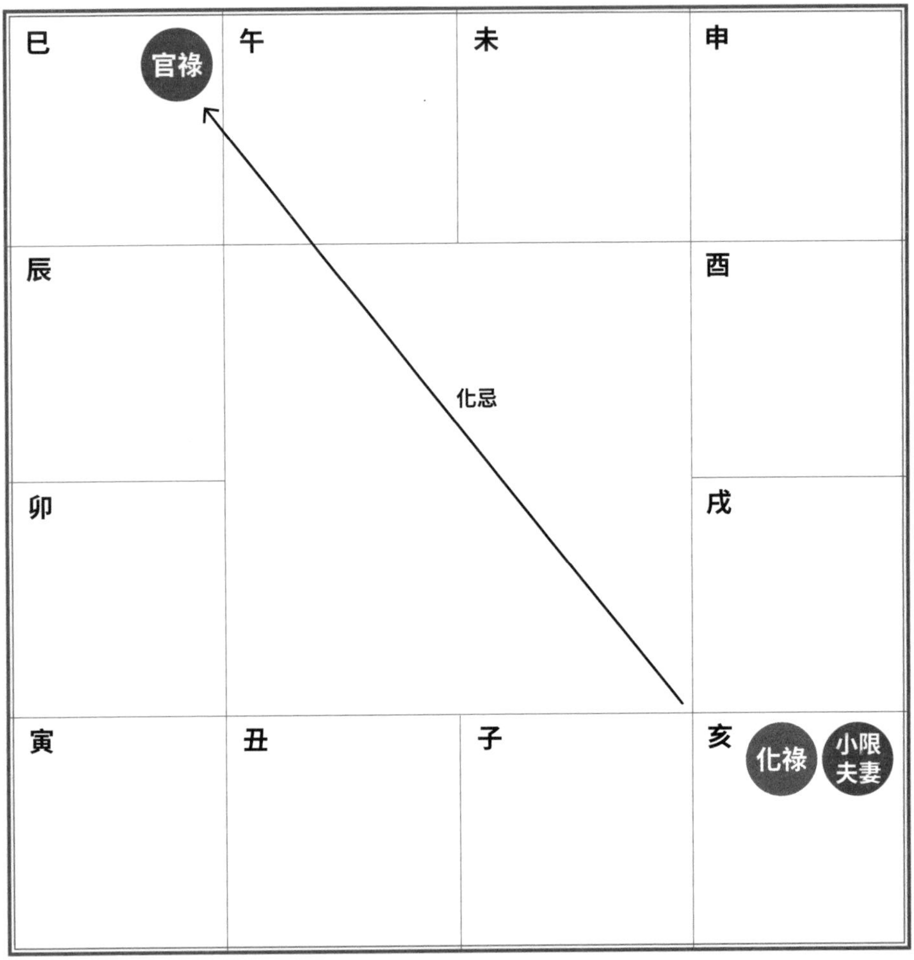

解答／

小限夫妻宮化祿表示，在這個小限的時間中，自己如果有對象，跟對方的感情應該還不錯；如果沒有，則會希望能夠擁有新戀情，至少會多散發訊息，讓別人知道自己期待感情。同時間夫妻宮化忌入官祿宮，這時候可能會因為工作跟另一半吵架，所以要在工作上多努力；另一方面，要注意跟另一半感情不錯的人，夫妻宮說的是感情狀態，如果這個人的小限夫妻宮內有太多桃花星，或是有其他煞星，就表示可能會因為豐富的情感影響工作，因為感情豐富影響工作，就不見得只是跟自己的另一半了。同樣的，因為當下他對感情希望有所獲得（化祿），也有很多期待（化忌在夫妻宮的內心官祿宮），需要注意是否會招惹來工作上不好的桃花，但是如果單純的沒有煞星、沒有桃花星，則會化愛情為力量努力拚命。

4-3

只要美人不要江山——夫妻宮化忌入財帛宮

財帛宮討論的是財務能力，怎麼用錢、對錢的態度，在本命盤是如此，在運限盤則是因為這樣的觀念而引發現象出現，財帛宮化忌最簡單的說法就是錢不夠，當然也可以說是覺得自己的理財能力不夠好；傳統的說法，本命盤財帛宮化忌時，通常說這個人財運不好，其實並非如此，一個人覺得錢賺得不夠，覺得應該要賺更多錢，如果在運限走到好機會，反而會有機會賺更多錢，因為至少他願意努力，雖然這個努力的背後可能具備了風險（肚子餓的時候總會找到錯的餐廳），但傳統的價值觀念告訴我們，有風險就是不好，因而認定一定不佳。但是哪個賺大錢的人沒有面對過風險呢？這是本命盤財帛宮化忌的基本概念。如果這個化忌是因為夫妻宮所造成的，該如何解釋？

簡單來說，這個人的感情態度造成他的財帛宮化忌。因為情感讓財帛宮化忌，夫妻宮就顯得很重要了。如果夫妻宮狀況很好，例如沒有煞星、沒有其他四化，保持乾淨簡單，那麼夫妻宮化忌入財帛宮，基本上就會為了感情而努力賺錢，這跟夫妻宮化忌入官祿宮有何不同呢？官祿宮代表工作，努力追求工作成就跟努力賺錢還是不同的，化忌入財帛宮的人會更重視財務，這一類人基本上也很容易因為情人要求，就努力追求財富，因為他的感情（夫妻宮）讓他覺得自己需要錢（化忌入財帛宮造成財帛宮空缺）。但害怕的就是，夫妻宮或財帛宮內有煞星，如果夫妻宮內有煞星，又有化祿跟桃花星，可能會出現只要美人不要江山的問題，感情的豐沛跟迷戀會讓他忘記了理財的重要，可能就會造成財務問題。財帛宮內有煞星也會有這個問題，因為太過於衝動了，這是本命盤。如果是運限盤呢？

運限盤代表的是個性態度造成的現象。夫妻宮化忌入財帛宮如果是出現在運限盤上，就需要注意情人是不是好對象，否則就容易因為對方的影響造成自己的財務問題。怎麼分辨是否是好對象呢？基本上，就是不要有太多的煞忌星在宮位裡面，這部分可以參考《紫微攻略》的解讀方法，如果夫妻宮不差，而化忌入財帛宮，可以說是會為了感情而在財務能力上努力，情人會是你最好的鞭策者。如果沒有情人呢？記得，財帛宮也是福德宮的對宮！感情讓你覺得在精神跟心靈上很空虛，因為身邊沒人，只要一寂寞就想花錢。這沒關係，促進經濟還可以增加賺錢的動力。要賺錢才能花錢，所以當成是對自己工作與累積財富的力量吧！反正運限轉換後，真的有值得疼愛的人出現了，總還是要花錢的。

小練習

本命夫妻宮化科並且同時化忌入財帛宮，該如何解釋？

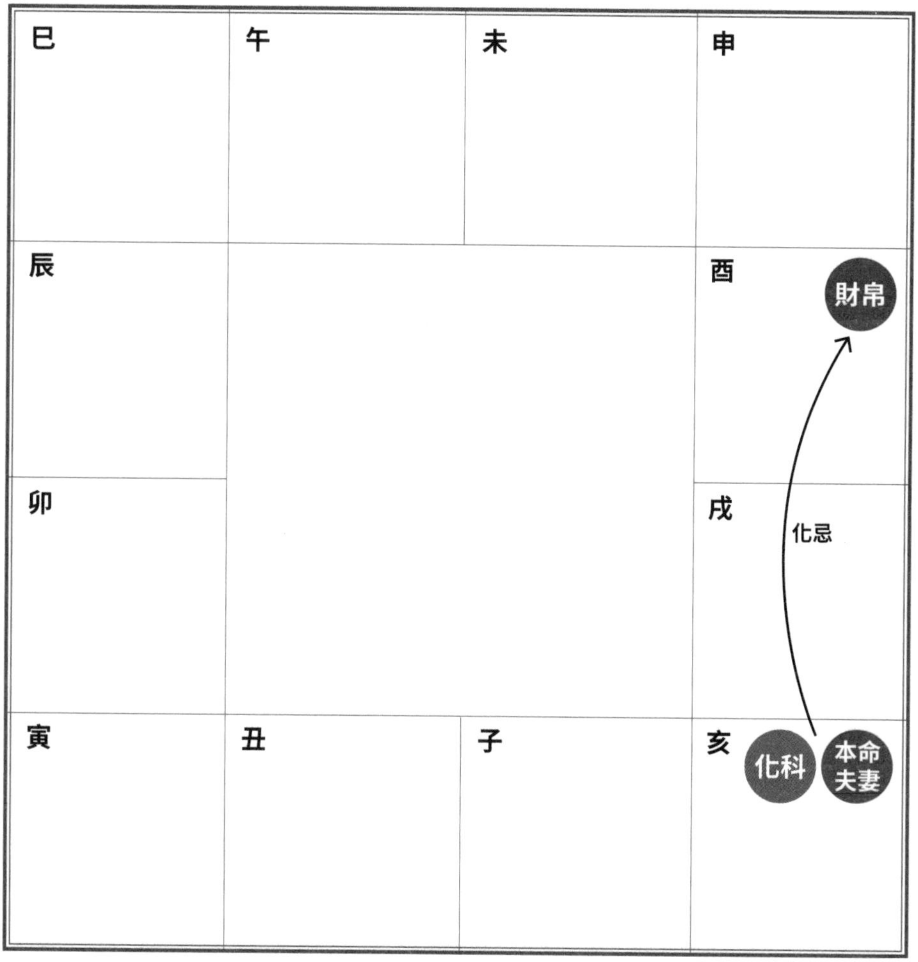

解答／

這是一個很明白的答案。夫妻宮化科，會希望自己的另一半，男的有地位才華、女的美貌迷人，同時間化忌入財帛宮，希望自己的另一半有這樣好的條件，那麼花點錢也是應該的啊！錢花下去當然就會覺得錢不太夠用，不夠用就去賺錢，正所謂一個成功的男人背後必然有個愛花錢的女人啊！

4-4

失去愛情也失去靈魂——夫妻化忌入福德宮

福德宮是斗數十二宮中常讓人感到難以捉摸的，它代表所謂精神狀態跟潛意識，還有靈魂的概念，潛意識就像是我們有時候會不經意地去做一些連自己都覺得不可思議的事情。精神狀態常讓我們跟內心與情緒連結，因為內心想法跟情緒往往受到精神狀態的影響，所以我常用「靈魂宮位」來形容福德宮，一個人少了靈魂就像行屍走肉，所謂無魂附體，一種整個人生被掏空的感覺，覺得自己好像做什麼事都不太對，這是本命化忌入福德宮的跡象。但是因為是本命盤，所以還會受到運限盤的調整，因此只會隱隱地藏在靈魂深處，往往會利用學習跟追求藝術或心靈書籍或宗教，來彌補內心對靈魂空缺的需求，這樣對於精神與心靈的追求，往往也會讓這個人在這方面有很好的成就。重視心靈的人才會探索精神方面的學問跟知識，如同我是化忌入我的肚子，所以我追求的都是美食，得到的就是肥胖。化忌入福德宮的得到的就會是心靈的成長，如果這個化忌不是來自本命盤，而是來自代表感情的夫妻宮呢？

感情讓這個人的靈魂空缺，是否表示這個人很需要情感呢？相對於福德宮化忌入夫妻宮，因為精神狀態造成感情上的問題，將自己對於靈魂的追求投射在感情上，用感情彌補對靈魂的滿足；相反地，夫妻宮化忌到福德宮，是這個人的感情讓他感到精神的空缺，無論這段感情好或不好，他總覺得精神得不到滿足，身邊沒有人時覺得寂寞，身邊很多人時還是覺得寂寞，周旋在很多人之間會讓精神壓力很大，身邊都沒有人陪伴，也會覺得內心總有著不明究理的空缺。靈魂無法被滿足的人，無論戀情多麼令人羨慕，往往還是覺得不滿意。相對於福德宮化忌入夫妻宮的人，尋找對象是用感覺跟精神的交流來認定彼此的存在，夫妻宮化忌入福德宮的人，愛情既然可以讓他魂不守舍，自然就可以變成他很大的動力，只要給他滿滿的愛，他就會無所不能。如果自己就是這樣的情況呢？那就應該好好挑選對象，找一個可以隨時給自己熱情的戀人，填補自己的靈魂。

如果是運限盤出現這樣的情況，表示自己當下潛意識中對這個戀情還是不安的，單身的人則會對感情這件事有著潛在的不安，這時候如果夫妻宮還有煞星，尤其是陀羅星，就會很明顯地影響了精神狀態。嚴重來說，如果福德宮狀態不好，許多因為感情而造成的精神問題就可能出現，還好這樣的組合並不多見，絕大多數的時候，只要將注意力轉移到其他地方就可以解決，例如學習新事物等等，通常我會建議趁機多學習能夠提升精神與心靈的事物，在這個時間學習新事物，還可以累積自己的人生資源，反而會變成助力。

夫妻宮化忌入福德宮的人，愛情是他內心的靈魂，所以更應該好好挑選與自己真心相映的伴侶，因為有一份好的戀情對他來說，人生會整個大改變！

小練習

本命夫妻宮化權，並且化忌入福德宮該如何解釋？

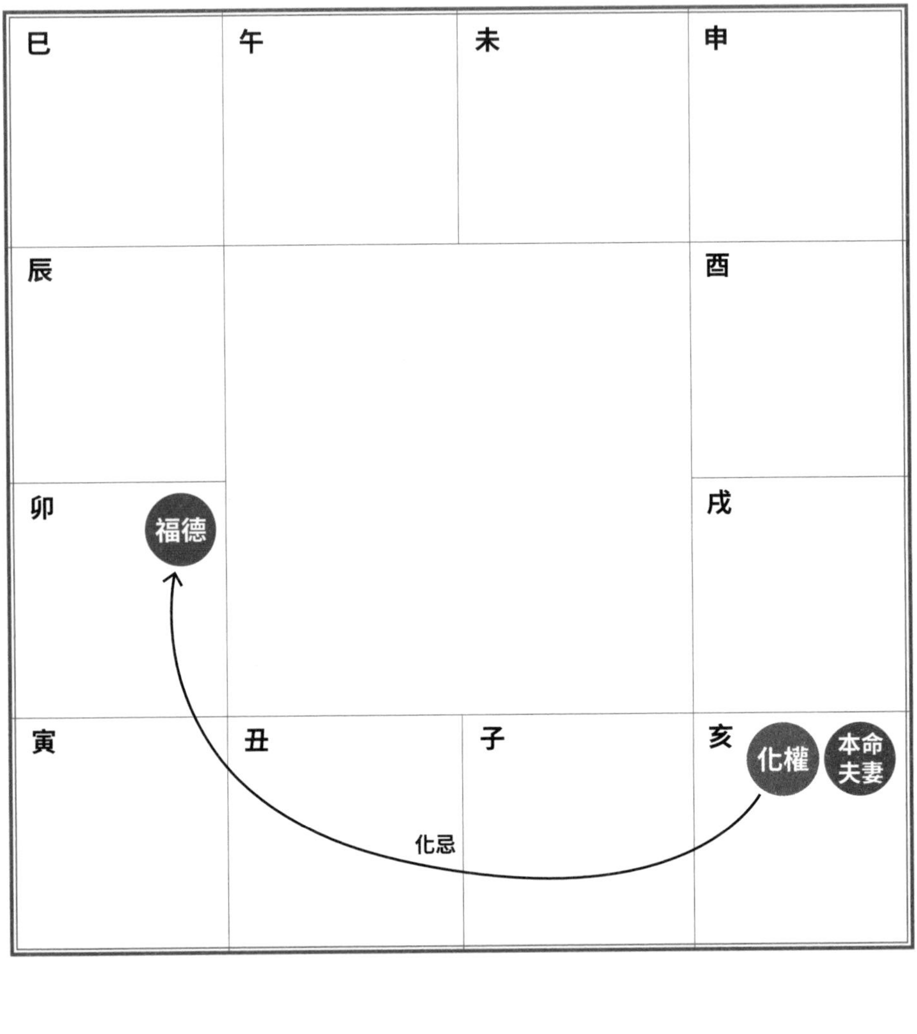

解答／

夫妻宮化權表示這個人在感情上希望有主導權，同時間化忌入福德宮，表示對感情的掌握對這個人很重要，如果無法掌握另一半，就會吃不好睡不著，進而影響精神狀態。

另外，聰明的你是否發現，夫妻宮化權也是官祿宮的內心化權呢？福德宮化忌也是財帛宮的內心有空缺呢？所以如果無法掌握感情，這樣的人就會將心神投放在賺錢跟事業成就上，或許也是個不錯的結果。

4-5

為了愛情永不回頭——夫妻宮化忌入田宅宮

田宅宮代表家庭，一個人對家的觀念態度來自於這個宮位，也代表了財庫。本命盤上如果表示感情的夫妻宮化忌入田宅宮，說明這個人的感情態度，可能跟他原本的家庭教育或者家人態度相違反，因為他的愛情（夫妻宮）造成他跟家人之間的關係與相處態度有空缺（田宅宮）。

那是否會破財呢？首先，破財是一種現象，所以不會出現在本命盤上，再者化忌是一種空缺的概念，財庫空缺表示自己希望可以存錢，希望有個家，不見得是破財，所以夫妻宮化忌入田宅宮，對於田宅宮的財庫涵義，只能說是這個人會為了感情願意花錢，會因為追求感情，覺得自己需要更好的資源存錢養家，想要有錢組織家庭，不見得是破財的意思。總之覺得自己需要錢，因為覺得財庫空缺，這是本命盤夫妻宮化忌入田宅宮大致的概念。

當然，還要注意田宅宮內是否有煞星（還記得《紫微攻略》所說的嗎？宮位有煞星，會因為煞星的破壞力和衝動造成宮位的動亂，這時候如果還有化忌，一個人覺得空虛又衝動，那個宮位就會出現問題），如果田宅宮內有煞星，因為自己的感情態度而與家人不合或者破財的跡象就會比較明顯，因為自己會不顧一切地追逐愛情，不在乎金錢跟原生家庭。

如果是在運限盤上，就更明顯地顯示是因為愛情造成自己跟家人不合或是破財跡象，但是這樣的跡象其實也表示他對於感情的態度是希望可以有一個家，愛情（夫妻宮）造成了他對家的期待（田宅宮化忌），這時候其實也是一個人很期待婚姻的時候，如果發現戀人有這樣的跡象，給他家的溫暖，就會是將他圈進婚姻牢籠的最佳時機。

小練習

小限命盤夫妻宮化忌入田宅宮，而田宅宮化祿，該如何解釋？

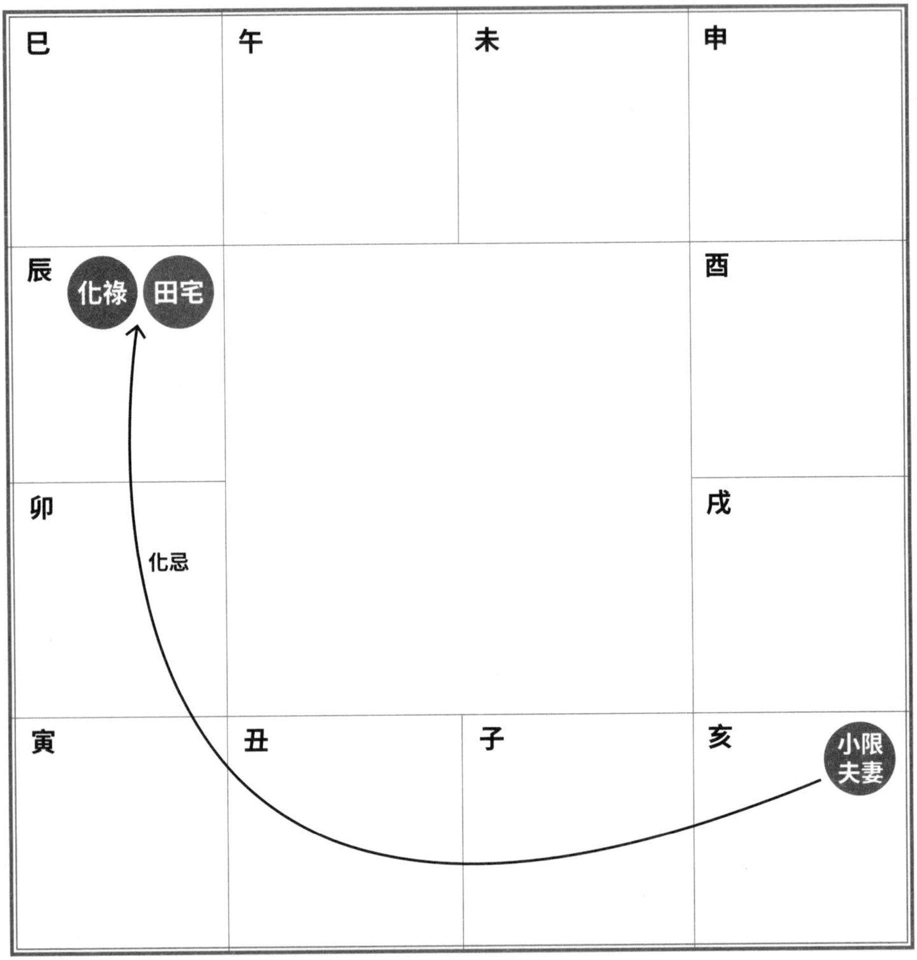

解答／

田宅宮化祿表示希望可以存錢或是買房子，這時候夫妻宮化忌入田宅宮，自己會受感情的影響更加強這件事，為了愛情更加努力。

4-6

生個孩子留住他的心——夫妻宮化忌入子女宮

本命盤子女宮化忌的人，絕大多數都會希望有小孩，也會愛小孩，因為子女宮是田宅宮的對宮，所以子女宮也是對於家庭溫暖的心理投射。擁有孩子可以讓自己感覺有個專屬的家（如果子女宮內有太多煞星，或者坐了孤寡星在裡面，可能會變成不愛小孩或者說對小孩沒有那麼深厚的感情），因此如果不是生年的天干造成本命盤的子女宮化忌，而是夫妻宮造成的呢？自己的感情態度造成子女宮化忌，是因為感情態度造成自己需要孩子、期待有個自己的家庭嗎？

本命盤有這樣的情況，排除子女宮狀況太差之外，確實會有這樣的跡象出現。自己的情感態度造成對於子女宮的空缺，連帶地當然會因為感情的需求而覺得需要一個孩子或一個家，甚至是需要兩個人的親密關係（性生活）來證明自己的愛情。同樣地，因為本命盤會受到運限盤的影響，不見得在當下看起來很明顯，卻是骨子裡面的想法跟態度。

如果是在運限盤出現，這個狀況就會很明顯，例如同時代表了態度跟現象的大限命盤，如果夫妻宮化忌入子女宮，就會希望結婚或者生小孩，因為小孩是家庭的投射，如果子女宮還有其它煞星，雖然可能不見得需要小孩，但是也會造成自己為了感情花錢不手軟（子女宮也代表財庫）。若是小限或是流年，則表示當下的感情狀態會讓自己希望在兩個人的親密關係上，或者是家庭的安全感上能得到滿足，無論是大限或小限、流年這類的運限盤，如果出現這樣的跡象，也會很希望可以走入家庭。

小練習

已婚或者有伴侶的某人，小限夫妻宮有兩顆煞星，同時夫妻宮化忌入子女宮，該如何解釋？

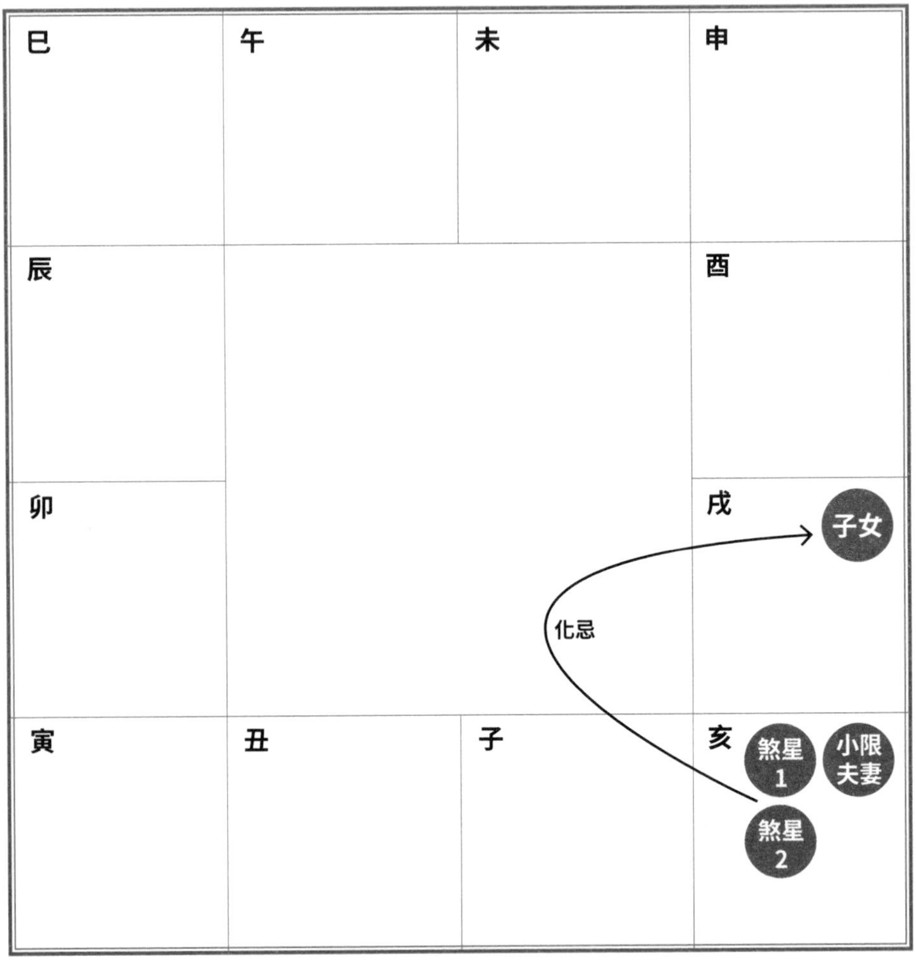

解答／

身邊有伴侶的時候，如果夫妻宮出現了太多煞星，表示兩個人目前的感情出現問題。這時候如果是子女宮化忌入夫妻宮，問題大概會出現在性生活上。如果有小孩，則是因為小孩的教養問題造成兩個人的感情出狀況。但若是夫妻宮化忌入子女宮，則表示感情出了問題，連帶造成性生活出現狀況，兩個人每天吵架，怎麼會有好的性生活呢？這時候反而會讓人希望有個孩子可以綁住對方，更希望擁有對方，親密的關係變成是愛情的證明，因為對愛情沒有安全感，而想為對方生個孩子，希望可以藉此綁住他。如果已經有小孩了，則表示婚姻狀態已經影響到親子關係。

4-7

見色忘友才是真男人——夫妻宮化忌入僕役宮

誰會見色忘友，為了另一半忘記朋友呢？最有可能的當然就是夫妻化忌入僕役宮的人。僕役宮化忌，表示與朋友或平輩的交往相處上會出現問題，因為總是覺得跟朋友之間的相處不夠好，所以僕役宮化忌也可以解釋成很在乎朋友，這是在本命盤上因為生年產生的僕役宮化忌之解釋。但如果是夫妻宮造成的化忌，這個空缺來自於感情態度，自己的感情態度會造成僕役宮化忌，可以說這個人在感情不好的時候很需要朋友，追求朋友的安慰跟關心。但是如果這個人正與另一半濃情蜜意，也會表示因此造成跟朋友關係的空缺，簡單來說就是有異性沒人性。我們身邊是不是常有這樣的人呢？單身的時候跟你是兄弟，有女人的時候當你是個屁；跟男友吵架的時候找閨蜜，和好的時候幫著男友騙閨蜜。

不過人生就是如此，總是有些事情要我們去追求。朋友跟情人總是要有所選擇，如果可以因而勇敢去愛，我們應該也要給予祝福。害怕的是，夫妻宮太多桃花星，表示這個人本來就比較浪漫，如果同時間會因為感情狀態而將情感投射在交友上，就容易跟朋友搞曖昧。具備這樣的本命盤，就該知道自己在感情跟友情之間要能做好平衡。

如果是運限盤有這樣的情況，則表示在有情人的情況下，會因為另一半而影響自己的交友關係，更重要的是，僕役宮代表了不同性別的兄弟姊妹，所以如果以男生來說，可能是自己的姊妹，也就是另一半的小姑，表示自己會因為跟另一半的關係，造成另一半跟自己的姊妹不合，甚至影響到與自己母親的關係。因此如果出現這樣的問題，或許搬離開家，利用距離來降低傷害會是一個好的解決方法。化忌是一種空缺，我們可以利用現實的空缺來對應命盤的現象，改變化忌在不同地方的影響力。

小練習

本命夫妻宮化祿，並且造成僕役宮化忌，該如何解釋？

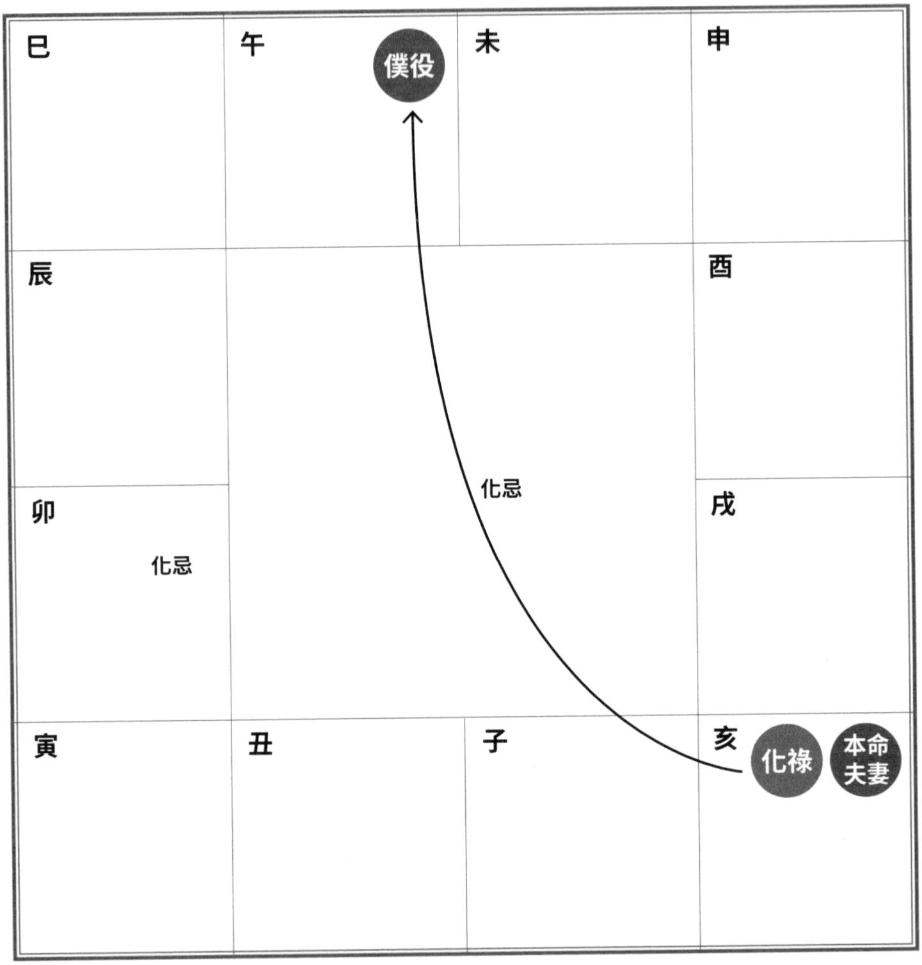

解答／

化祿在夫妻宮的人除非宮位內是太孤寡的星曜，否則通常是較浪漫而且異性緣不差，這時候如果化忌入僕役宮，表示自己的感情豐富，會造成交友上的空缺問題，通常表示這個人異性朋友多，感情豐富，會將感情投射在對朋友的期待上。

4-8

母親與老婆落海當然救老婆——夫妻宮化忌入兄弟宮

兄弟宮代表母親或是同性別的兄弟姊妹，自己的感情態度跟喜歡的類型（夫妻宮）造成兄弟宮化忌，產生與同性別兄弟姊妹或是與母親關係上的問題，因此自己喜歡的類型不容易得到家裡的支持。跟兄弟宮化忌入夫妻宮不同的是，兄弟宮化忌入夫妻宮時，自己還會試著希望尋找能讓母親喜歡的另一半，而夫妻宮化忌入兄弟宮的時候，比較在乎感情，所以如果沒有特殊情況，母親跟老婆一起掉到海裡，他大概就比較可能會救老婆了（希望婆媳戰爭的時候老公站在妳這邊的，就要留意這一類人），這是本命盤的情況，如果是運限盤呢？

運限盤出現這樣的情況，代表會有這樣的現象，可能因為另一半而使自己跟兄弟姊妹還有母親家人產生紛爭。化忌因為有空缺的意思，因此如果是大限，建議小倆口搬出去住，可以降低這樣的問題；如果是單身的人呢？因為夫妻宮可以當成官祿宮的內心宮位，或是在外的表現，因此也可能是工作情況讓母親擔心，或者造成兄弟姊妹間的問題。

小練習

小限夫妻宮武曲化祿，並且夫妻宮化忌入兄弟宮，該如何解釋？

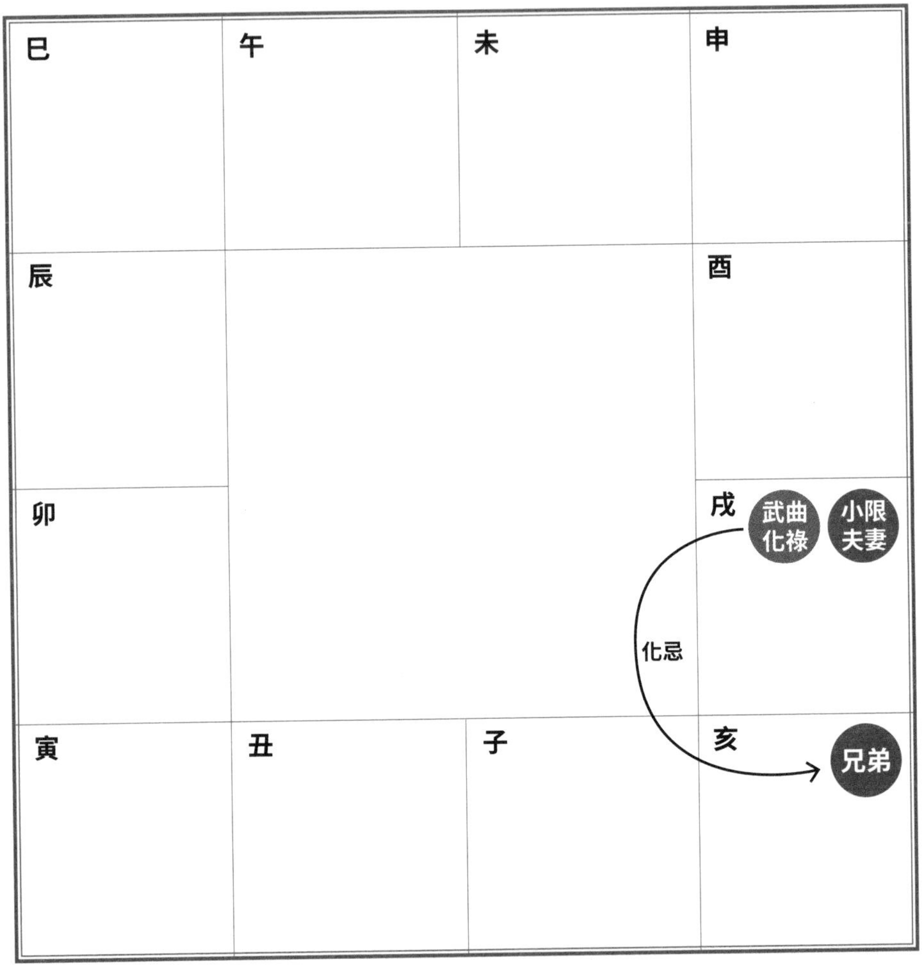

解答／

我們說過六親宮位中，除了父與母之外，子女、僕役、夫妻這類因為我們出生之後才產生的人際關係宮位，宮位內有四化出現，都是我們對那個宮位產生的價值與對應的態度，因此小限夫妻宮出現武曲化祿，表示在這個小限時間點上對另一半是很不錯的。化祿表示緣分跟關係的增加，增加的化祿從武曲而來，武曲是財星，表示會利用錢財增加緣分，這說明了在這個時間點上，對另一半在錢財上是大方的（不過因為命盤說的是自己的態度價值，所以自己覺得大方跟對方覺得大方是兩回事），這個對對方在金錢上大方的態度化忌入兄弟宮，可能會因此造成媽媽的不滿。

4-9

守護真愛的王子——夫妻宮化忌入父母宮

如果說夫妻宮化忌到兄弟宮，是為了自己的愛情而願意跟母親抗爭，那化忌到父母宮，應該就是更堅定地守護自己的愛情了。因為傳統上我們還是將父母宮當成父親的宮位，而父親的涵義還可以衍生為家族或家中長輩，或是家世背景，所以相對於屬於母親的兄弟宮，父母宮的挑戰當然就更大一點。

而紫微斗數說的是實質影響力，如果家中由母親主導一家事務，這個父母宮當然也會代表母親。實際上，在更高階的紫微斗數應用上，我們還可以利用更深入的手法，算出到底代表的是誰？例如如果是兄弟宮，到底代表的是媽媽或是哪一個兄弟姊妹，不過對初學來說，先學會觀念上的結構比較重要，在這裡只要先瞭解，夫妻宮化忌入父母宮，有可能因為感情而影響自己與家族的關係，如同兄弟宮影響的是與母親的關係，父母宮影響的則是與父親的關係。

比較特別的是，因為父母宮的對宮是疾厄宮，所以當父母宮化忌時，自然會影響到對面的宮位。父母宮等於我們對自己身體的內心想法，這表示我們對身體的價值態度來自父母宮，也就是我們怎麼使用自己的身體，既然化忌了，自然是努力使用，這表示夫妻宮化忌入父母宮的人，通常也會願意為了愛情而奔波，絕對是非常好的愛情奴隸跟工具人代表。以上是本命盤的價值態度，如果是運限盤呢？

如果發生在運限盤上，通常會為了情人，跟父母或家人起糾紛，或是這場愛情讓你非常疲於奔命、心力交瘁。如果身邊沒有情人，因為夫妻宮的對宮是官祿宮，所以可能是自己的工作讓父親不太滿意吧！

小練習

小限父母宮本身有化科，但是夫妻宮化忌入父母宮，這該如何解釋？

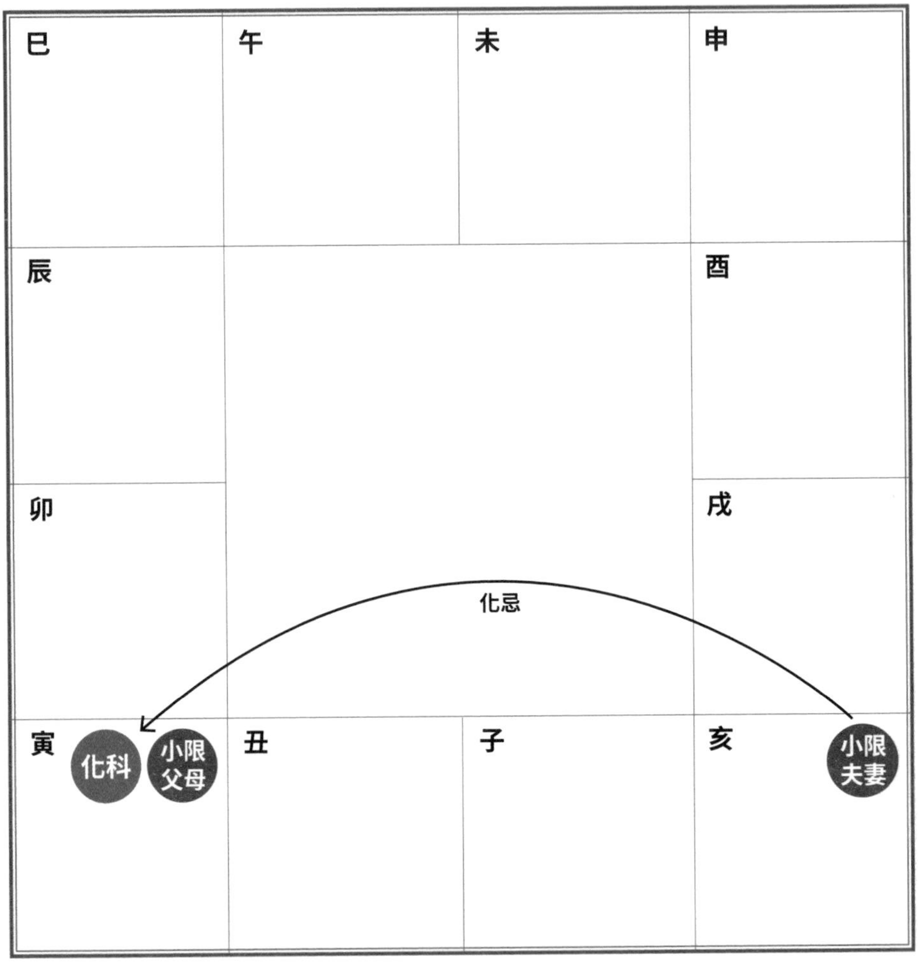

解答／

小限父母宮有化科，表示父親重視名聲，或是有社會地位。古書或是一般書籍，常常讓人以為這類所謂有社會地位、有名聲，直接等於是大官或社會顯達，但社會上哪有那麼多社會顯達呢？如同我們常常在新聞上看到許多人自稱媽祖降世、九天玄女、關聖帝君轉生，前世是格格、上輩子是皇帝，其實仔細想想，哪裡有這麼多神佛貴族可以降世轉生，所以這類說法同命理書籍說的所謂化科，有社會地位一樣，如果是在本命盤，只是一種對於自己的期許，有期許當然就有可能達到成就；至於運限盤，說的只是相對有名的人，例如街口賣臭豆腐的，因為生意很好，也可以算是有名，或社會普遍認為大學教授都很厲害，這時候大學教授就可以算是有地位，所以我們需要用實際的情況去分析，不能直接用自己認知的名人感覺去解說，至於那些諸多神佛轉世的人，絕大多數只是自我感覺良好罷了。

如果自己的父母宮化科，父親算是重視面子跟名聲，這時候如果夫妻宮化忌入父母宮，當然就是父親對自己的另一半並不滿意。

4-10

最佳好人卡擁有者——夫妻宮化忌入疾厄宮

前面我們提到，疾厄宮是自己的身體情況，除了說明自己的先天遺傳，也說明我們對身體的態度，例如我很頹廢、很糜爛，只要能坐著就不站著，或是說像許多社會菁英人士對自己的身體很要求。因此，疾厄宮化忌的人通常都十分願意操勞身體，不在乎讓自己的身體產生空缺（化忌），是一種拚到底的概念。所以疾厄宮化忌的人，床上表現通常都不錯，因為無論做不做得到，他都會努力榨乾自己最後一分體力。但是如果這個化忌來自於夫妻宮呢？

既然化忌來自夫妻宮，表示只有感情讓他願意體力勞動，如同夫妻宮化忌入財帛宮的人願意為了愛人花錢，化忌入疾厄宮也願意為了追求感情而付出身體代價。若是本命盤如此，這個人絕對是最佳的工具人代表，願意為了愛人上山下海、跳火圈、跑馬拉松、加上胸口碎大石，不過這樣的表現僅止於對心愛的人，如果你不是他的菜，不是他的肉，不是他的愛，他絕對不會產生這樣的力量（就算是在交往中，如果愛已消失，這種力量也會消失，因為紫微斗數說的是實質影響力，不是口頭或法律上的承諾）。如果是運限盤呢？運限盤說的是事件的發生跟現象，運限盤上夫妻宮化忌入疾厄宮，難道是這時候的戀愛會讓自己生病嗎？

戀愛基本上是不會生病的，如果是花柳病，應該是從代表性生活的子女宮化忌過去疾厄宮比較需要擔心。但是疾厄宮在運限盤的時候，尤其是愈短的時間內，例如流月、流日，會代表心情，所以可以說是自己的心情受到感情影響，長一點的時間大概就是說自己現在正在當工具人吧！為了守護愛情需要疲於奔命，如果有文昌、文曲在裡面，煞星又多，確實有可能因為愛情而產生精神上的問題，但是這樣的情況需要集合許多條件，例如同一時間福德宮也不好等等。需要注意的是，因為夫妻宮也可以是官祿宮的外在表現（工作在外的表現或是工作外出的情況），因此也可能是在這個時間點上外出工作可能會有職業傷害的問題，尤其如果目前單身，這個跡象會更明顯。

小練習

小限夫妻宮化祿，並且化忌入疾厄宮，該如何解釋？

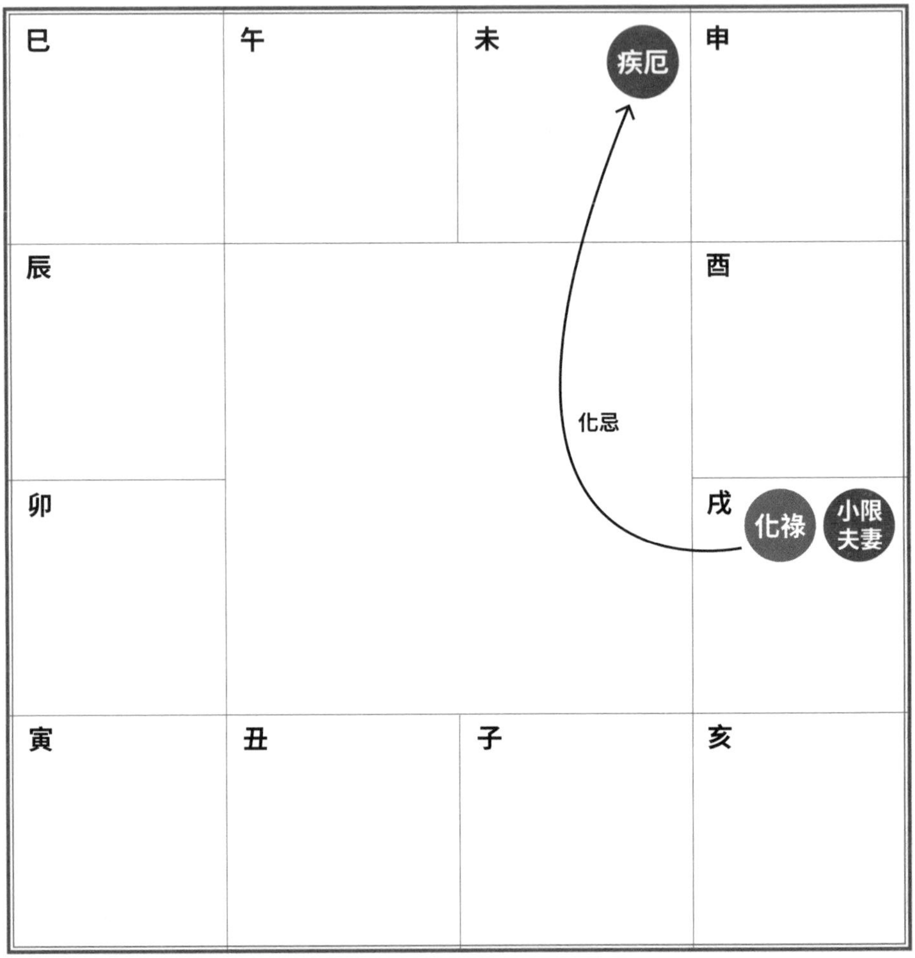

解答／

小限夫妻宮化祿，表示自己非常疼愛另一半，也願意如此付出。同時間化忌到疾厄宮，則表示這段感情是一份甜蜜的負擔，雖然奔波但是內心喜悅。如果有需要減肥，利用身邊另一半的督促，在這時候就會很有效果。

4-11

感情是生命中永遠無法填補的沙洲——夫妻宮化忌到命宮

命宮化忌，我們會解釋成覺得自己生命有空缺，需要不斷地努力追求，讓生命圓滿，化忌若是來自於夫妻宮，指因為感情狀態或是自己的感情態度造成人生不圓滿。就像生命本來如叢林一般豐富，卻在其中發現一塊光禿禿的沙洲，就像被人偷挖走了，而這個小偷的名字就叫感情，看著那塊沙洲，總是會覺得叢林不再那麼美好，當然就希望能夠填補起來。如果是本命盤有這樣的情況，感情是一生的功課，會一直希望去填補這個生命中的空缺，即便夫妻宮的桃花星曜很多，沙洲終究不容易把花養起來，容易變成一直種花，花朵卻不斷凋萎，來來去去，沒有一朵可以真的豐富自己的生命，外人看起來可能是花心，其實自己覺得總是無法圓滿生命。

如果在運限盤上出現，自己在這個時間點上會很需要感情，這絕對會是一個想結婚的時候，所以另一半如果有這樣的情況出現，也會是最好逼婚的時候，不過如果此時自己不給予對方足夠的愛跟關心，可能也會被別人跑來種花。如果夫妻宮內不是桃花星，而是武曲七殺這類孤寡剛毅務實的星曜，也可能將自己的心力都放在工作上，畢竟夫妻宮也是官祿宮的內心世界。

這個組合最怕化忌到命宮的是文曲，這一類的桃花星化忌，如果再加煞星可能人生就會為了感情一直過得很混亂，這是需要注意的地方。

4-12

感情給的空缺讓我更強大——夫妻宮化忌到遷移宮

遷移宮是人的內心世界與外在的表現，不同於命宮代表整個生命的價值，遷移宮的內心世界可以解釋為隱藏的情感，而在外在的表現則會因為隱藏在內心的情感而展露在外，例如貪狼在遷移宮，表示內心有著貪圖各種事物的慾望，展現在遷移宮外在表現的涵義上，就會變成貪戀自己在外的人緣，因此，貪狼在遷移宮，同時具備內心的慾望跟外在的桃花，貪戀自己的人緣，當然就會想辦法與人好好相處，讓人緣變好。這是解釋貪狼星在遷移宮很重要的觀念，每一個星曜會因為內心想法而在外在表現上展露出來，這時候如果貪狼化忌呢？內心慾望如同黑洞，會希望自己的人緣更好，但是這樣過度的要求，有時候反而會造成在外與人的接觸時有過度的表現，因此有化忌在遷移宮可能出現在外的人際關係有問題的說法，細節可以視星曜的特質去解讀，例如武曲化忌在遷移宮，內心的務實態度，造成在外人看來，自己好像對金錢斤斤計較。

因為內心的情感需求造成在外的表現不佳，可以說是自己的感情態度讓內心有所空缺，並且讓外緣反而不好。不過，化忌所在的宮位會影響對宮，希望對宮可以幫助彌補，因此自己會因為感情態度造成內心空缺而去影響命宮，會更加努力，希望自己可以變得更好，如果說夫妻宮化忌到命宮的人，是有了愛情就會努力圓滿人生，化忌到遷移宮的人絕對會是一個可以為了愛人的期待，即使摘月也願意的人。

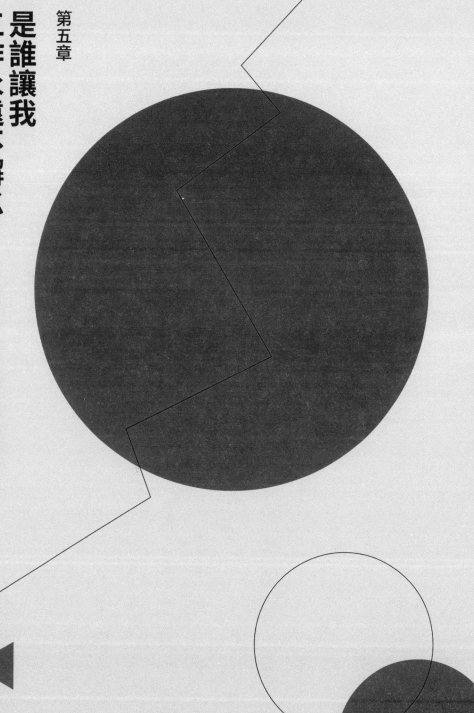

第五章

是誰讓我工作永遠不懈怠

——十二宮化忌入官祿宮

5-1

壓力是成長的動力，缺乏才是成就的開始

在紫微斗數中，許多人都以為「官祿宮」說的是工作，並且常常分不清楚工作跟賺錢的不同。依照紫微斗數命盤以實質影響力來討論宮位意義的基本概念，官祿宮說的不只是一般認知的「工作」，而是「生命中所追求的價值、主要的生活重心」，否則家庭主婦、讀書的學子該怎麼解釋官祿宮？因此，本命盤的官祿宮說的就是你對生活重心的態度跟價值，而運限盤說的，就是當下的生活重心是什麼？如果是上學，那麼官祿宮說的就是學業問題。

三方四正

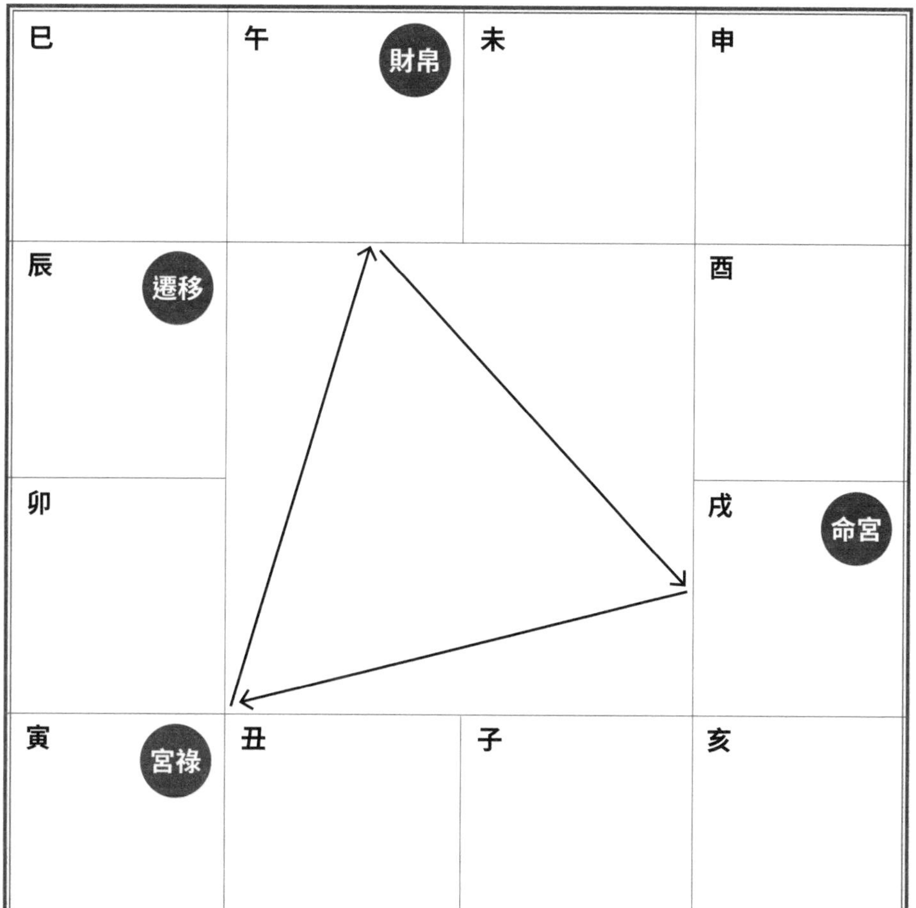

紫微斗數中每個宮位都有所謂三方四正，命宮的順時鐘四格是官祿宮，逆時鐘四格是財帛宮，古人很重視順逆的概念，所以依照上一頁的例圖來看，官祿宮就像我們命宮追求跟努力的方向（生命所追求的價值、生命的目標跟重心），而這個追求跟努力的方向會導向財帛宮（工作努力想得到的成就跟成果，當然通常是錢財），而財帛宮會再給予我們命宮力量（理財的能力跟金錢的使用，讓我們在人世間的生命豐富，才能完成我們生命的富足與夢想的追求）。這個三角形如同自己生命的團隊，構成自己的主要價值結構，也組成命盤上命宮所代表的生命律動。

所以，官祿宮身為追求生命價值、展現人生目標跟生活重心的宮位，我們當然期待它會有很好的表現，希望自己在工作上有好的機會跟能力，父母會希望孩子在學業上有不錯的成果，因此，通常我們都會希望官祿宮最好可以有帶化祿、祿存、化權、化科這類星曜或四化出現，看到這樣的命盤就像看到中樂透，一生不用擔憂，相對地，只要看到化忌就擔心、緊張又不安。然而，在實務上我們常發現事實並非如此，許多人官祿宮化忌卻事業非凡，甚至比化權、化科的人還厲害，一個表示空缺的化忌反而造成一個人事業很有成就，為什麼呢？

我有位同學（後來變成我的學生），他有張很漂亮的命盤，命宮三方四正沒有一顆煞星，沒有化忌，還帶了祿跟權，相當完美。上課時，我以他的命盤為案例，解釋這是一個很標準的完美命盤，順便將自己那張出了名的爛盤拿出來自我嘲笑一番。課後他私下問我，他無法理解如果命盤完美，為何感覺大學畢業後的收入跟事業，並沒有比我好，我告訴他，因為他也沒有像我賠那麼多錢，需要經歷地獄般的還債人生。

在古代，命理書幾乎都是高官寫出來的，但卻是職位不夠大的官，因為真正一級的封疆大吏，是需要在官場上生死拚搏的，誰會有空去寫這種東西。只有從小人生勝利組的學霸，一路考試順遂當官順利，但是到了中年卻又知道自己沒有能力在官場廝殺，踩著別人的血骨往上爬，閒暇無事生活無慮，那就來整理一下自己所學，因此才會有著作出現。所以命理書上對於美麗人生的描述，其實都來自於這些作者對自己人生的期待跟夢想，所謂完美人生，當然也來自這些人對身邊所謂成功人士的資料蒐集，因而建構出來的價值，當然就會有視煞忌如猛獸的問題。

但是，我當年不到三十五歲便可以擁有營收數億的公司，原因來自於自己必須處理負債，假使錢賺得不夠多，當然就還不起，壓力出現與發生的同時，自然也會創造出能力，並且將生命逼向極限。我用一個例子跟這位同學說，你的命盤如同一台法拉利，法拉利一定是很好的，但是開法拉利的人通常都會慢慢開（否則誰知道你開好車呢？）如果沒有其他的狀況，大概也不會想要跟人賽車。反觀我的是一台破爛二手車，不過因為後面有鬼在追，所以我會想辦法把車開得快一點，一來一往，我的車當然就快過法拉利，所以並不是因為我的命盤比較好。這個在背後追的鬼，其實就是人生因為壓力而產生的動力，因為負債，讓我在很年輕的時候就必須面對很多問題，自然增加了不同於常人的人生經驗。如果所謂缺錢一開始就是一億元這樣的數字，就會以千萬或億為單位來思考賺錢，一旦有能力還錢，是否也表示有很好的獲利呢？

這就是空缺產生的力量，缺乏才會是成就動力的推手，只有當自己感覺到不足，才會有無限、不斷的努力。這個世界上絕大多數的環境是公平的，如果期待自己能夠脫穎而出，除了聰明才智之外，真正決定的是自己努力與否，只有覺得永遠做得不夠好，才能造就無極限的努力，以及對自己工作的要求，這樣的人當然容易成功，並且相對容易戰勝環境的考驗。因此化忌在官祿宮，其實是我們對生命價值的追求力量，是我們可以讓自己努力的動力，如果生年沒有給我們這個力量呢？沒關係，其它十二宮也會給我們。

5-2

愛妻要努力愛錢更要努力——財帛宮化忌入官祿宮

十二宮都可以依照自己的價值觀跟個性，還有專屬的影響力去影響官祿宮，造成我們在工作上覺得自我的努力不夠，或說是做得不夠好。如果是運限盤，則會造成工作上的困難。我們可以將這些視為動力跟力量，利用來讓自己對事業更加努力，如同一個逆境菩薩利用逆境造成我們願意努力，同時成長。甚至就某個層面來說，如果是六親宮位產生的化忌入官祿宮，他們還可能是我們的貴人，只是這個督促自己長大的方式，常常讓人不是太開心，所以會有壓力。但是我們如果能從命盤瞭解這樣的情況，便能坦然面對，並且以此讓事業長進。

夫妻宮化忌入官祿宮，在本命盤上，表示自己會因為感情，為心愛的人在工作上努力，雖然也可能為了感情而造成工作上的問題，但是只要找到對的人，就可以讓自己為了愛情而在工作上追求成就。

如果是財帛宮化忌入官祿宮，所秉持的金錢觀念和態度會造成對工作的空缺，表示在選擇工作或事業時上，這份工作是否可以賺錢，對於這個人來說相對比較重要。但是有時候又會因為這樣的態度，讓自己可能產生錯誤的判斷。如果是在足夠好的運限搭配上，例如財帛宮有化祿，命宮、官祿宮有化權等等運限走得不差的情況，那麼在本命盤上，這一類的人對於自己的工作會較有企圖心，而且較為務實，因此容易在事業與財富上有所成就。

若是在運限盤上，表示自己的工作受到財務影響。如果在大限中，有符合前面提到的本命盤現象，有機會在財務壓力中努力奮發，得到事業上的成就。可是如果沒有足夠的條件支持，確實可能會因為理財能力造成事業上的問題。如果是在小限、流年，更需要注意當年度是否有財務問題，不能過度投資。如果是上班族遇到這個情況，問題就不會那麼大，比較可能是對自己的薪資不滿意這類的問題。從另一個角度來說，如果這個時間點上遇到化權在命宮或官祿宮，化祿在命宮或財帛宮，其實反而可以嘗試著創業，這是開創人生新契機的時候。

小練習

流年財帛宮化忌入官祿宮，官祿宮同時化科，該如何解釋？

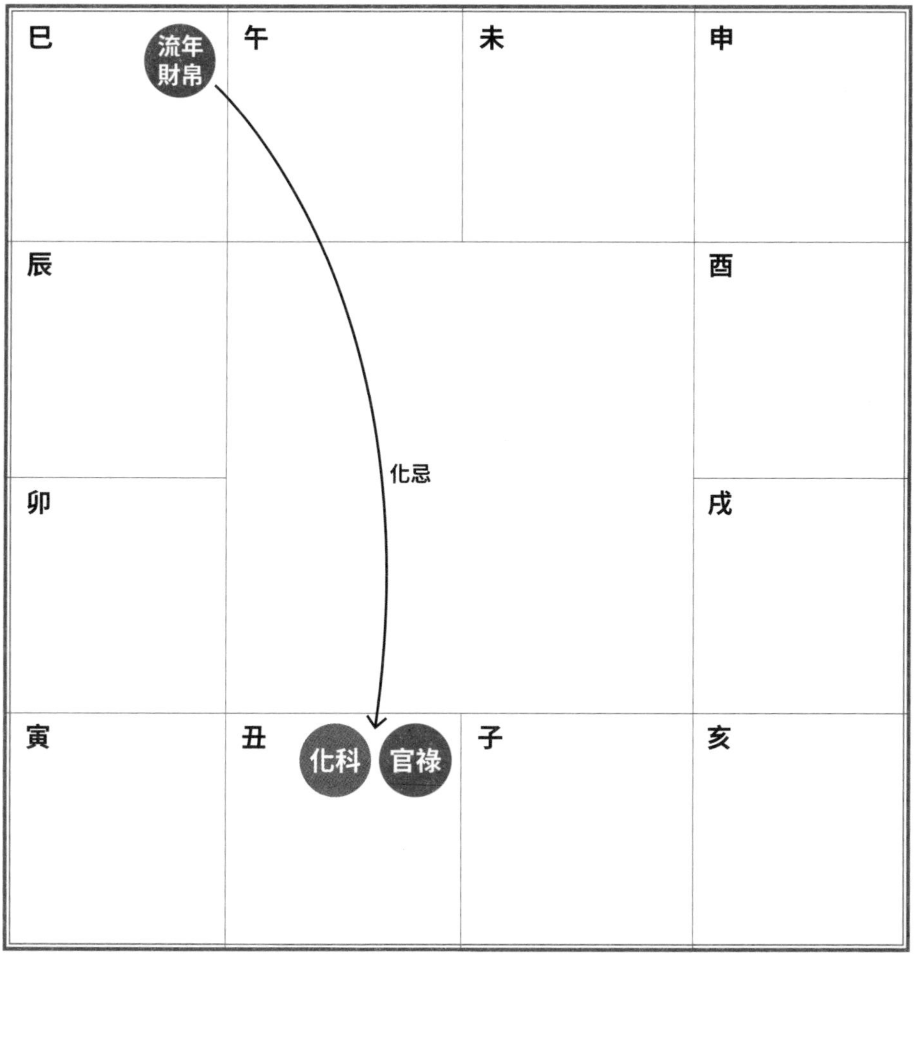

解答／

官祿宮化科表示自己在事業上有名聲，也重視工作成就。流年財帛宮化科，若有好的星曜在宮位裡，例如武曲化祿，表示外界的時空環境，讓自己在這個時間點上，在事業上更加衝刺，並且有好的機會跟成果。

如果財帛宮沒有化祿，甚至有煞星，可能有財務（理財能力）上的困難，並且因此影響工作，但是因為同時間官祿宮化科，因此通常會因為名聲而不願意放棄事業，或者說會堅持夢想，但是卻受到理財能力的侷限，反而影響事業。所以創業的人通常要很注意這樣的跡象出現。

商業往往就是如此，發生財務危機的時候，通常也會有賺大錢的機會，或者說事業需要擴張時，通常也需要做比較大的財務調度。如果可以注意，往往能化危機為轉機，或可以掌握時機，讓自己有更好的機會。

5-3

精神成就的追求是一切工作的動力——福德宮化忌入官祿宮

如果夫妻宮化忌是為了愛情，財帛宮化忌是很務實地希望藉由工作得到足夠的金錢回報，那麼，福德宮這個代表精神與潛意識的內心價值宮位，如果造成官祿宮化忌，表示這個人對於工作，很重視精神心靈的追求。如果本命盤是這樣的組合，通常對於心靈的追求，會反映在對工作與事業的期待上，例如福德宮帶有文昌、文曲，或是化祿、化科，或者帶有桃花星的人，通常會對藝術、創意文化類的產業很有興趣，喜歡看電影，喜歡探究自己的內心，所以在找工作或是挑選產業時，比較重視這份工作是不是可以滿足心靈上的成長。如果工作內容跟產業無法讓自己的精神得到滿足，即使有再好的職位，他也會深深考慮。許多能力很好，但是甘願放棄高位，只為理想努力的，大致上都是這一類的人，或者剛好命盤的大限運勢如此。

如果是在流年或小限這樣很短的時間內，再加上官祿宮有煞星，可能會因為工作而無法滿足自己對於夢想的期待。另外，福德宮除了代表心靈跟精神，也代表來財方式，也就是賺錢的機會跟方法，這一點是許多初學者常常搞不清楚的。福德宮代表賺錢來財的機會，跟財帛宮代表金錢的觀念、理財的態度並不相同，財帛宮說的是我們用錢的觀念（從花錢的態度到投資的觀念），福德宮則是來財的方式、賺錢的機會、財源的取得，所以在小限跟流年上，福德宮化忌入官祿宮，如果是自己創業做生意（只要不是上班族領薪水，是自己賺取收入的，就可以算是開業創業），就需要注意事業可能會有選擇方向不對，或是市場決策等問題，影響事業的經營。

小練習

小限福德宮化權，並且化忌入官祿宮，該如何解釋？

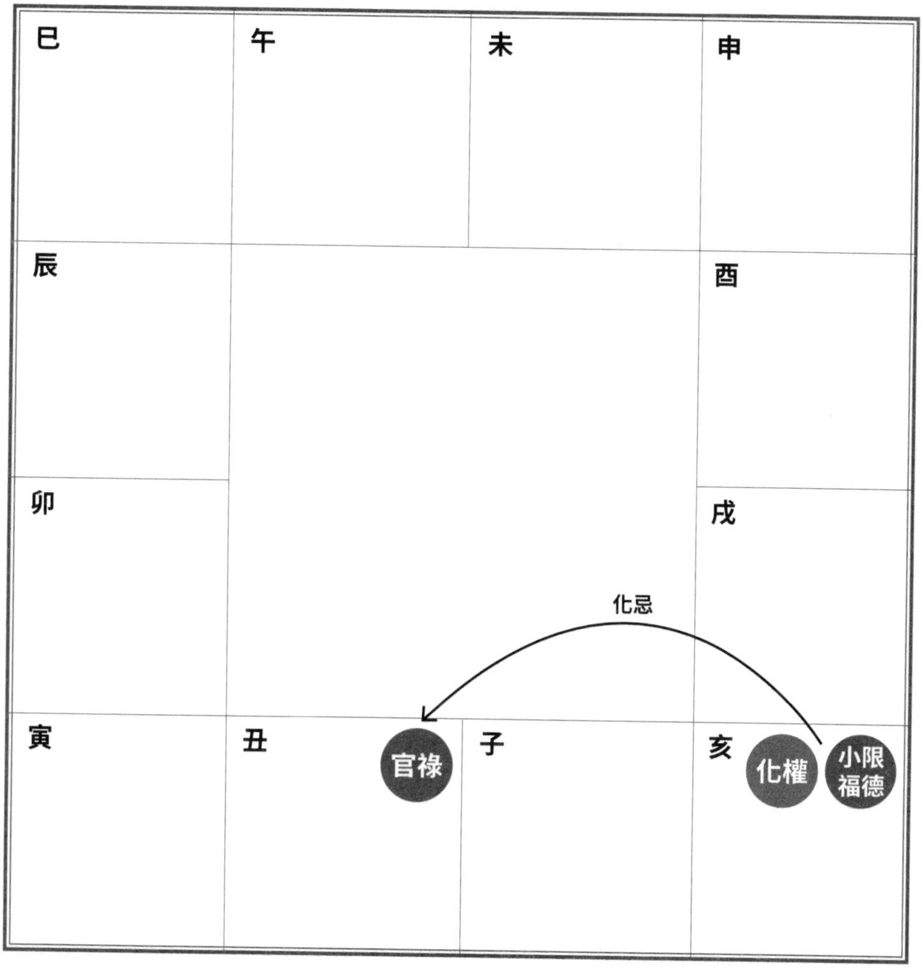

解答／

在運限的福德宮可以當成來財方式，因此當小限福德宮化權，表示會希望能夠掌握來財方式，通常也被引申為希望可以做投資，或是希望有更多的賺錢機會。小限福德宮化權會希望這個小限有新的創業投資機會，或有更多的收入來源，這時候福德宮化忌入官祿宮，表示因為希望有更多的收入來源，而讓自己在工作上很努力（官祿宮化忌表示覺得工作做得不夠），這個努力如果搭配上足夠的條件當然不錯，但是如果缺乏了如命宮或財帛宮化祿，則可能反而因為企圖心造成工作事業產生問題。

5-4 義氣是我行走江湖的信條——僕役宮化忌入官祿宮

只有在乎與重視，才能夠有所影響。前面提到夫妻宮化忌入官祿宮，會因為感情影響工作，當本命盤如此，愛會是他最大的力量，找到好的對象就會讓自己在工作上努力。同樣地，如果是代表交友態度跟朋友挑選的僕役宮，表示自己的交友情況以及對朋友的態度會影響工作，朋友對於自己的工作有很大的影響力，尤其僕役宮有四化在裡面，更會重視自己與朋友的關係。這樣的態度會讓這個人的官祿宮化忌，朋友的態度讓自己在工作態度上覺得有所空缺，在所交的朋友真正對自己有所幫助的前提下，這個空缺可以是動力，因為自己會希望滿足朋友期待而努力。因此，這樣的命盤條件就會需要注意僕役宮的狀態，而且因為是本命盤，所以表示是一輩子對朋友的態度，所以更需要注意運限盤上，僕役宮是否有煞星，工作有可能因此受朋友影響。

在運限盤上出現這樣的跡象，表示在這個時間點，工作受到朋友影響，可能是因為好朋友給予壓力，讓自己能夠在工作事業上努力，也可能是誤交損友，讓工作出問題。這時候需要看僕役宮是否有煞星，以及官祿宮是否也遇到煞星來做分辨。如果僕役宮有煞星、化忌的星曜，官祿宮又同時間有煞星，可能就會因為重視朋友，而受到朋友影響，讓工作事業出現問題。這時候需要特別小心自己與工作同事、朋友的交往情況。

小練習

本命僕役宮化權，並且化忌入官祿宮，該如何解釋？

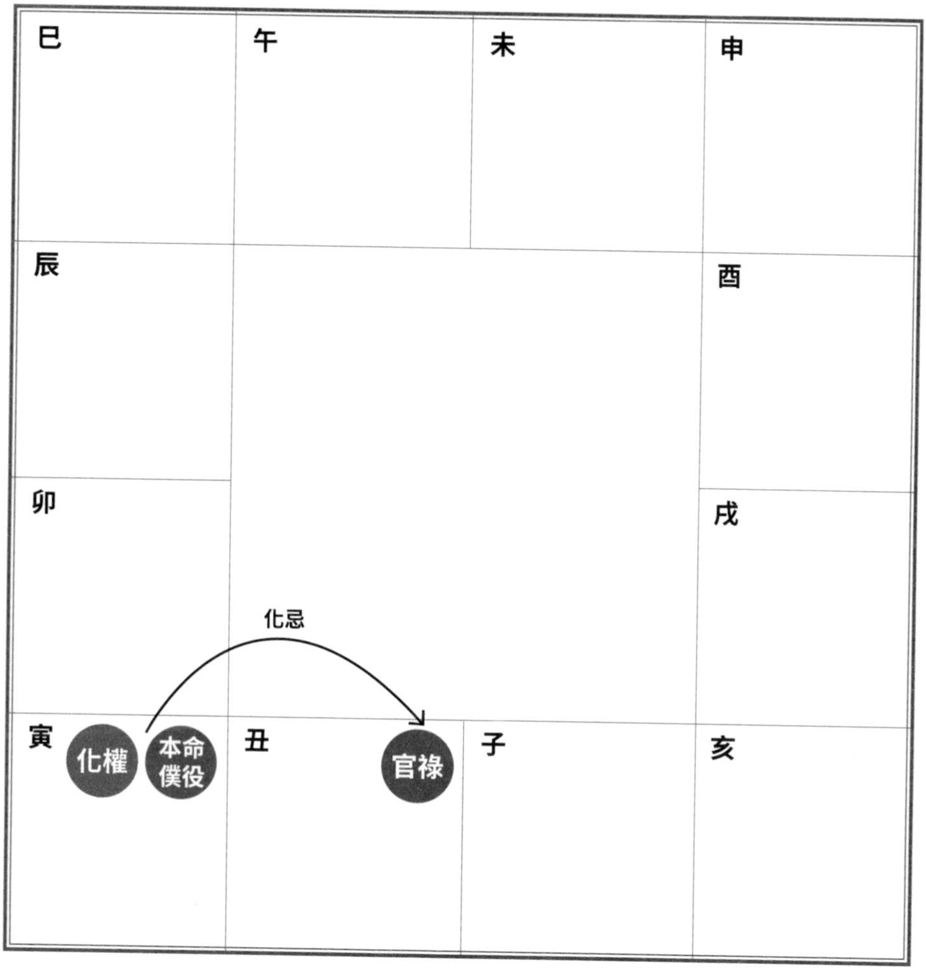

解答／

本命僕役宮化權，表示這個人希望在朋友之間可以擁有主導權。相對來說，也會重視朋友的事情。沒有遇到煞忌的情況，算是很重朋友間的交情與信義，此時僕役宮化忌入官祿宮，表示這個人會為了朋友的事情，影響自己的工作與事業也不在乎。

5-5

錢不是萬能 但是沒錢萬萬不能——兄弟宮化忌入官祿宮

本命盤上代表人的六親宮位，如夫妻、僕役等等，都表示自己和他們的交往態度與關係。兄弟宮代表自己的母親跟同性別的兄弟姊妹，某個層面也代表自己跟家人的關係。母親象徵自己從小受到的教育，所以本命盤上兄弟宮化忌入官祿宮，除了表示自己對於同性別兄弟姊妹的感情，與母親的感情也會影響工作。如果是運限盤上的情況，表示當下的工作事業會因為母親或是兄弟姊妹產生問題。

比較特別的是，兄弟宮在運限盤上還有另外一個意思，紫微斗數中，每個宮位除了各自代表的意思，還有因為各宮位間相對關係所產生的意義，例如：以父母宮當成自己父親的命宮。依照十二宮之間有一定關係排列組合，十二宮的順序是固定的，夫妻宮一定在命宮的逆時針兩格，依此類推，兄弟宮就是父母宮的夫妻宮，等

於是父親的感情狀態，這也是兄弟宮被當成媽媽宮位的原因。（見下頁圖一）

以這個邏輯來說，兄弟宮還可以是夫妻宮的父母宮，會同時代表另一半的父親，也就是自己的岳父或是公公，但是這個觀念只能用在運限盤上，因為人不會一出生就有岳父或公公。所以，如果運限盤上的兄弟宮化忌入官祿宮，也可以說是岳父或另一半的家庭背景將影響自己的工作。例如，有很多人白手起家，是因為要證明自己的能力給岳父看而努力創業，就屬於這樣的情況。

那麼，如果沒有另一半呢？初學者較不知道的是，兄弟宮剛好也是財帛宮的田宅宮，理財與用錢態度上的財庫，可以被引申為現金流，就是自己手上持有的現金。（見下頁圖二）

因為紫微斗數談的是實質影響力，所以對創業的人來說，會比較重視這個解釋，如果這個人不做生意，自然就沒有所謂現金不現金的問題。如同沒有結婚也不會有岳父／公公一樣，這是很重要的解盤觀念。

如果這個人是做生意的，在運限盤上，尤其是流年或流月這樣的盤，兄弟宮化忌入官祿宮，如果剛好兄弟宮裡面有陀羅星，可能會因為現金週轉不足而影響了事業的發展。

圖一／

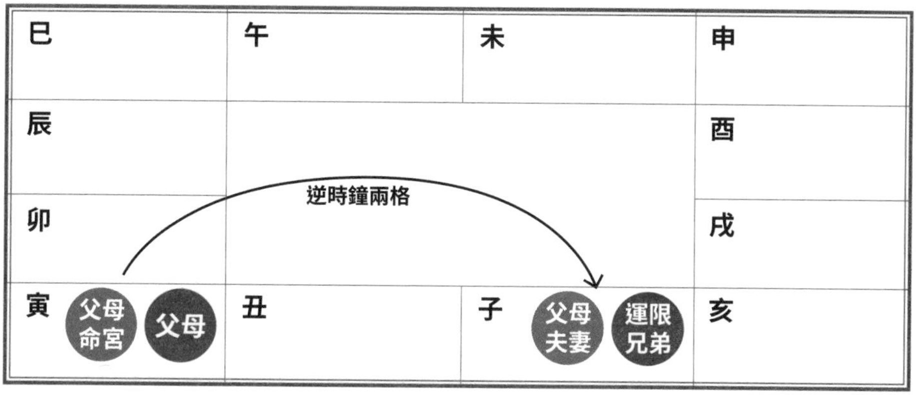
巳
午
未
申
辰
酉
逆時鐘兩格
卯
戌
寅
父母
命宮
父母
丑
子
父母
夫妻
運限
兄弟
亥

圖二／

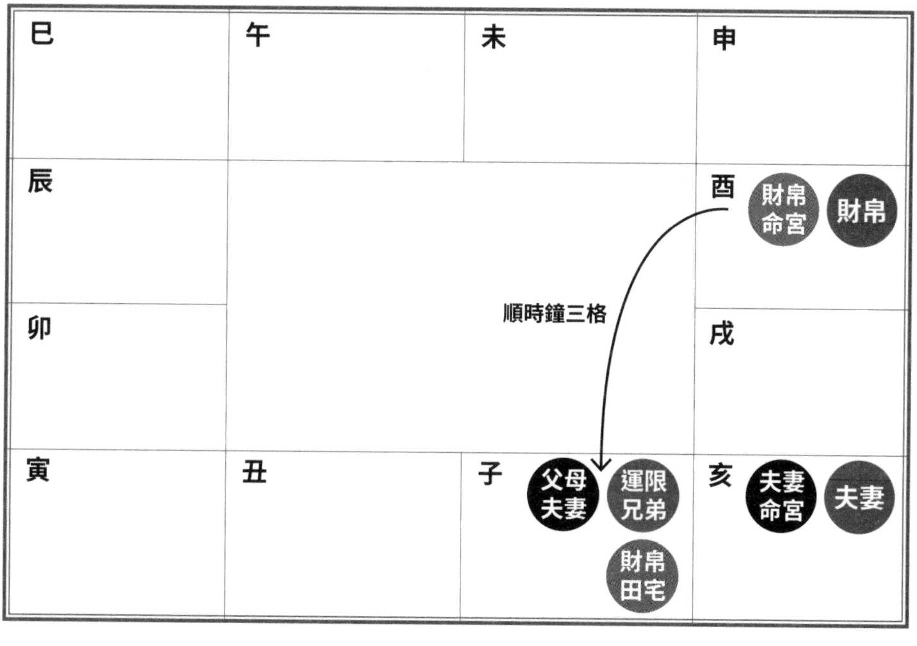
巳
午
未
申
辰
酉
財帛
命宮
財帛
順時鐘三格
卯
戌
寅
丑
子
父母
夫妻
運限
兄弟
財帛
田宅
亥
夫妻
命宮
夫妻

小練習

流年兄弟宮化忌入官祿宮，官祿宮同時化權，該如何解釋？

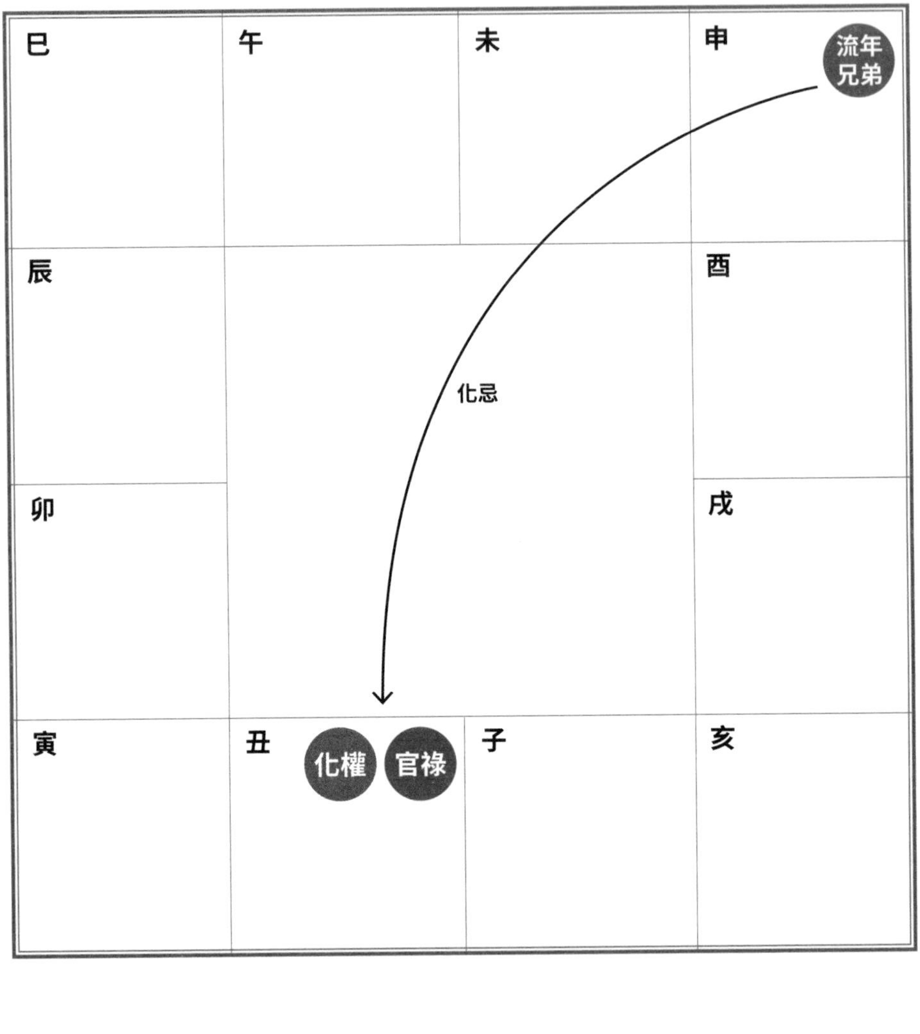

解答／

流年官祿宮化權，表示在工作上有掌握權力的機會。但是如果同時間兄弟宮化忌入官祿宮，可能是因為另一半的父親對自己的工作不滿意。如果從商，需要注意財帛宮，小心財務的調度。

另外，因為兄弟宮也是僕役宮的遷移宮，也可以代表自己跟部屬、同事間的關係，這時候就要注意自己是否在工作上掌握權力，但是卻受到部屬跟同事的影響。

5-6

為了向父親證明能力，我一定要成功——父母宮化忌入官祿宮

代表父親宮位的父母宮，是本命盤上少數不會只代表觀念跟價值的宮位，因為父母在我們一出生就存在，所以本命盤的父母宮可以代表父親對我們的期待跟教育態度，也可以代表父親是個怎樣的人。

當代表父親的父母宮化忌入官祿宮，首先，化忌在官祿宮的人會永遠覺得自己在工作事業上需要努力，也很有機會有所成就。而這個化忌來自於父母宮，表示父親對自己的課業與工作都給予期待，這樣的期待與教育，會讓這個人覺得應該在事業上不斷努力。又因為是父親給的化忌，不像愛情或友情，所以容易讓自己覺得相當有壓力，因此可能影響彼此感情。但是如果自己的父母宮有化祿，則父親對自己會很照顧，就可以降低化忌入官祿宮的問題。

如果是運限盤出現這個狀況，一方面當然可以說是因為家族或父親不喜歡自己的工作，或是因為父親給予自己壓力。此外，父母宮在運限盤上，其實還有另一個與官非有關的意思。在古代，主導司法的官員稱為父母官，父母宮在遇到巨門、破軍、太陽、天相、天府、廉貞、文昌這幾顆星的時候，如果同時還有煞忌在父母宮裡面，表示這個人會與人在工作上有合約問題。這時候如果化忌入官祿宮，就可以更明白地呈現，自己與人在工作合約或類似問題影響了工作。

小練習

本命父母宮化祿，並且化忌入官祿宮，該如何解釋？

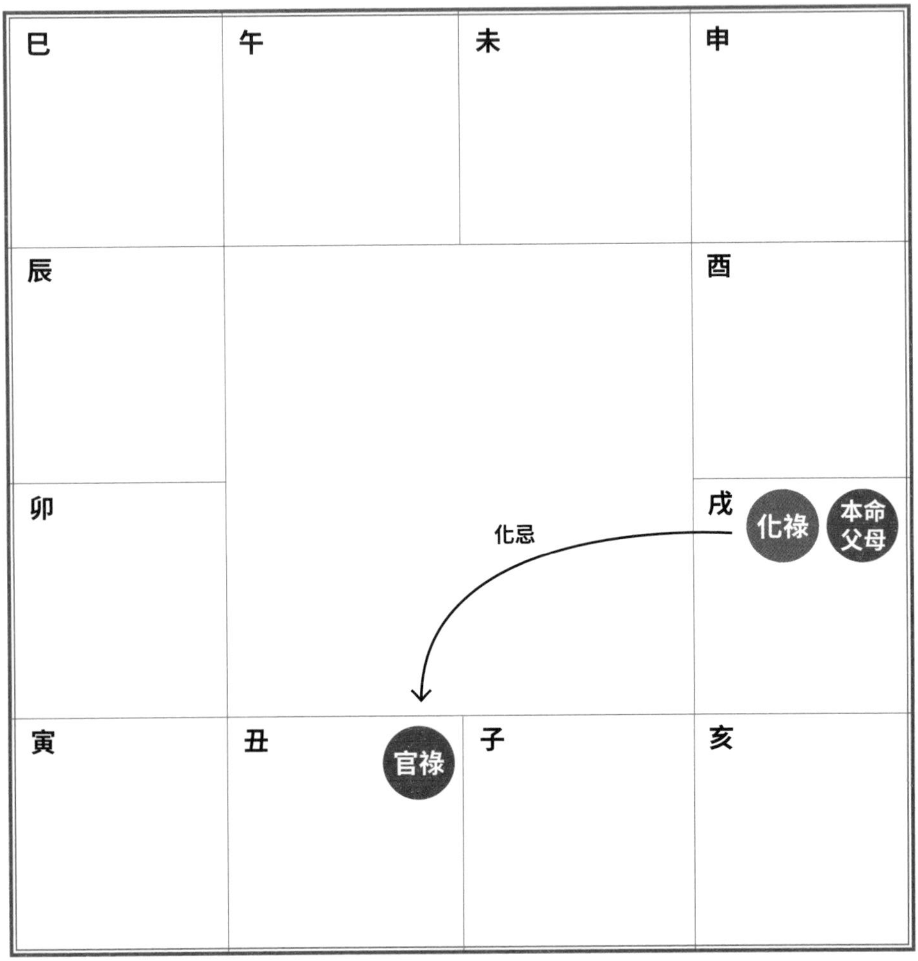

解答／

本命父母宮化祿，表示父親對自己很不錯，很照顧，同時間又化忌入自己官祿宮，這表示父親對自己的工作有所期待。這樣的情況通常是希望自己跟他從事同樣的行業，或是希望能夠接手家業。

5-7 保持好心情工作就會來——疾厄宮化忌入官祿宮

身體（疾厄宮）怎麼能夠造成工作態度（官祿宮）上的空缺呢？本命盤如果有這樣的情況，確實可能因為自己的身體情況，而影響了工作能力，但那是在本命盤的疾厄宮很差的狀態下，通常並不會如此。因此，這個疾厄宮可以看成父母宮的對宮，同樣視為受到父親與家庭教育的影響。如果是在運限盤上，就會有比較清楚的跡象，因為從運限盤上就可以解釋為現象的發生，這時候的疾厄宮還會代表情緒的表現，或者本命盤的疾厄宮如果有化科並且有桃花星，也可能因為外型而容易在工作職場上產生桃花問題（官祿宮也是夫妻宮的對宮，是感情的內心態度）。因為美貌是天生的，所以即使是本命盤也可能會影響到自己的職場問題。

運限盤的疾厄宮化忌入官祿宮，除了會因健康問題影響工作，疾厄宮也代表情緒問題。如果流年、流月甚至流日命盤出現這樣情況，表示會因情緒問題而影響工作。

小練習

流月疾厄宮有火星，並且化忌入官祿宮，該如何解釋？

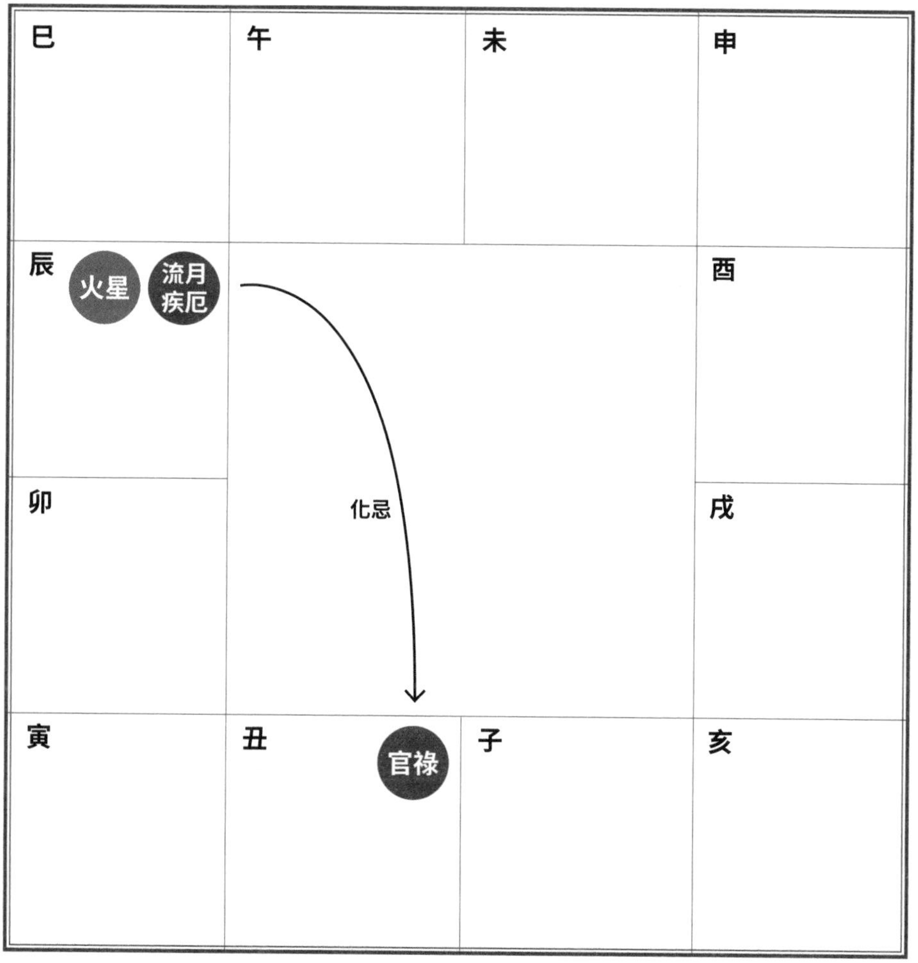

解答／

疾厄宮有火星的人，通常個性熱情但也比較急躁。流月疾厄宮有火星，表示這個月容易脾氣火爆。而化忌入官祿宮，表示因為個性脾氣不好，容易在工作上與人產生爭執。

5-8

為了孩子我什麼都可以——子女宮化忌入官祿宮

子女宮代表了對孩子的態度，子女宮化忌入官祿宮，以本命盤來說，如果要解釋成為了孩子努力工作，未免太過牽強，畢竟人不可能一出生就有小孩，所以這裡的子女宮可以視為田宅宮的對宮，是**內心對家的態度**，所以是指對家族的態度影響了自己的人生價值。一旦有了子女，子女宮就可以看成對孩子的態度了，這時候就可以用為了孩子會努力工作來解釋。子女宮也代表性生活，所以如果命宮、子女宮有桃花星，並且有煞星在裡面，表示容易因為感情跟與男女關係影響工作，當然這也必須是在成年之後。但是如果出現在運限盤上，就可以直接視為可能出現的現象了。

運限盤上如果有這樣的跡象出現，除了會因為性生活或家人影響工作之外，更有可能是因為自己的孩子，甚至可以說是為了守護家庭，而在工作上更努力。但是此時需要注意官祿宮不能有煞星，子女宮本身也不能有煞星，如果有這兩個條件，而且命盤的主人不是上班族而是創業者，這時候子女宮也可以代表財庫。自己的財庫有問題，影響了工作，因此可以解釋成破財造成工作的影響，因為自己希望存錢，或者是有金錢上的需求而努力工作，無論是因為小孩或是存錢，其實都是一種對家的安全感需求而努力於工作。

小練習

小限子女宮化忌入官祿宮，同時官祿宮化權，該如何解釋？

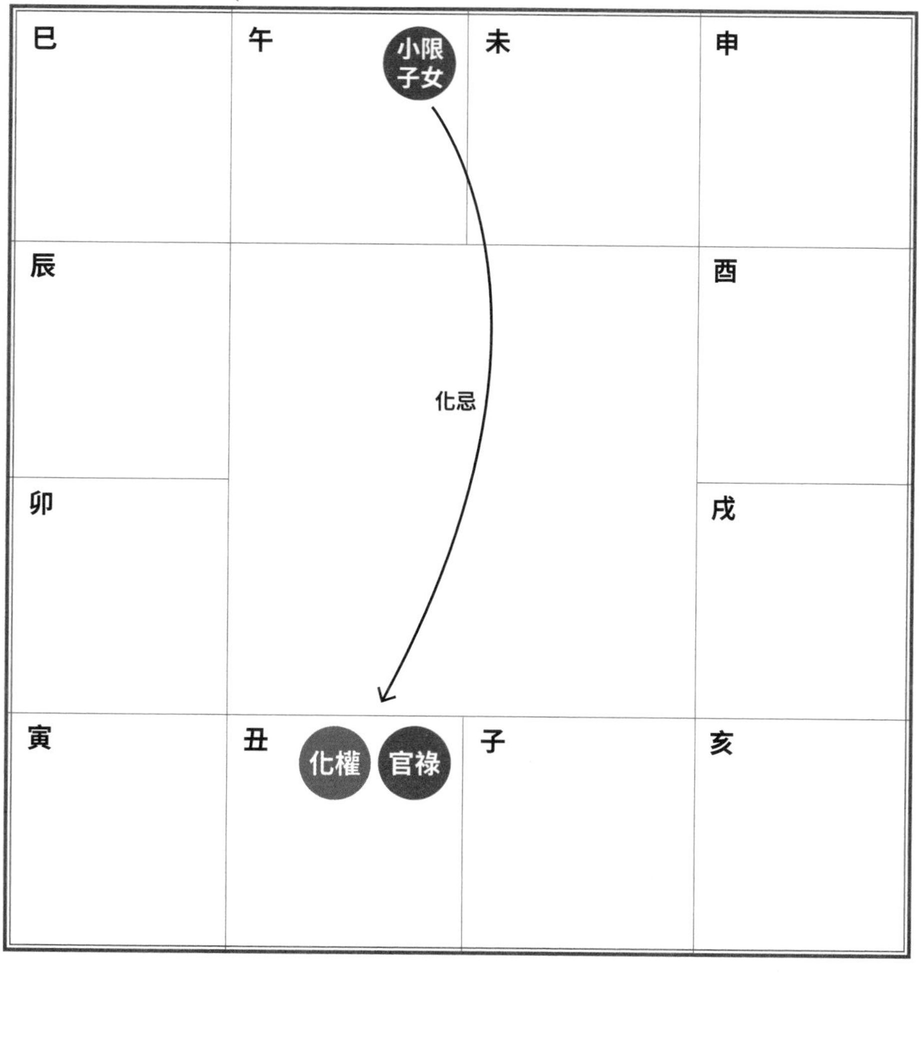

解答／

官祿宮化權代表自己在工作上有權力，通常是不錯的情況。同時間子女宮化忌入官祿宮，表示會為了家人小孩努力工作，並且在工作上有相當好的表現。如果官祿宮有天機星，並且是天機化忌，或者子女宮在四馬地，則有可能是工作有出差或外派的機會。

5-9 自己的夢想自己完成——田宅宮化忌入官祿宮

代表家人的田宅宮化忌入官祿宮，表示家世背景會影響自己的工作態度。如果是創業者，需要注意代表財庫的田宅宮，是不是會因為不容易存錢而造成創業資金不足，或者如果田宅宮有煞星或在四馬地，或是在辰戌位，並且有太陽或太陰星在裡面，有可能因為自己的家庭變動而影響工作態度，若在本命盤具備這些跡象，一生都會有這樣的問題需要注意，但是如果在運限盤，就可以說是會出現這樣的跡象。

還有一個情況在運限盤需要被注意，如果將官祿宮當成命宮，田宅宮在官祿宮的逆時鐘一格，表示田宅宮是官祿宮的兄弟宮，工作上的兄弟可以當成合夥關係。合夥關係需要是創業夥伴、股東這類的人，如果是兩個公司彼此合作，也可以視為這樣的情況。但是這裡所說的是合作關係，不一定是彼此的情誼，兩個人可能感情不錯但是合作不順利，因此如果運限盤有前述跡象，而自己剛好準備與人合作創業，就需要注意此時不太適合與人合夥。比較特別的是，這樣的概念不只在運限盤上，若是在本命盤上有這樣的跡象，也不適合跟人合作。尤其是如果本命盤如此，而且本命盤的僕役宮有煞星，更需要注意這樣的跡象。通常會建議這樣命盤的人，若想完成夢想，靠自己努力比較好。

小練習

小限田宅宮有陀羅星，並且化忌入官祿宮，同時官祿宮化祿，該如何解釋？

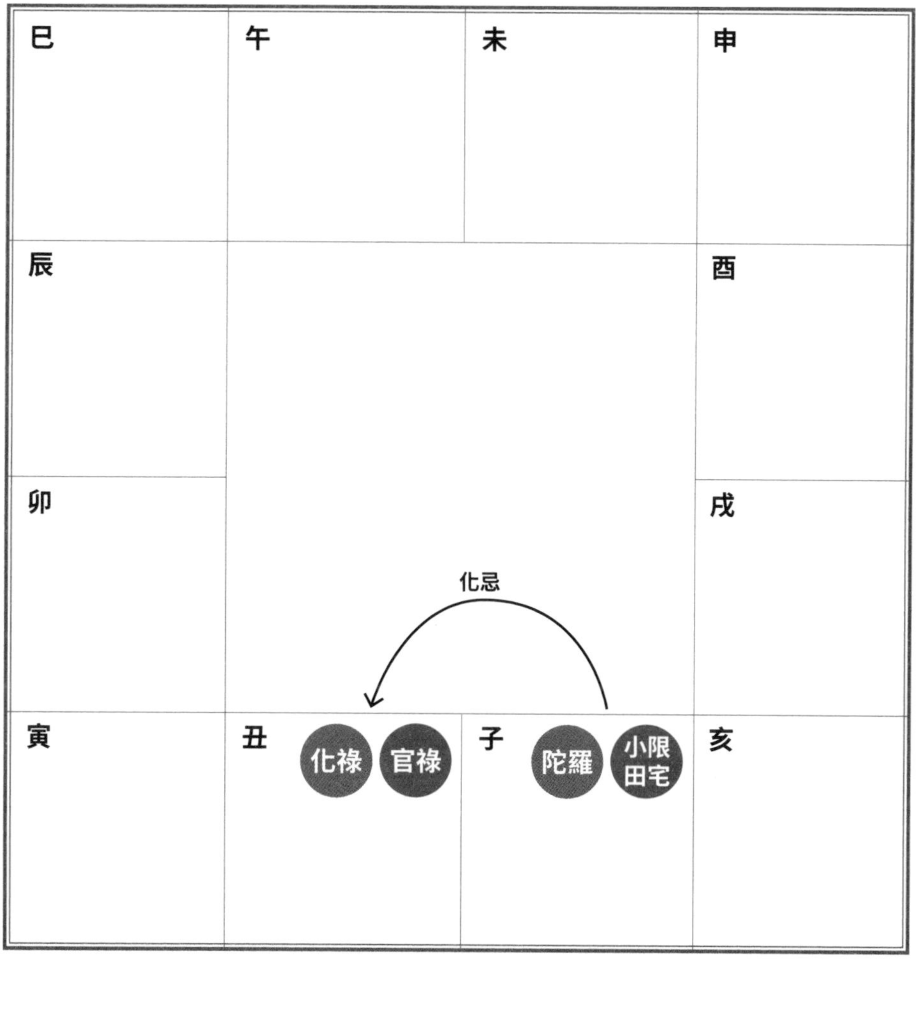

解答／

田宅宮有陀羅星，解釋之一是財庫有問題，不容易存錢，容易有持續破財的情形，如果財帛宮沒問題，可能是因為家裡親人有些狀況，會讓自己需要時時擔心家裡的問題，也因此影響了工作。

5-10

內心的夢想是我對事業的追求——遷移宮化忌入官祿宮

遷移宮代表自己對外展現出來的樣子，也代表自己的內心世界，這是紫微斗數中很重要、卻也常讓人無法搞清楚的觀念。因為紫微斗數中一個宮位至少有六個以上的意思，常讓人無法分清楚這時候適用哪一個意思去解釋，但這就是紫微斗數最有趣跟精微的地方。一個宮位雖然有很多個意思，但是其實每個意思之間彼此有關係，例如兄弟宮代表了同性別的兄弟姊妹，同時代表了父親的感情，父親的感情對象通常是自己的母親，至少在本命盤應該都是如此。又如，母親跟自己的同性別兄弟姊妹會是什麼關係呢？母親會是我們童年教育的基本來源，自己同性別的兄弟姊妹與自己的教育通常會接近，而對宮僕役宮是自己不同性別的兄弟姊妹，也同時代表了平輩交友關係，因為自己真正對外的交友關係、態度，以及經驗的模仿，或者說是練習，往往來自於與不同性別的兄弟姊妹的相處，想一想，如果一個男生有姊姊，當他在認識異性的時候，對於異性的印象投射跟相處經驗分析，會來自於誰呢？當然宮位是主體結構的設計，或許這個人只有兄弟沒有姊妹，不見得完全符合每個人的實際情況。

但是，紫微斗數的宮位談的是人生中人與環境的主要結構，所以當我們迷惑於它的許多涵義，無法分辨時，不如將這許多涵義當成篩選恰當答案的工具，例如疾厄宮可以當成身體狀況，也可以當成心情，問題是不會有人天生天天開心，所以心情的部分只能在流月盤使用，不能用在本命盤。又例如遷移宮，遷移宮有移動外出、在外的表現的意思，但我們不會一出生就一直移動，所以本命盤的遷移宮，代表的較是外在給人的感覺以及內心的世界，因此當本命盤的遷移宮化忌入官祿宮，本命盤強調的是態度跟價值觀，本命盤的官祿宮說的並不是實際的工作情況，而是我們對工作的態度跟想法，還有天生的能力。因此遷移宮化忌入官祿宮，要使用的解釋應該是遷移宮比較形而上的內心部分，而不是在外的表現。也就是說，需要注意使用彼此有邏輯、有關聯的宮位解釋。所以，我們可以說本命盤遷移宮化忌入官祿宮，表示內心的想法造成官祿宮化忌，內心的想法跟態度讓我們總是覺得工作做得不夠好，而這個覺得做得不夠的情況，會影響我們的工作態度，如果官祿宮內有煞星（陀羅糾結、火星衝動、擎羊固執、鈴星計算），就會造成工作不穩定，因為覺得不滿意，當然就會想變動。

再搭配上遷移宮內的主星，就可以知道是怎樣的情況影響了官祿宮，例如遷移宮內是貪狼，遷移宮說的是內心，所以要用貪狼的內心充滿慾望去解釋。遷移宮化忌入官祿宮，是希望可以做得更多更好，工作的能力態度跟方向可以更多、更廣或是更有趣，這樣的態度會讓這個組合的人追求工作上的更多樣化，與更多學習的機會。另外，如果是身宮跟遷移宮同宮的人，也會因為身宮在遷移宮的人通常比較愛面子，所以會在工作上很努力。

如果是在代表現象發生的運限盤，大的現象上因為時間夠長，例如代表十年的大限，所以還是會有想法、個性跟態度等等的涵義，但是也會包含現象，而在流年、小限這些時間短的運限，甚至流月、流日，更是會趨向於現象的發生。因此，在想法態度上，當然就跟本命盤的邏輯相同，是內心的世界跟想法態度影響著工作，如果是現象，就是使用別人對自己的態度或外出這兩種遷移宮的涵義來解釋，所以在運限盤中，就可能是因為內心的想法，造成工作上感覺不滿意（空缺）。如果遷移宮中遇到廉貞、貪狼、天相、巨門，這類跟人際關係比較相關的星曜，就可能是因為自己的外在人緣影響了工作，也可能是人格特質影響工作上的人際關係。如果這些代表人際關係的星曜是在官祿宮，而遷移宮造成它化忌了，導致外出、出差影響了工作，則通常會在比較短的運限裡面出現，例如流年、流月、流日等等。

小練習

本命遷移宮化科，並且化忌入官祿宮，而官祿宮化權，該如何解釋？

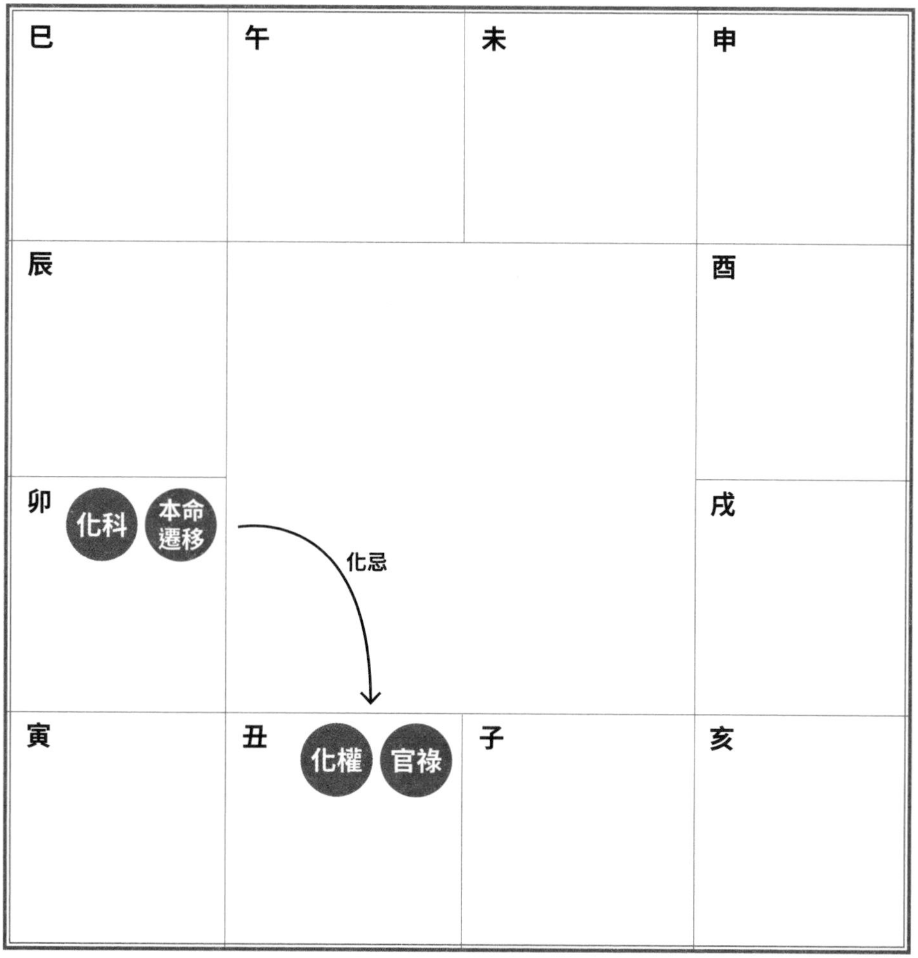

解答／

遷移宮化科的人，通常很在乎自己的名聲（化科是名聲，所以這時候用的就是遷移宮展現在外的意義），這樣重視名聲的態度化忌入官祿宮，當然表示這個人在工作上會盡心盡力。同時官祿宮本身化權，表示對工作與人生價值都希望一手掌握，並且會為了面子而努力，基本上就是個工作狂，加上事必躬親的個性。當然這樣的人如果運限走得不錯，事業會很容易成功，只是往往人生比較累一點。

5-11

個性決定命運，自我成就事業——命宮化忌入官祿宮

我們常說個性決定命運，在命理上這句話更是如天條一般的存在。本命盤上討論的絕大多數涵義，都在說我們對生命的價值觀以及個性，官祿宮說的是我們對工作跟人生價值的追求，本命盤官祿宮化忌，表示我們感覺工作上的空缺與不滿足。本命盤的官祿宮化忌，一定是因為出生年的天干所造成，因為是生年的天干，所以這是一輩子的工作態度，以及對於人生價值的態度。官祿宮化忌的人，工作態度上會永遠覺得自己需要更加努力，我們可以說他是天生的個性如此，因為空缺會產生不滿足感，不滿足的時候通常就會追求。

命宮化忌入官祿宮，感覺也像是自己的個性影響了工作態度，這個部分在本命盤上確實很不好區分，因為命宮也代表一個人的個性能力跟價值，所以，很容易讓

人覺得跟官祿宮化忌一樣，其實這兩者是不同的。如果我們將官祿宮的意義回復到最早的設定，就可以更加明白其中的差異。官祿宮說的是人對於生命價值的展現跟追求，是生活重心的表現與處理能力，而不是看字面意思，以為官祿就等於工作跟事業（官祿宮不完全等於工作，否則就無法在年輕時代表學業表現。只是因為宮位的名稱很容易讓人只聯想到工作），從這個角度來看，官祿宮化忌其實說的是對自己人生的價值有空缺感，無法滿足人生的重心，因此會希望尋求滿足，求學時展現在學業上，工作時展現在工作上，如果是沒有工作的家庭主婦，就是展現在經營家庭。

而上述種種官祿宮空乏感來自於自己的命宮，代表自己對人生價值感到空缺，這跟個性態度造成在追求人生價值上感到空缺，其實是不太一樣的。前面我們說化忌像肚子餓，因為肚子餓所以會找東西吃，官祿宮化忌像是我們很容易肚子餓，一直需要吃，命宮化忌入官祿宮則表示自己覺得自己要再多吃一點，不一定真的是肚子餓了。官祿宮化忌的人，只要運限走得不差，通常會有不錯的工作表現，命宮化忌入官祿宮的人展現的是，用命宮的個性要求在工作事業上面的自己，比較容易對自己的工作覺得不滿。

這樣的情況出現在本命盤時，因為本命盤會受到運限盤影響，所以不容易分清楚，但是在運限盤上就可以很清楚區分。運限盤上的官祿宮化忌，表示工作上雖然努力，但是有一些狀況跟問題，如果還有煞星，就變成在這個時間點上，工作可能有狀況或中斷。如果是命宮化忌入官祿宮，表示這一切是自己造成的，我們看看以下的舉例就會更清楚。

官祿宮化忌可以是因為自己的工作態度而使得工作有問題，例如官祿宮太陽化忌，覺得要像父親一樣照顧人，而這樣的態度造成工作出狀況，這是原本在運限的時間點就有的工作態度。如果化忌來自命宮，則會變成是自己的個性要求自己在工作上如此，但是，這種自己要求自己的情況，可能給予與別人太強勢的壓力。當然這也表示自己可以不要這樣做，只要不這樣做，自然就不會有化忌出現了。因為這是命宮發出來的力量，如同僕役宮化忌入官祿宮，如果僕役宮狀況好，則好朋友會給你工作壓力、幫助你成長。如果官祿宮同時有煞星，就要注意跟朋友的交往，因為容易被朋友所害。既然我們可以選擇朋友，當然命宮化忌入官祿宮，我們也可以選擇自己的態度。

如果命宮有煞星，或者官祿宮有煞星，不適合再有化忌進去，會因為工作上已經很拚了，又再給自己壓力，希望能夠做得更多，自然就容易出問題。當然，如果官祿宮狀況很好，命宮給官祿宮化忌，那是要求自己更努力，所以在運限盤上，就可以讓我們對人生中想要的追求、工作上價值的展現，做出選擇，不是完全照著命盤去走，可以有所變化，避免工作上的問題。例如巨門在官祿宮化忌，最常被提到的是工作上容易與人有口舌紛爭，如果是命宮化忌過去，其實只要修改個性，就不會有這個問題。

所以，命宮化忌入官祿宮，解釋上更貼近於：個性決定事業成就跟追求人生的概念，讓我們可以適度給自己壓力，自我要求，也可以適度放鬆，享受工作，而不是一味承受工作的負面能量。

小練習

小限命宮化科，並且化忌入官祿宮，官祿宮化權，該如何解釋？

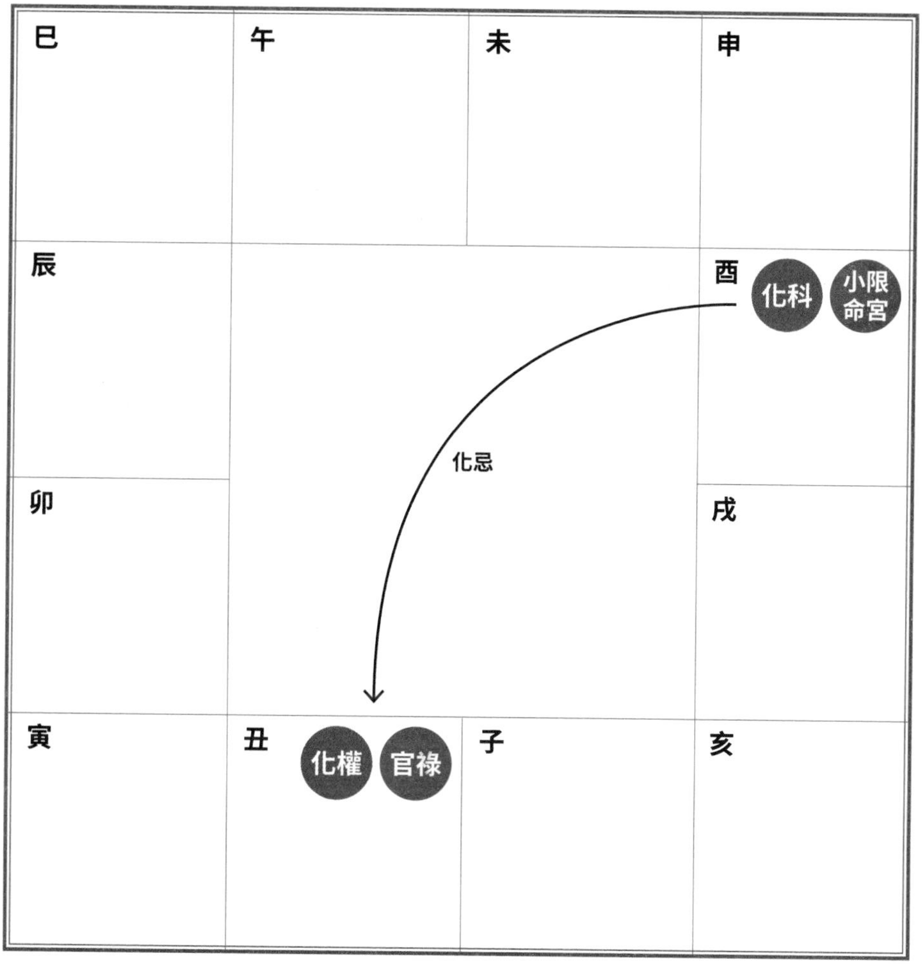

解答／

小限命宮化科、官祿宮化權，通常表示在這個小限時間上，自己在工作上有不錯的機會跟成就。命宮化科有名聲，官祿宮化權，在工作上掌握了權力，這是很好的事業發展時機。這時候命宮化忌入官祿宮，表示對於工作的努力來自於希望得到更好的名聲，並且希望可以掌握更多權力。如果沒有其他煞星在官祿宮，這是不錯的發展機會；如果有其他煞星，則需要注意會因此在工作上得罪人。

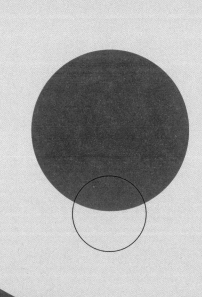

第六章

事業帶給我的恩怨情仇——官祿宮化忌入十二宮

6-1

工作取代了你的整個人生嗎？

追求事業跟人生價值的過程，往往也會失去身邊許多事物。我們為了工作跟成就，會失去什麼呢？本命盤上，其他宮位化忌入官祿宮，產生工作上的不滿足感，讓自己覺得應該在人生價值上做更多的努力；在運限盤上，因為各宮位對官祿宮產生化忌，各自造成工作或事業的問題，或是無法達到預期。如果反過來，是因為工作或對於生命、生活重心的認知與追求，造成了對於其他宮位的化忌，是不是也會讓我們因而放棄什麼？或者會因而成就什麼？

紫微斗數有趣的地方就在這裡，用了很科學而且表格化的方式，分析了人的內心，幫助我們理性地找出自己在感性上無法釐清的部分。許多時候，內心的不安全感造成我們希望得到與掌握更多，雖然可能會因此擁有更多，但是也可能因為這樣的不安全感，讓我們表面上看起來擁有許多，實際上卻失去更多。不安造成的「希望能夠掌握」，又因為害怕無法掌握而造成不在乎，都並非自己內心真正的想法，這就是化忌這個忌字，由「己、心」兩個字組成的由來：自己的內心總是最難掌握的，因為我們最不願意面對內心。在現實人生中，我們不乏看到許多人一生用為了家庭的理由，要求自己在工作上努力，但其實為了工作，他也失去了家庭；為了給另一半美好的未來，所以在事業上努力，卻因此失去了另一半。內心雖然訴說自己是為了某某某，其實為的正是自己。嘴裡怪著別人不瞭解他，其實是他不願意讓別人瞭解，也不願意真實地面對自己的內心，在自己真正想做的事情以及生活之間找到一個平衡點。而紫微斗數因為利用規律且理性的命盤做解析，所以可以分析出自己的內心，進而找到自己真正的價值。

我們為了各宮位所代表的人事物在工作上的努力，在官祿宮化忌入各宮位的時候，會有許多情況跟各宮位化忌入官祿宮很類似，但是其實本身的含意是相反的。

6-2

只愛江山不愛美人也不愛任何人——官祿宮化忌入命宮

這是個工作狂，在官祿宮上呈現的態度跟價值，主導了這個人的生命。如果無法從事業上得到滿足，他就會否定人生。就如同滿桌琳瑯滿目的山珍海味，唯獨缺了一味家鄉味。在本命盤如此，無論何時何地，自己的夢想永遠會讓他覺得人生有所不滿足。不過說他是工作狂，那也得要他找到了喜愛的工作或目標。如果所做的事情不是他喜歡的，他便會不斷地尋找，找不到會不開心，因為內心空缺啊！因為命宮影響了十二宮，所以當命宮受到官祿宮影響，表示只有工作會讓他覺得內心得不到滿足，所以只有在工作事業上的滿足，才能讓他感覺到人生的價值。

這裡所說的工作，必須是這個人的人生主要重心。如果是一位家庭主婦，把家打理好就會是她人生的重點，做不好就會讓她覺得沒有安全感，一般來說，當然就會努力維護好家庭。如果是學生，學業就會對他產生這樣的影響。這一類的人通常很有責任感，也是個很適合交代任務的人。但是對工作如此有責任，工作和事業的成就不被認同就沒有安全感，可能也就會忽略對身邊人的關心跟關懷。這一類的人工作常不是為了賺錢，只是在乎夢想是否可以完成，事業是否能達到認定的目標，可惜因為是本命的命宮，這個人大概永遠都會覺得做不夠，目標無法達到。

如果是運限盤有這樣的組合，表示目前的工作讓自己不安、無法放心。命宮如果再有其它煞星出現，可以說自己的生活在這個時間點較為辛苦了，而這份辛苦源於工作，需要注意工作為什麼會讓自己覺得不安。當然這樣的不安也可以是一種責任感，因此如果運限上有其它的化權在命宮、化祿在財帛等等組合，可能也會因此讓自己比別人加倍努力，當然也會有好的發展機會。

小練習

小限官祿宮化權，並且化忌入命宮，命宮同時化科，該如何解釋？

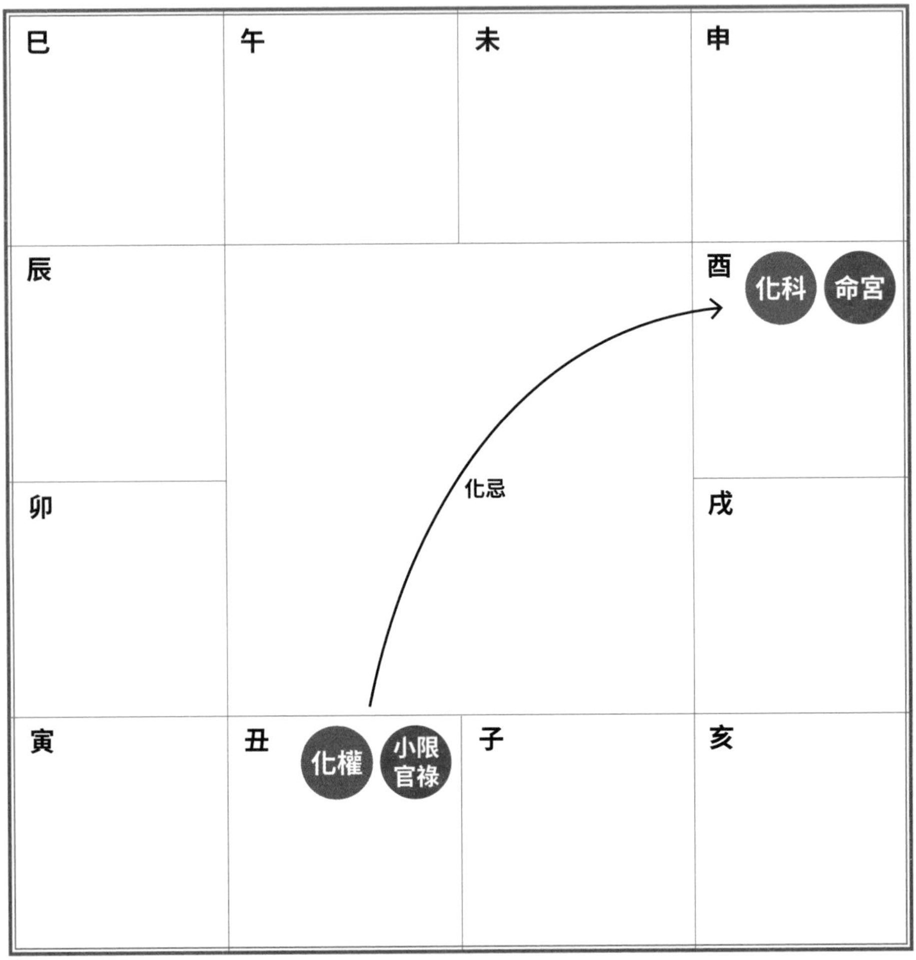

解答／

小限官祿宮化權，表示目前工作上算是掌握了權力，通常很有發展的機會，加上命宮化科，表示有升官或事業規模更上一層樓的機會，如果同時間化忌給了命宮，就表示會因為工作上的權力跟名聲，產生無比的責任感，絕對會好好努力。但是如果這個人只是打工，則表示會想要創業，因為沒有真正掌權，自己會覺得不安、不開心。

6-3

不愛家業只求夢想——官祿宮化忌入父母宮

許多人總是很羨慕所謂富二代，覺得有家業可以少奮鬥許多年，或者有一個好的父親可以支援自己的事業，但是也有一些人不喜歡接手跟父親或是家族有關的事業。對於工作或是生命的價值造成與父親關係的問題，這是本命盤上官祿宮化忌入父母宮的情況。基本的情形當然是自己會因此跟父親的關係產生問題，如果又是出生在家大業大的家庭，這更會造成父子關係裂痕。但畢竟不是有那麼多人能有一個有錢的父親，所以通常的情況是，父親會在學業跟工作上給予意見，不過自己卻不太願意聽話。因為運限盤會隨著流年、大限等等的時間轉動，機率就會相對提高。

在運限盤上就不只是因為工作跟父親產生爭執這樣的問題，前面提到父母宮在運限盤上還會有父母官的意思，古代有官府，現代可以引申為合約，所以如果是官祿宮化忌入父母宮，需要注意父母宮是否有太陽、巨門、天相、文昌、破軍、廉貞、天府等星曜，其中有些星曜雖然不化忌，但是會有雙星組合，產生化忌，例如天府雖然不化忌，但是會有武曲天府的雙星組合。武曲是會化忌的，如果父母宮或是對宮疾厄宮又有煞星出現，就有可能因為工作而與人有法律糾紛。

小練習

本命官祿宮化科，並且化忌入父母宮，而父母宮化權，該如何解釋？

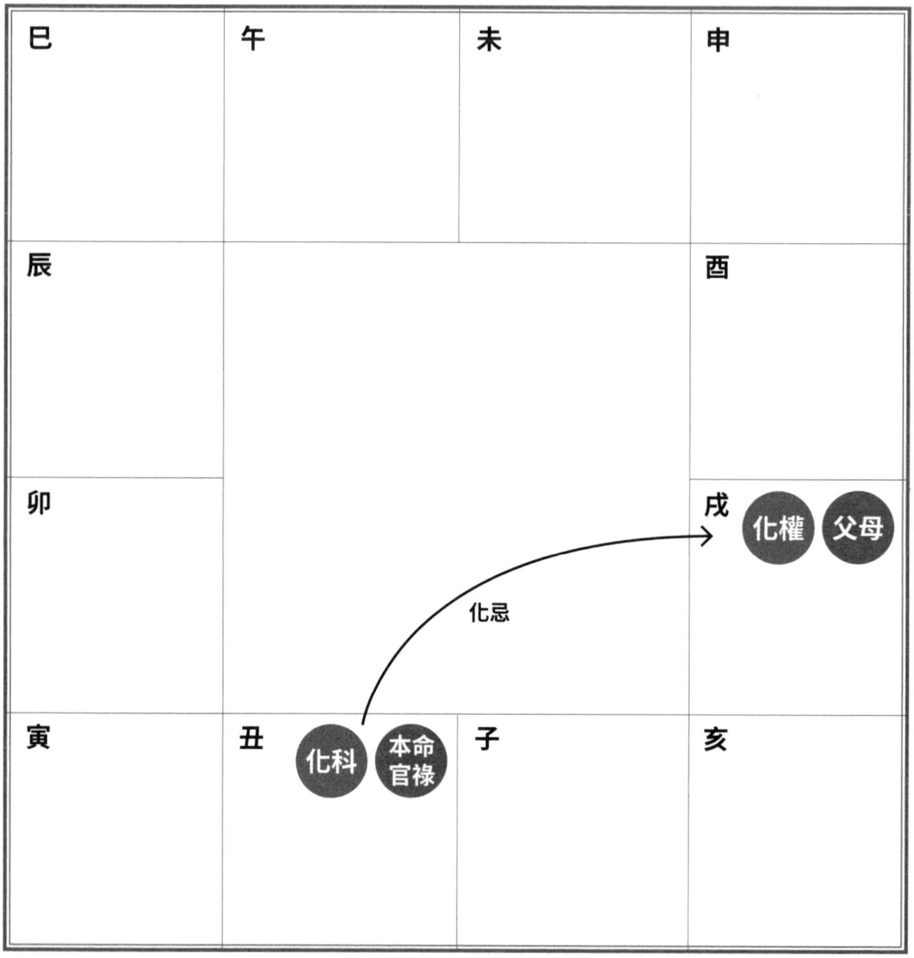

解答／

本命官祿宮化科的人，會重視自己在事業上的成就，對於生活上重要的事物都會相當注重，也會在乎追求工作上的夢想。這時候化忌入父母宮，很容易造成與家族父親之間的衝突。如果父母宮又化權，表示父親相對強勢，會希望自己是比較聽話的孩子，就可能造成比較大的紛爭。

6-4

不到尿血不算拚命，鋼鐵肉體只為了工作存在——官祿宮化忌入疾厄宮

許多人應該都聽說過：「還沒看到自己尿出血來，表示還不夠努力。」這句話到底是不是台灣首富郭董事長說的無從考證，但是類似話語其實流傳在許多著名企業家的故事中已久，這是華人文化的特殊現象，事業的成功必然要經過許多努力，要做許多別人做不到的事情，其中一項最基本的，就是對於肉體的折磨，彷彿沒有對肉體做過一定程度、讓人驚訝的折磨，就無法成就大事業。但是真正這樣為了事業夢想而折磨肉體的人，說來簡單卻難以做到，少數需要有某些條件的人才能有如此決心，例如擎羊、鈴星這類煞星在命宮、官祿宮或是疾厄宮的人，還有官祿宮化忌入命宮的人。反正這個人的生命會因為工作而感到空缺，只有事業可以滿足他，所以消磨一下肉體是沒問題的。

本命盤疾厄宮化忌的人，通常對於身體有很大的要求，如果是本命盤的官祿宮化忌入疾厄宮，表示為了工作可以要求自己的身體，而這個本命的特質，當然就會讓這個人願意為了工作操勞自己。這和本來疾厄宮就化忌的人不同，因為是官祿宮化忌入疾厄宮，不像本來疾厄宮就化忌的人，所以只會在工作上願意折騰身體，其它事情就不見得了。

如果是運限盤有這樣組合呢？在運限盤上有現象發生的意思，所以疾厄宮就不只是對身體的態度了，而是真實的現象發生。如果是運限盤官祿宮化忌入疾厄宮，就有可能因為工作而造成身體傷害。可以是在這個時間點，自己會為了工作而操勞身體，身體被操勞了，如果再加上其他煞星，當然就有可能是職業傷害。在短時間的運限（如流月、流日），也因為疾厄宮代表情緒，所以可能會因為工作影響了自己的情緒。

小練習

流月官祿宮有煞星，並且化忌入疾厄宮，同時疾厄宮也化忌入夫妻宮，該如何解釋？

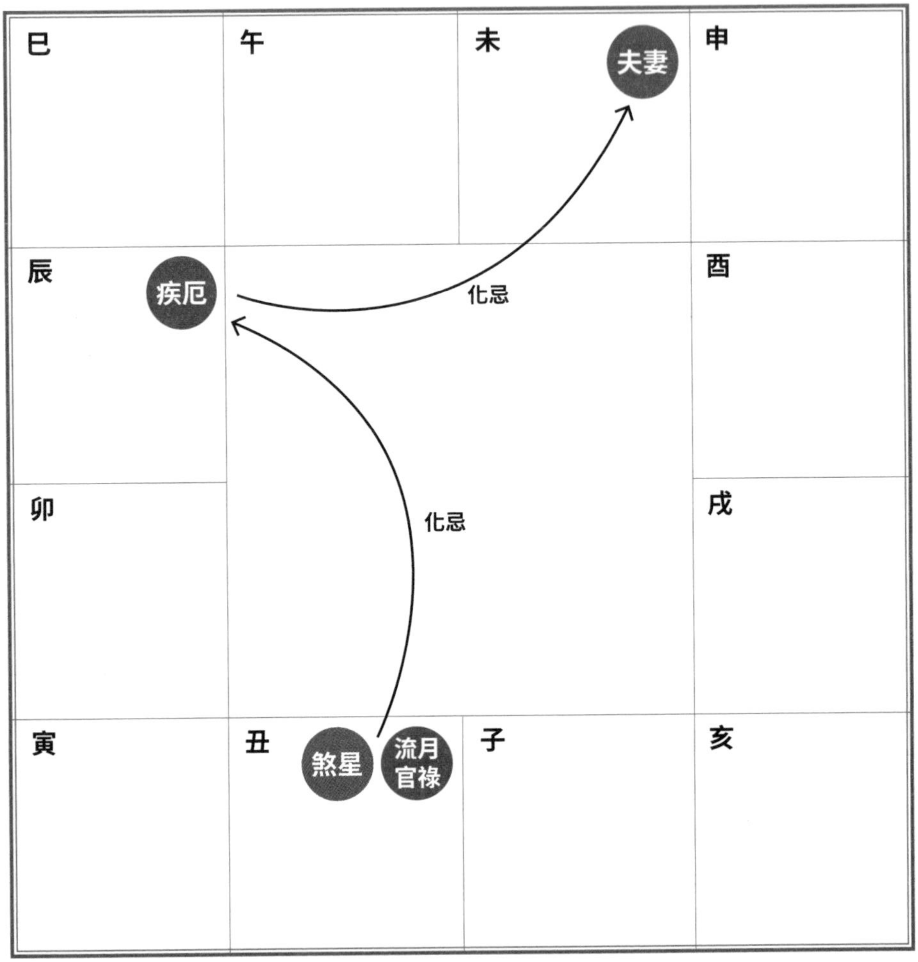

解答／

流月官祿宮有煞星並且化忌入疾厄宮，如果疾厄宮沒有其它煞星，可能是工作讓自己的心情不好，而疾厄宮又化忌入夫妻宮，在前述夫妻宮的部分曾提到，可能會因為情緒影響感情，這時候我們就可以想，是不是因為自己的工作出了問題，導致工作上的情緒影響了感情。

6-5

為了夢想不怕典當身家——官祿宮化忌入財帛宮

財帛宮化忌是覺得自己缺錢，所以財帛宮化忌的人會很努力地追求財富，當然也可能是不敢亂花錢。如果本命盤如此，表示自己的理財與用錢態度也會是如此的性格。如果這個化忌來自官祿宮，如同官祿宮化忌入命宮的人，會因為工作讓自己很努力，同樣地，官祿宮化忌入財帛宮的人，是不是也會因為工作而讓自己覺得很需要錢呢？

本命盤財帛宮説的是對金錢的價值觀跟態度，化忌是空缺的意思，所以財帛宮化忌表示覺得需要錢，這樣的需要來自於官祿宮這個代表人生夢想跟生命重心的宮位，所以自己對於生命價值跟夢想的追求會使財帛宮空缺，表示這個人在夢想的追求過程中，是不在乎金錢的，這個空缺的產生因為是來自於夢想，所以會希望多賺一點錢，但是多賺一點錢只是為了讓夢想更容易完成，因此在本命盤上，這是一個只要夢想，不在乎金錢的人，如果財帛宮再加上煞星，或者官祿宮再加上煞星，會變成對於事業很敢衝敢拚，遇到運限走得好就會相當不錯，不過如果運氣不好，風險就很大了。

如果是運限盤，需要注意現象的發生，這時就可能出現風險。運限盤上面的財帛宮化忌，就不只是覺得空缺而需要錢的概念了，因為運限盤也代表現象，所以運限盤財帛宮化忌，就真的可能是自己覺得需要錢。會覺得需要錢，當然是錢不夠用，這個錢不夠用的情況來自於官祿宮，也就是工作跟事業，所以很有可能表示工作跟事業在財務上有了問題。因此，出現這類情況時，如果財帛宮或官祿宮的狀況不好，煞忌太多，建議不要創業，畢竟上班族再怎麼覺得錢少，覺得財帛宮有洞很空虛，也不會有太大的風險。

小練習

小限官祿宮化忌入財帛宮，財帛宮化權又化科，該如何解釋？

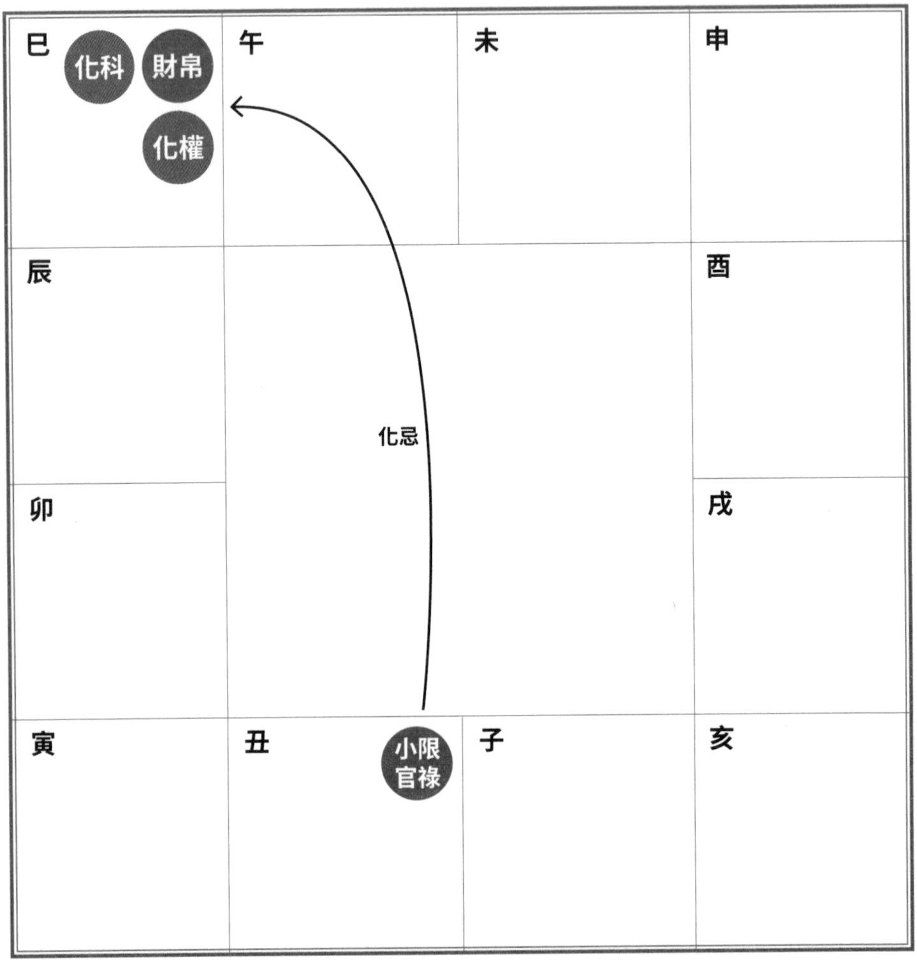

解答／

財帛宮化權表示希望財務可以由自己掌握，通常也會引申成希望投資創業。財帛宮化科表示用錢財來做名聲，通常會花錢不手軟，因為這是自己的面子所在，所以也是某種程度的破財，把錢拿出來給人家看。這樣一個小限的財帛宮很容易為了面子、為了希望可以有更好的收入去創業，這時官祿宮化忌入財帛宮，表示這個人在這個時候的工作態度跟心態，還有他對工作的想法，會造成財務有空缺，但是又會讓他想賺錢，這時候的他，可能非常想創業投資，可惜通常如果不是命宮化祿或官祿宮化祿，其實這時候創業的風險相當大，因為會沒注意到理財能力跟財務風險，並且外人很難勸說，隨著盤上總會有幾個煞星來來去去，風險的控管能力就會降低，自然災難就很容易出現。

實際上我們看很多老闆都會在這樣的時候出問題，就是因為化權、化科讓他覺得自己一定沒問題，化忌產生的需求感又讓他無法自拔，因此忘了自己的能力，所以單純看化科、化權其實是很危險的，因為既然是小限化權、化科，表示機會是擺明在檯面上，可惜我們往往會忽略內心那一個不認輸的黑暗面，這個化忌來自於官祿宮，命盤上沒有標示，沒注意到的命理師就會疏忽，以為你有科、有權，非常不錯，自己也會忽略了內心，迷失在乍看不錯的局面裡，而有機會犯下錯誤。

6-6

追逐夢想勝過金錢，工作只為了心靈的感受——官祿宮化忌入福德宮

福德宮代表一個人的心靈與潛意識，福德宮化忌的人會追求心靈的成長跟滿足，因為對宮是財帛宮，所以他對心靈滿足的追求會勝過金錢的花用，只要是能讓心靈滿足的事情，花再多錢也不在乎。如果化忌是因為官祿宮而來，表示這個人會因為工作感到心靈的空虛，相對來說，他就會需要更能滿足心靈跟精神層面的工作，例如這個人很有愛心，叫他去做撲殺流浪動物的工作，他就會覺得壓力很大。臺灣在二〇一九年有一齣有名的電視劇，叫「我們與惡的距離」，劇中本來帶有正義感的律師，因為生活的壓力、親人的問題，而改幫黑道打官司，雖然收了錢卻一直失眠、睡不好，就是這樣的情況，心靈深處的價值被工作破壞，當然這樣的人所找的工作就必須跟心靈精神價值有關，才能滿足自己，無論是工作上的夢想追求或態度，都

不能違背心靈，否則就會讓自己的精神無法接受。當已經無法接受，如果又遇到煞星，就會去對面的財帛宮尋找填補，於是就會用花錢來填補心靈的空虛。

本命盤有這樣的跡象時，表示這是這個人的價值觀，所以當運限官祿宮有問題，其實就會受到很大的精神壓力，因為這是原生的價值態度，但是如果本命沒有，單純在運限盤出現呢？這時候會更明確地，因為不喜歡、不認同當下的工作，甚至如果是在很短的流月、流日，會出現更單純地用花錢來填補心靈的現象。不過無論是本命或運限，這樣的組合雖然會有用錢來填補空虛的可能，但是這個人卻不是真正愛錢的人，只是在那個當下會需要這樣的彌補動作，讓自己感覺到還有靈魂意識存在。

小練習

小限官祿宮化忌入福德宮，而福德宮化祿，並且化忌入夫妻宮，該如何解釋？

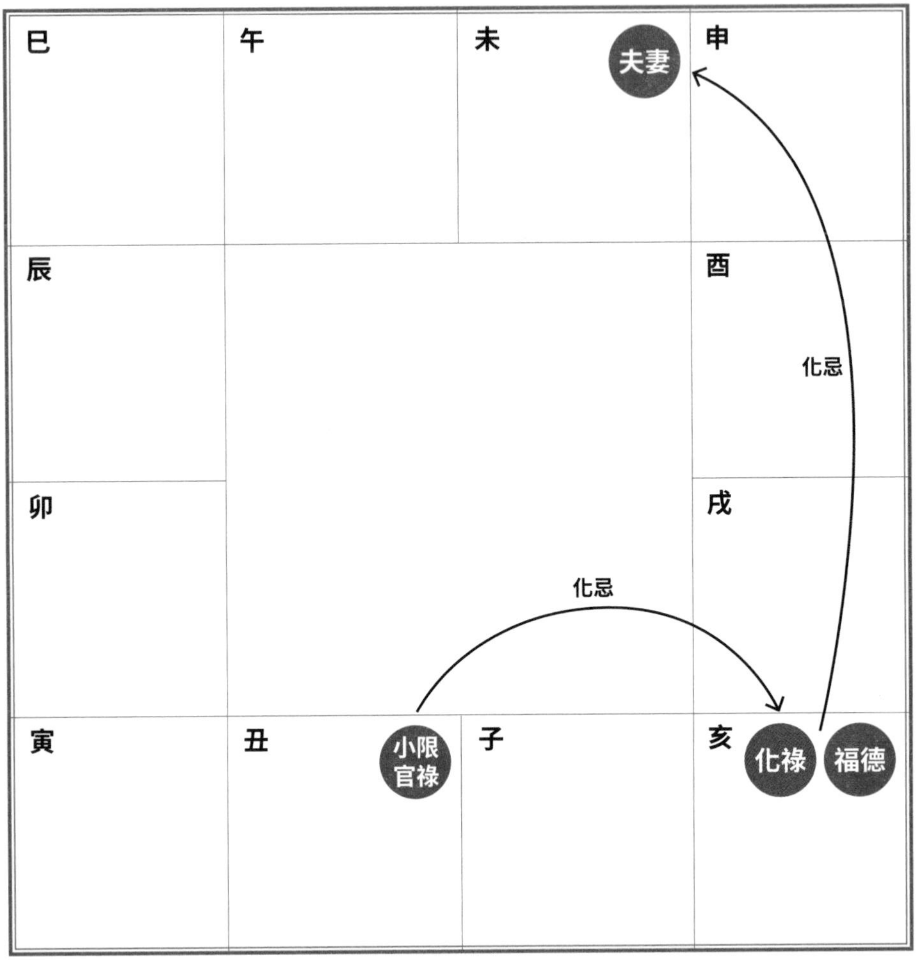

解答／

如果一份工作讓自己覺得心靈空缺，表示這份工作在自己的潛意識是不值得的，加上福德宮化祿，在這個當下自己又很重視心靈的享受。因此，通常會希望有其它的工作機會，或是追求心靈成長的機會，同時又化忌入夫妻宮，如果這個人身邊有伴侶，也許這樣的生活轉變會影響兩人的感情。如果這個人單身，這時只要出現一個可以陪著他到處吃喝、談心的人，他應該就會馬上淪陷在愛情裡面，因為福德宮的空缺讓他覺得自己很需要愛情。

6-7

心繫家人卻忘情工作——官祿宮化忌入子女宮

前面提過，許多時候大家對於紫微斗數，很容易無法分辨同一個宮位的多種解釋，甚至許多人都會只單純地記憶某幾個意思，例如看到財帛宮只會想到怎麼賺錢，卻忘了財帛宮是對錢的概念，整體對錢的概念都可以算在財帛宮，或是看到財帛宮有擎羊，只會想到花錢很衝動，不會想到賺錢也很敢拚，因此常常無法正確解釋命盤，學習過程中覺得很痛苦。對於這一點，只有一個簡單的做法，就是不合理的涵義不要拿出來用。舉例來說，官祿宮化祿到子女宮，子女宮其中代表了自己的性生活態度，工作影響性生活態度這樣的解釋是不是很奇怪呢？更何況本命盤只代表天生的個性跟價值，如果人家前來算命時只有十二歲，難道要說這個人的功課影響了他的性生活？又說子女宮化忌，會對性生活有期待，這個人難道因為功課不好所以喜歡做愛？這樣的解釋當然不合邏輯。

宮位的解釋需要對應到適當狀態，子女宮化忌在本命盤的價值上，當然可以說是對性的空缺而產生期待。但是這樣的本命盤價值需要在一定的年紀之後才會出現對應情況，就本質來說，其實這個空缺而產生期待的態度，是來自於對家的依賴，因為子女宮在田宅宮對面，是家庭的內心想法。事實上，許多人之所以追求性生活，其實也是來自於內心深處對親屬與家庭的歸屬感，希望透過親密關係得到依存感。因此，子女宮可以從對家的概念去想。至於子女宮代表財庫，其實存錢的概念也是來自於對家的安全感，化忌有破財的意思，破財是一種現象，當然不會出現在本命盤所謂個性特質上，使用宮位的解釋時，也需要注意本命盤和運限盤的差異，不適合的就不能拿來使用。

所以，從子女宮代表內心對家的想法這個角度來說，官祿宮化忌到子女宮，在本命盤上，可以說是自己對人生的目標追求以及生活重心，會影響了自己對家的觀念。化忌有趣之處就在於，空缺會讓人產生需要填補的動力，所以缺乏跟填補會同時存在。只有缺乏，或是只有填補，都會讓命盤變成呆滯狀態，但是「因空缺而填補」就會變成一個過程，這個過程會產生命盤的時間連續性，讓命盤活起來。官祿宮化忌到子女宮，這個空缺來自於自己的工作態度，表示工作會讓自己內心覺得不符合家人期待，一方面希望可以得到家人的認同，另一方面卻又不願意完全依照家人的意見。

在運限盤上，則可以用現象來看待。在運限盤中出現這樣的組合，會有對應的跡象發生。除了有這樣的現象出現，因為運限盤說的是事件的發生，所以也會出現因為工作而跟家人發生紛爭，或是希望外出。因為子女宮也是田宅宮的遷移宮，是指家的外面，所以也會用旅行吃喝來舒緩壓力。甚至如果命宮、子女宮的桃花星比較多，也會利用性生活來紓解工作上的壓力。不過有一點是常被忽略的，因為田宅宮有合夥關係的概念，所以子女宮當然也可以是合夥關係的內心想法，也就是自己在合夥關係上的潛在想法，這時官祿宮造成化忌了，所以也可能是在合夥關係上，自己覺得不適合了，或是表面不錯但是檯面下已經出了問題。再次提醒，這些都是因為運限盤代表現象的發生，所以只能解釋在運限盤上，不能在本命盤上做解釋。

小練習

流年官祿宮化忌入子女宮，子女宮化祿入夫妻宮，這該如何解釋？

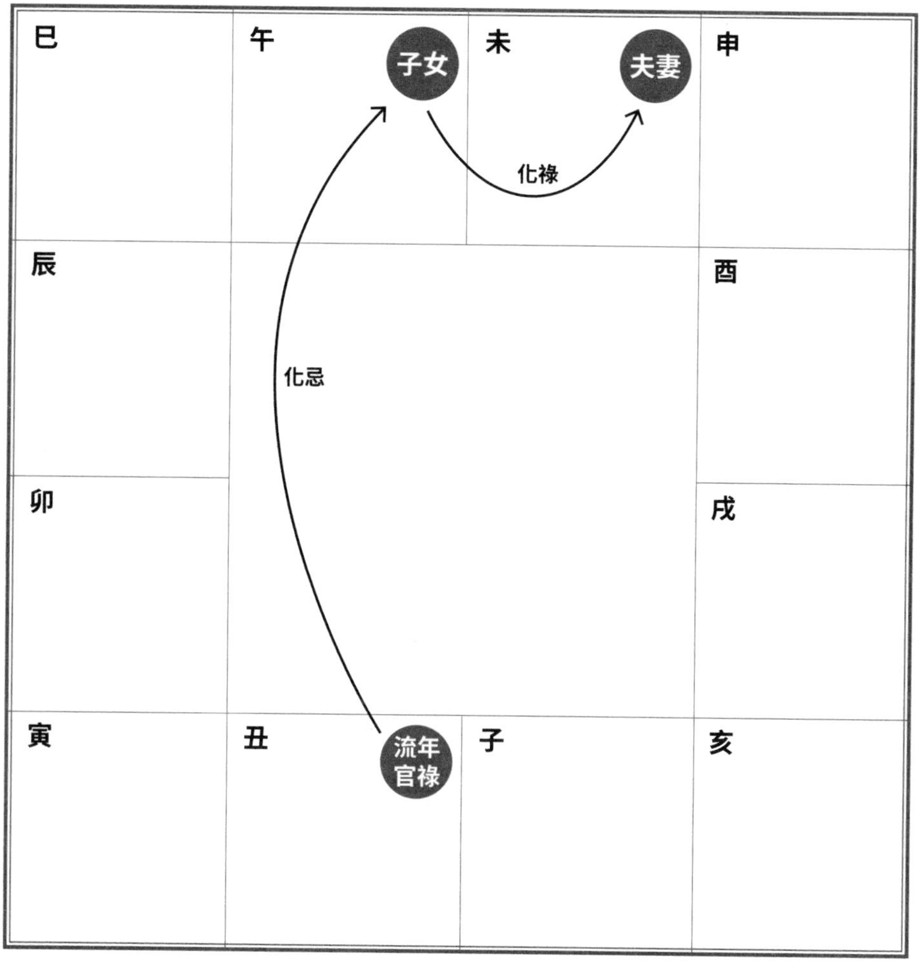

解答／

流年官祿宮化忌到子女宮，子女宮代表對家的內心狀態和財庫，所以可說是工作造成自己沒有家的安全感，並且有破財跡象。而子女宮也代表性生活，如果子女宮化祿到夫妻宮，就表示內心空缺，會希望得到家庭的溫暖。對於這樣的感受，如果身邊有伴侶，會從與伴侶的性生活上得到滿足，並且為了希望得到這份滿足，也會對另一半特別好（化祿在夫妻宮，希望感情緣分親密增加）。當然，夫妻宮說的是感情狀態，如果此時夫妻宮有煞星跟太多桃花星，也表示會因此有感情混亂的狀態。如果夫妻宮內有外遇跡象，通常就會有外遇發生，而外遇的原因來自工作上的壓力。

6-8

四海可為家只要能圓夢——官祿宮化忌入田宅宮

田宅宮化忌有一個概略的情況，就是跟家人或住家較為疏離。田宅宮化忌會因為化忌產生的空缺，因而希望得到家的溫暖，但是這樣的空缺感，也來自於跟家人的疏離，或是不知道該如何相處。也可以衍生為這個人待在家裡以及與家人相處的時間比較少，所以不知道該如何溝通，也因為不知道該如何溝通，所以更加不願意花時間，這是一個重複的循環，缺乏卻又同時需要家的溫暖。這樣的概念，就是化忌一直讓人難以理解的地方。

如果化忌不是來自於生年的天干，而是來自官祿宮，是官祿宮造成這個情況，表示這個人會因為工作或是夢想而努力，但是為此努力，會造成自己疏忽家庭，同時間也會覺得需要家的溫暖。我們常常聽到有人一邊到處衝刺事業，但是同時跟朋友說，其實他很希望可以回家陪孩子。事實上，真的想回家就可以回家，為何不願意？其實只是因為他放不下事業，並非真的做不到，所以是個性特質上，本來就覺得可以因為事業夢想而犧牲家庭。這是本命盤的情況。

如果是運限盤，說的當然是在這個運限時間上，會因為工作造成與家人疏離，也會因此很想有個家。不過因為田宅宮也是財庫，所以如果還有其他煞星，可能表示破財。並且因為田宅宮也是合夥關係，所以這個組合相較於子女宮，就會是更明顯的合夥或合作關係出問題。當然如果沒有合夥關係，就沒有這樣的問題。另外，如同子女宮會影響合夥關係（對宮是田宅宮），同樣地，田宅宮會影響性生活嗎？一樣也會喔！

小練習

小限官祿宮化忌入田宅宮，田宅宮化權，該如何解釋？

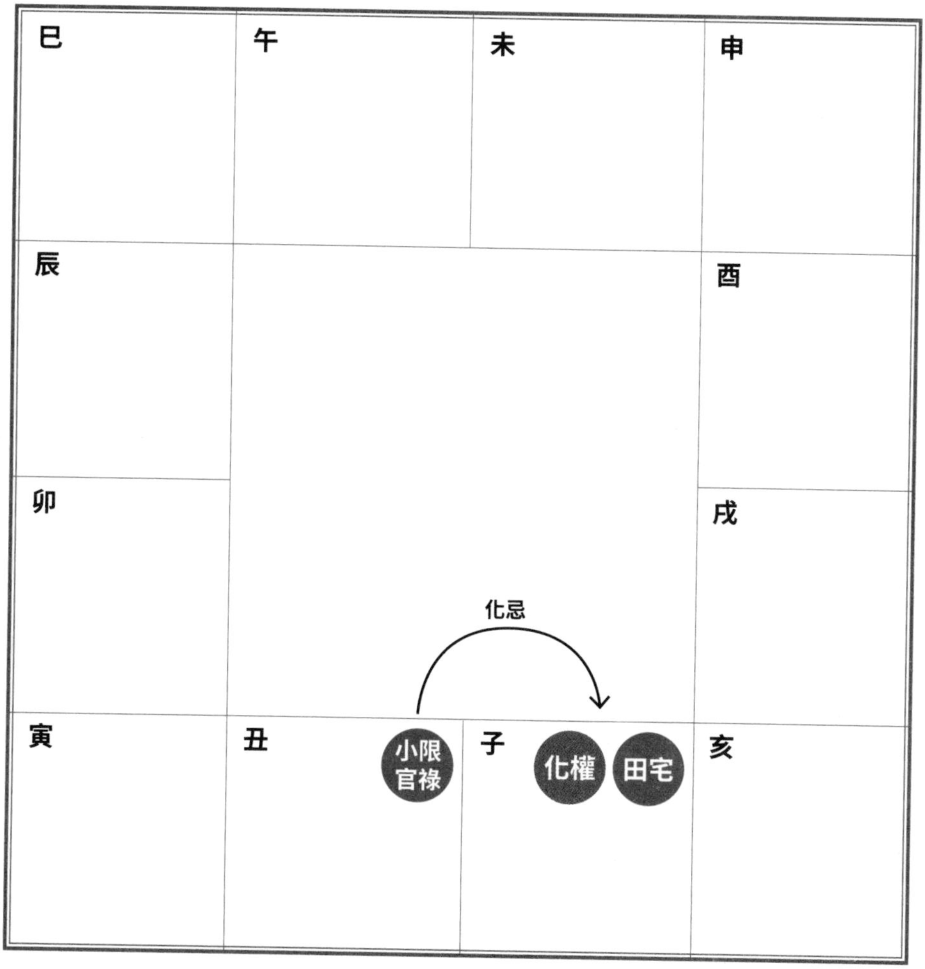

解答／

小限官祿宮化忌到田宅宮，因為工作而與家人疏離，甚至有紛爭，但是田宅宮有化權，因為化權有「雙，兩個」的意思，所以可能是有兩個住所，表示官祿宮化忌到田宅，應該是因為工作不常回家的概念，因此有兩個住所。除此之外，化權也有希望掌控自己家的事，因此化權表示希望受到家人的重視跟尊重（通常喜歡掌控人家的，說的都是希望被尊重，其實他要的是掌控），此時又化忌到田宅宮，不知道怎樣跟家人溝通，加上因為工作不常回家，還想要主導家裡的事情，是不是容易跟家人起紛爭呢？

6-9

五湖四海皆兄弟，只為了成就事業而努力——

官祿宮化忌入僕役宮

化忌產生空缺的宮位表示需要，因為需要就會追求，化忌在夫妻宮，覺得感情在生命中有空缺，所以會去追求感情；化忌在僕役宮，友情在生命中感覺空缺有需要，所以追求友情，讓友情填滿生命，因此會重視朋友。那如果是飛化產生的呢？官祿宮化忌到僕役宮，因為工作跟自己的人生夢想，造成僕役宮的空缺，表示為了夢想而覺得需要友情，也就是說，對於友情的追求，是來自於對夢想的追求，這表示選擇朋友時，要能夠在工作或人生目標跟價值上相同，希望能得到朋友的認同跟幫助，當然也會因此願意跟各類的人交往。只是這樣的組合難免需要擔心，如果僕役宮的組合不好，例如廉貞七殺、廉貞天相、廉貞貪狼、武曲天相、武曲破軍這類，可能結交的朋友就會比較複雜，當然也就有比較多因為工作而產生跟朋友之間的問題。人與人的問題，往往來自對彼此過多的需求與期待。空缺會因為得不到而產生需求，這樣的需求通常會帶有無止盡的情緒勒索，例如一個大洞需要一直去填補，為了填補，過程中也會不斷付出，然後希望得到更多，但是這樣的態度在人與人的交往上，往往容易出問題，只要遇到不對的運限，就容易出狀況。

如果在運限盤，就是當下正發生這樣的問題，問題通常來自於自己希望朋友跟部屬或是同事，能給予更多支援，但是這樣的態度卻造成了彼此間的問題，因為是官祿宮造成的化忌，所以通常問題會出現在自己的部屬或同事之間。另外，僕役宮也可以當成現金流，所以如果是創業做生意的人，也可能因為工作決策問題而導致現金不足。

小練習

本命官祿宮化忌入僕役宮，僕役宮化科入命宮，該如何解釋？

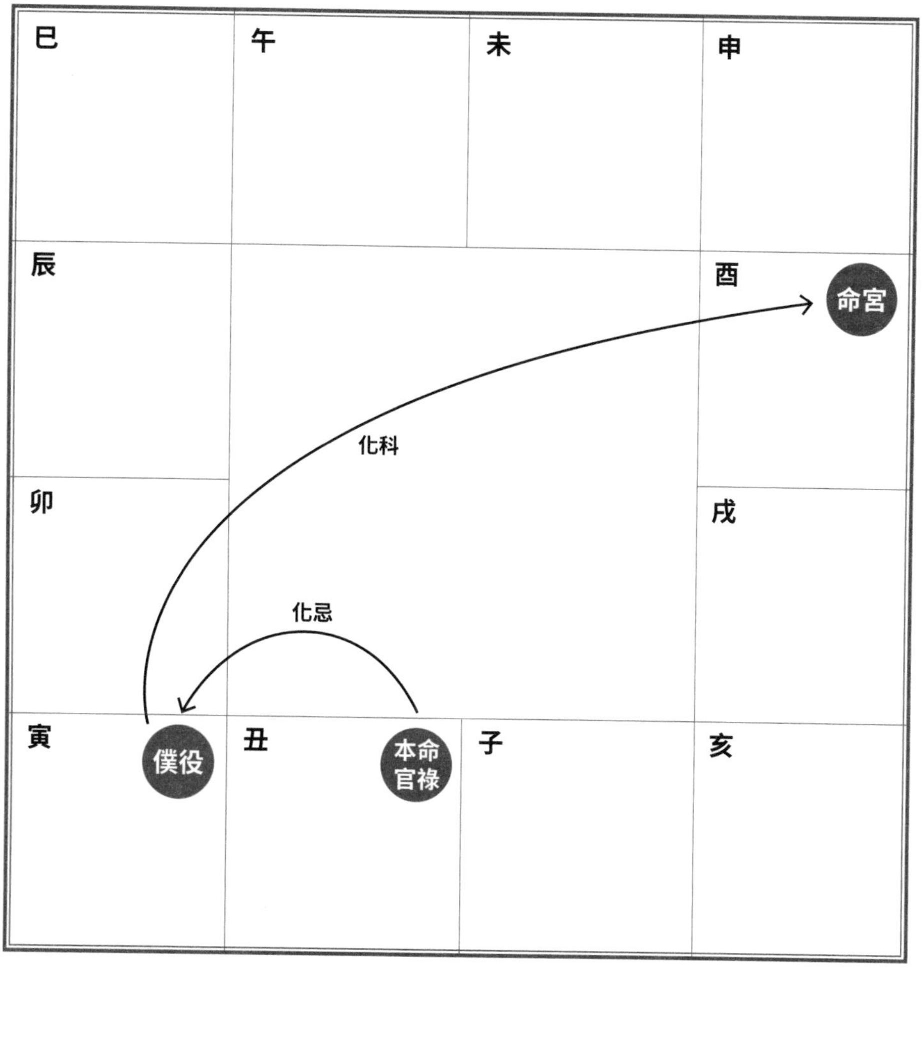

解答／化科在命宮表示重視名聲，希望得到尊敬。僕役宮化科到命宮，表示希望結交讓自己擁有名聲的朋友，所以這樣的組合，對於交友圈的挑選，勢必會重視朋友的身分地位。如果官祿宮又化忌到僕役宮，更加表示會希望朋友對自己的事業有所幫助，因此可能會造成在交朋友上比較勢利，只挑選對自己有幫助的人，並且容易眼高手低。

6-10

冷血主管也需要溫暖——官祿宮化忌入兄弟宮

如同化忌到僕役宮，化忌到兄弟宮是尋求母親或同性別兄弟姊妹的溫暖。不過官祿宮造成化忌，會希望得到家人的支持跟安慰，起因是因為工作而造成與家人的疏離，但是疏離又引發自己希望得到。

如果是本命盤，可以說是對於人生的看法、工作的態度、夢想的追求，會造成自己跟母親的問題，通常大概就是媽媽對你所選的工作或工作類型不滿意。

如果在運限盤，就會是現象的發生，年紀小一點的人，可能因為學業問題造成母子關係緊張，年紀大一點，可能是因為事業跟工作，當然也可能是跟同性別的兄弟姊妹關係緊繃，而這種得不到支持的情況會影響僕役宮（兄弟宮的對宮），因此也會希望尋求友情，或者是不同性別兄弟姊妹的情感支持，當然如果僕役宮煞星多，就會出現問題。

比較特別的是，兄弟宮在某些流派，因為是疾厄宮的三方四正，會剛好是疾厄宮的官祿宮，代表人生價值跟努力之所在，所以如果兄弟宮出問題，在某些流派來說，就表示身體出問題，就像一個人沒有了工作，或者工作出了狀況，是不是就會讓人覺得生命出現了問題呢？因此，兄弟宮化忌也會被解釋成身體出狀況，那麼官祿宮化忌入兄弟宮，就代表這樣的身體出狀況源自於官祿宮，可能是因為工作讓自己身體太勞累而造成職業傷害或生病。

小練習

小限官祿宮化忌入兄弟宮，兄弟宮化祿，該如何解釋？

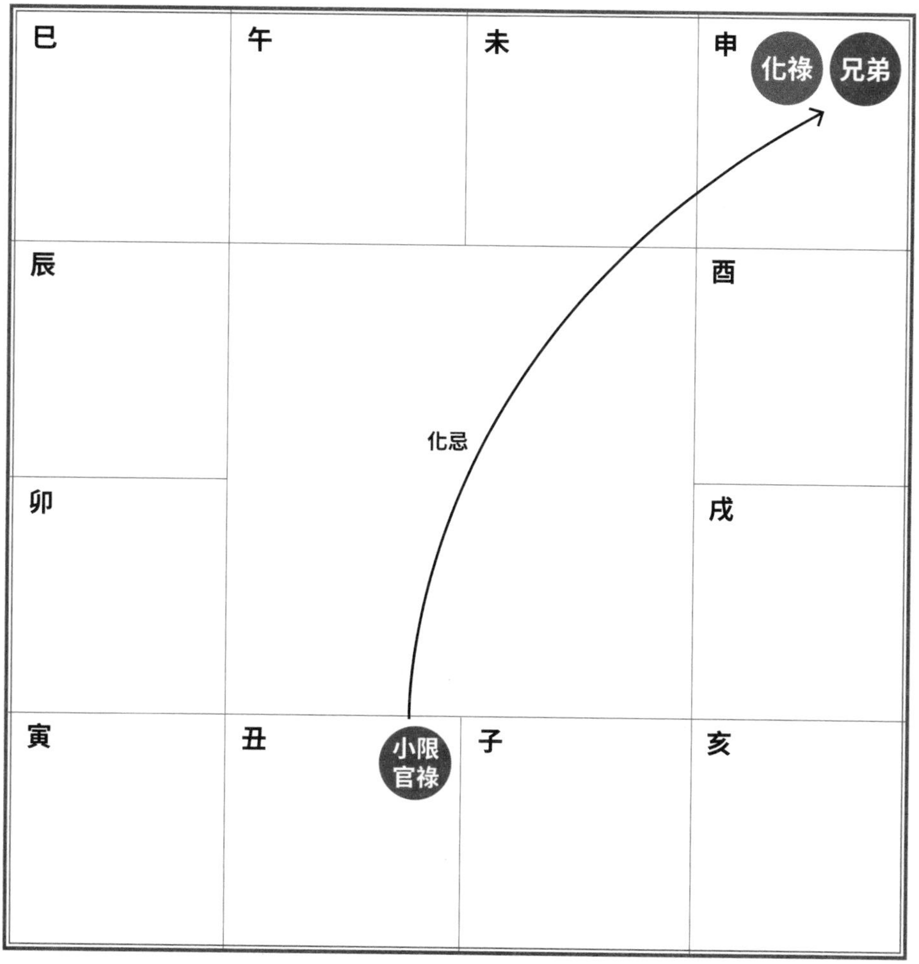

解答／

在運限上，官祿宮化忌到兄弟宮，表示因為工作影響自己與同性別兄弟姊妹之間的感情，可能是疏離，可能是因為工作拖累了兄弟姊妹，但是因為兄弟宮化祿，表示自己對兄弟姊妹不錯，或是對媽媽很孝順，感情不差，因此，雖然是化忌給兄弟宮，不過因為有化祿在裡面，本來感情就不錯，所以即使化忌，親情也會溫暖你所需要的空缺，填補因為工作產生的壓力，或者願意幫忙處理工作上的問題。

這也是官祿宮遇到煞星，出狀況的時候，某一種尋找貴人的方式。一個人工作有了問題，看看他化忌給誰（即給哪個宮位）？如果剛好那個宮位本身化祿或者有貴人星曜，如天魁天鉞，也許就可以尋求他的幫忙，雖然可能挨罵，但是卻有機會得到幫助。

6-11

對夢想的追求如墜入無底洞永不停止——官祿宮化忌到遷移宮

我們說化忌到遷移宮會讓內心覺得有所空缺，進而影響自己的外緣與在外的表現，那如果化忌是來自於官祿宮這個對於夢想與生命價值追求的宮位呢？

如果是本命盤，自己對工作的態度與對人生價值的看法，總會讓內心有所不滿足，這樣的態度展現在外緣的表現上，會讓人覺得這個人總是不滿意生活，如果運限盤或本命盤命宮有桃花星去彌補還好，否則就容易變成有難相處的問題。如果是運限盤出現這樣的跡象，則表示這時候工作直接影響到自己在外的表現，甚至是外出的狀況。如果遷移宮有兩個以上的煞星，疾厄宮有煞星，代表家外面的子女宮也有煞星，就可能因為工作產生職業傷害，即使沒有這些嚴重的問題，也會與人因為工作產生摩擦，但是，好處就是會為了自己的夢想和工作努力不懈，因此如果這時候遇到的不是煞星，而是化祿、化權或化科，其實會因為努力，而有升官或是發財的機會呢！

第七章

誰給我賺錢的動力——十二宮化忌入財帛宮

7-1

錢是英雄膽，沒錢的英雄膝蓋軟

所謂錢不是萬能，但是沒錢萬萬不能。金錢在華人社會中常常被隱性地鄙棄，卻又人人想要追求，否則哪裡來那麼多的財神廟，那麼旺盛的香火，以及各類騙人可以發財的開運商品呢？在紫微斗數中，更是將財帛宮放在福德宮對面，擺明著福氣夠不夠、靈魂與心靈是否可以滿足，都需要靠財富來支撐。因此，財帛宮在紫微斗數中其實很理性清楚，並且直白不逃避地訴說著重要性。有了好的理財能力，有了錢，做事情才能有底氣；對親愛的人說出我愛你的時候，才不會說得心虛；面對家人的需求時，才可以勇敢地答應；追求夢想時，才可以更務實地讓夢想變成理想；在心靈的追求上，我們先不用擔心物質的限制，才能專心在靈性的提升。

如果說官祿宮是我們對人生夢想的價值所在，是生活與生命的重心，那麼財帛宮就是支撐生命的力量，讓我們可以不用匱乏，不用擔心，不用疑慮，不用害怕。但是化忌的財帛宮，讓我們在金錢的安全感跟處理金錢的能力上產生空缺，有了空缺就會去賺錢，因此產生動力。雖然化祿的財帛宮，因為天生的能力，因此賺起錢來開心快樂，不過快樂往往也會放鬆。化忌的不安全感則會不斷鞭策你努力不懈，但是如果本命盤生年沒有人會為我們創造這樣的動力呢？我們對錢的態度，又會造成人生中哪些關係與事務需要填補呢？

財帛宮有化忌出現的時候，會因為覺得在財務上有空缺感，因此投注心力在滿足財務上。生年天干造成的財帛宮化忌，會因為一出生本身具備的個性特質而影響對錢財的認知；大限命宮天干造成的，會因為整個十年大限的運勢影響價值觀跟對財務的態度，並且造成財務狀況；當然還有小限命宮天干跟流年天干，甚至是流月流日天干造成的，這些都是屬於個人因為年紀因素（大限、小限）造成，或是外界時空環境（流年流月流日）影響的，而命盤上的十二宮所各自代表的人生組成因素，也會影響我們對金錢財物的價值態度，讓我們對於金錢有匱乏感而產生動力。

7-2 缺錢的人生——命宮化忌入財帛宮

命宮化忌到財帛宮，如同命宮化忌到官祿宮，在本命盤來說，是因為個性，造成在理財上的空缺。命宮的價值態度，會造成我們在財務上的不安全感跟對於金錢的追求，特質上相似於生年天干造成的財帛宮化忌。但是如同命宮化忌入官祿宮，生年天干的化忌是因為自己的理財和對財務的認知，產生了財務上的空缺。但是命宮所化的，一方面是看命宮的星曜特質，主要是自己對生命與人生的態度所造成，如果修改了個性，就可以改變這樣的問題。

當然，我們也可以利用化忌的力量督促自己，尋找喜歡的事物來告訴自己為什麼需要賺更多錢，為什麼需要再努力一下、再省一點錢，變成自己跟自己要求，依照自己喜好許下願望，設定目標，就可以將對於財務的期盼，轉變成追求財務的動力，讓自己在追求過程中有更多趨動性。無論是財帛宮或官祿宮，這都是最簡單的方法，給予自身龐大的能量，幫助自己在人生的困難中有所突破，無論是工作（官祿宮）或財運（財帛宮）都是。

如果是運限盤裡面遇到這樣的組合，因為運限是現象，可能需要注意的就不只是因為自身價值觀產生的感覺，而是真的出現空缺的問題了。雖然在運限中出現空缺的問題，我們也會努力填補跟解決，或許也能造成我們有不錯的財富累積能力，例如過去我每次生意出問題，都是數千萬負債，所以每次我都告訴自己，可以還完這數千萬，這表示我能賺數千萬，那麼還完債之後也可以過得不錯，用這樣的信念告訴自己撐下去。除了這樣的自我勉勵之外，我們也確實需要注意，是否因為個性造成自己的財務問題，例如命宮化權到僕役宮，同時間化忌到財帛宮，就可能因為總是很喜歡幫助朋友，因此造成財務上有問題，或者因為命宮有煞星，會因為個性衝動而造成理財過度衝動，引發財務空缺的問題。

小練習

小限命宮化科，並且化忌入財帛宮，該如何解釋？

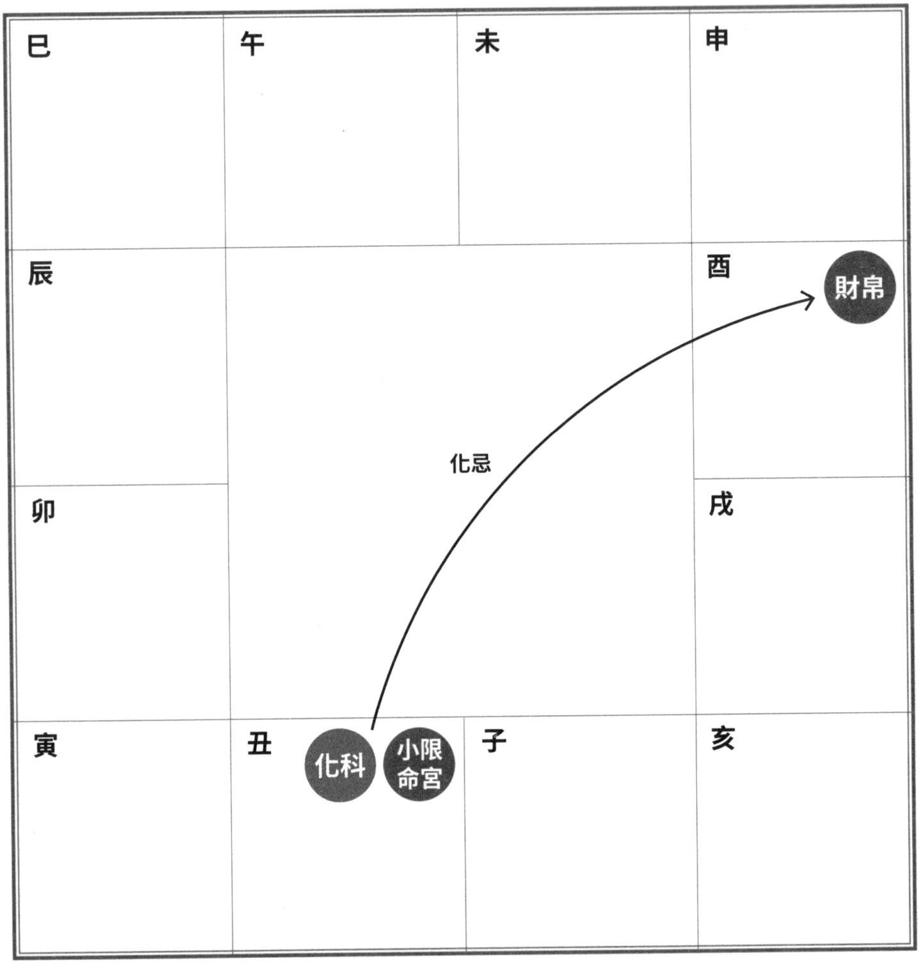

解答／

小限命宮化科表示在這個小限的年份裡，應該有不錯的名聲跟成就，也會重視名聲，這時候卻造成了財帛宮化忌，說明自己會因為愛面子，重視名聲跟地位，所以影響理財能力。如果財帛宮再補上煞星，更是很明顯地會因為愛面子而亂花錢。

7-3 外出就破財，不花錢沒有安全感——遷移宮化忌入財帛宮

感覺有點類似命宮化忌給財帛宮的，是遷移宮化忌給財帛宮，遷移宮在本命盤上並不能說是外出的情況，因為外出的情況是現象的展現。遷移宮在本命盤上說的是自己內在的個性，以及在外展現出來的情況，這一點最常讓人分不清楚。其實這是需要利用星曜解釋的，例如天機星有邏輯好跟善良與善變的特質，天機星在遷移宮，邏輯好思慮清楚，這是展現出來給人看的，善良善變是放在內心的，這個部分對於各星曜的解釋，可以在免費的教學影片上看到。但是單純以宮位來說，可以利用宮位彼此的特質去刪除不適合的解釋，本命盤的遷移宮化忌到財帛宮，可以說這個人會因為內心想法、夢想跟特質，造成財務上的空缺，也可以說會因為重視外人對自己的看法，覺得需要有更好的財務能力。

在運限盤上就更清楚了。在大限中，因為時間長達十年，會有上述類似本命盤的特質之外，也會有現象出現，這個現象跟小限、流年都是類似的，會有出外容易亂花錢的情況，一外出就會覺得應該花點錢，所以外出容易破財，不適合外出往國外發展等等。但是我們一直想提醒大家的是，空缺其實是一種動力，因為覺得不夠才會更加努力，一直覺得不夠、一直努力，自然就有好成績，所以是否真的因為遷移宮化忌到財帛宮就不能外出呢？其實要看當下的運限是否有其它化祿搭配，如果化祿在財帛或命宮，就不會完全不能考慮，因為一樣有賺錢機會，只是需要更加努力，只有努力才會讓自己可以有更多財富，不是嗎？

小練習

小限遷移宮化忌入財帛宮，而財帛宮化科，該如何解釋？

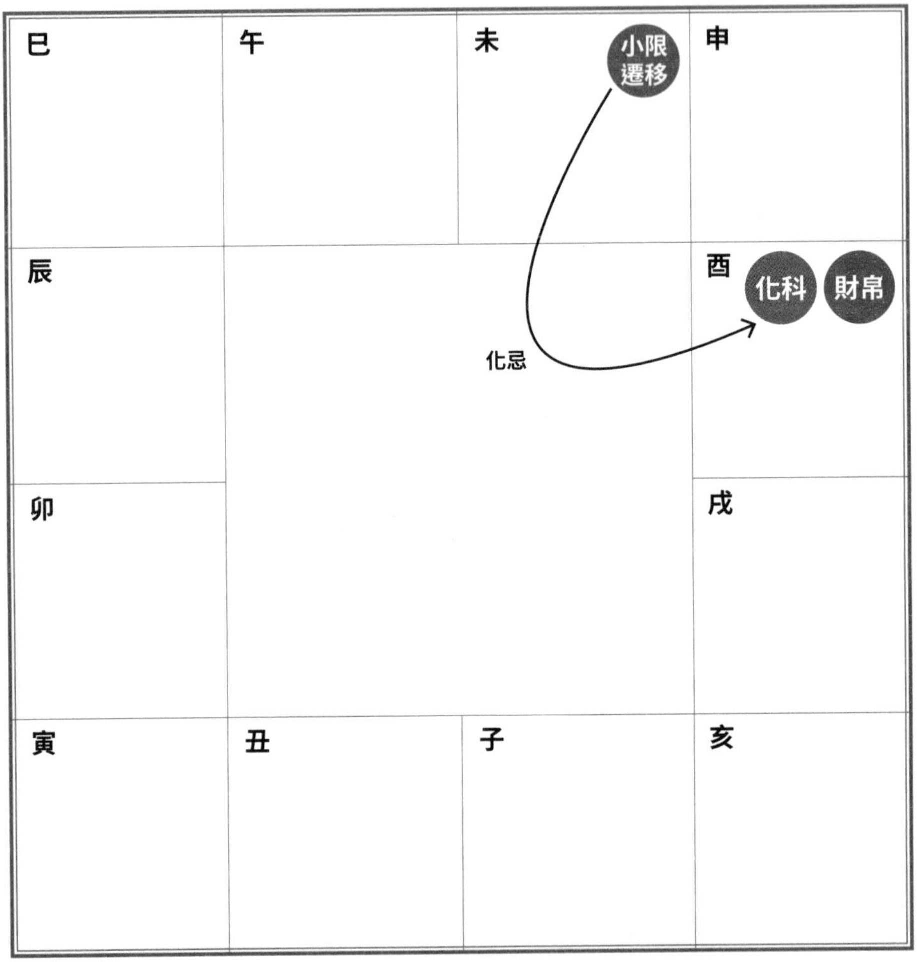

解答／

這大概是本書最簡單的一題了。外出就讓財帛宮有缺口，在外就不懂得注意財務情況，而且還化科，喜歡拿錢做面子，這當然是喜歡在外亂花錢。如果主星還是耳根子軟的那種，例如天同、紫微，天梁這類，我們就要趕快跟這個命主做朋友，常常約他出來吃喝玩樂才對。

7-4

人生的好朋友，通財重義的好兄弟——僕役宮化忌入財帛宮

這個標題看起來，就像僕役宮可以幫我們賺錢一樣，其實大家誤會了，這是我們發現本命盤有這個組合的人，要快點跟他做朋友，我們來讓他的財帛宮化忌吧！這樣的人會因為朋友產生財帛宮的空缺，當然表示他重視朋友，而且願意讓朋友撈他的錢，這樣的人怎麼能夠不認識他呢？（如果你就是這樣的人，請快寫信給我，讓我認識你吧！）相對地，如果你僕役宮化忌入財帛宮，可以好好利用朋友，因為這表示你是一個能夠聽從朋友建議的人，所以只要能夠找到好的朋友，其實就可以幫助你在理財上給自己更多壓力，讓自己更努力。

如果是在運限盤出現，表示當下的交友情況會讓你產生財務問題。這裡的僕役宮還包含同事跟部屬，因此這時候需要注意自己是否會受朋友部屬同事的影響去做

不當理財。如果是創業的人，在對外簽約以及投資時也需要注意。僕役宮也表示不同性別的兄弟姊妹，所以也要注意，是不是有位不同性別的兄弟姊妹要向你借錢。此外，如果是創業的人，因為僕役宮而去影響代表手上的現金的兄弟宮，所以需要注意是不是因為現金流量不足，引發經營上的財務困難，如果有這樣的跡象，就不適合在事業上過度投資跟擴張。

小練習

流月僕役宮化忌入財帛宮，而財帛宮化科，該如何解釋？

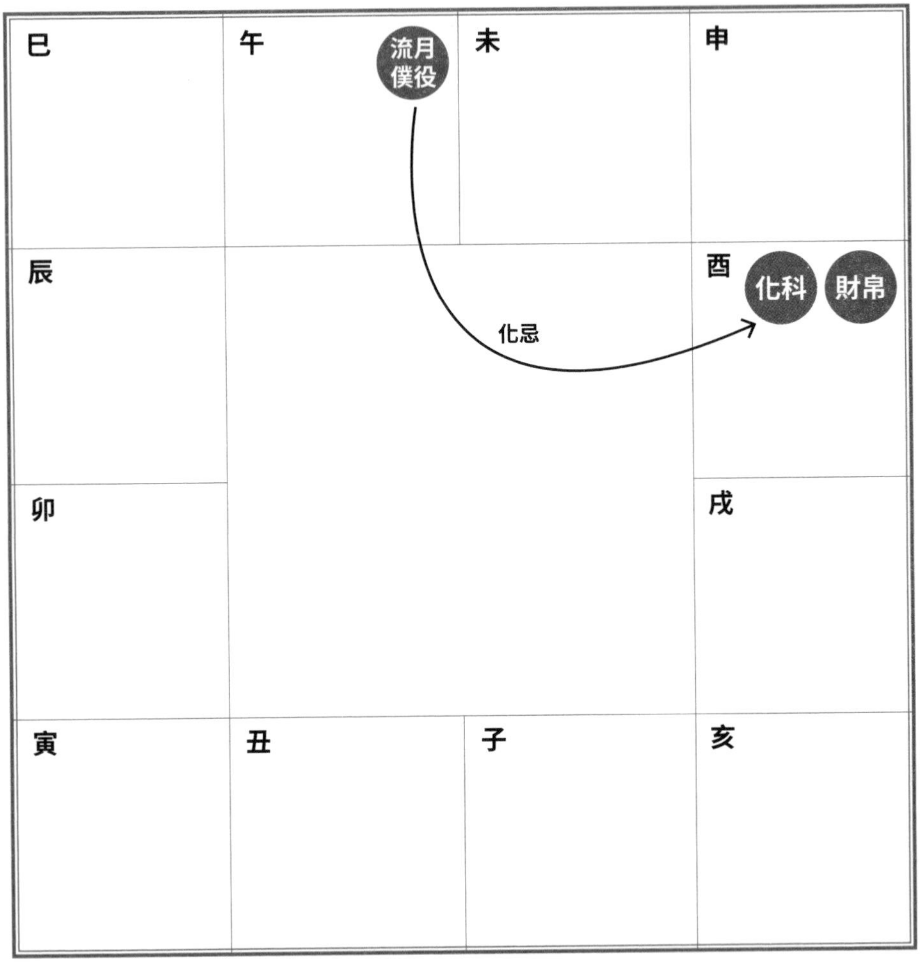

解答／ 流月這麼小的時間單位，看的當然不會是太大的事情。流月僕役宮化忌到財帛，讓你的財有一個洞，大概這個月會有朋友來借點錢，或是因為朋友損點財，財帛宮又化科會想要花錢，所以或許這個月請朋友吃喝玩樂一下，就可以解決破財問題，又符合化科跡象，增加自己的人緣。

7-5

媽媽給的賺錢能力——兄弟宮化忌入財帛宮

如同僕役宮化忌，不在乎就不會付出，因此兄弟宮化忌的人，對母親跟同性別的兄弟姊妹在錢財上的要求，是無法抵抗的，這樣的人至少算是願意對家人付出。這裡的兄弟宮如果就本命盤來說，因為可以當成母親，所以也代表某個程度的家庭教育問題。但是無論如何，相較於僕役宮，需要挑選好朋友，把錢財給予母親跟兄弟姊妹，至少是照顧家人。我們常在許多案例上碰到這樣的情況，因為母親長期跟他拿錢，他必須照顧家人，所以很努力賺錢，永遠覺得錢不太夠用，有時候跟母親的關係也不見得很好，畢竟媽媽一直跟他拿錢，但是他總是一邊抱怨也一邊付出。換個角度來說，如果不是如此，他又怎麼會那麼努力呢？如果不是這麼努力，又怎麼會得到良好的財務成就？

另外，因為兄弟宮被某些流派當成疾厄宮的官祿宮，是代表身體狀況的重要宮位，所以兄弟宮化忌，也可以說這個人容易有慢性疾病，影響自己的財務能力。如果是在運限盤，說的就是這個跡象。

如果在運限盤上出現這個問題，同時疾厄宮又出現問題，可能就會因為身體因素影響了賺錢能力。若疾厄宮本身沒有問題，就是單純地指同性別的兄弟姊妹或母親，給予自己金錢上的空缺，讓自己覺得錢不夠用。

小練習

本命兄弟宮化忌入財帛宮，而財帛宮化權，該如何解釋？

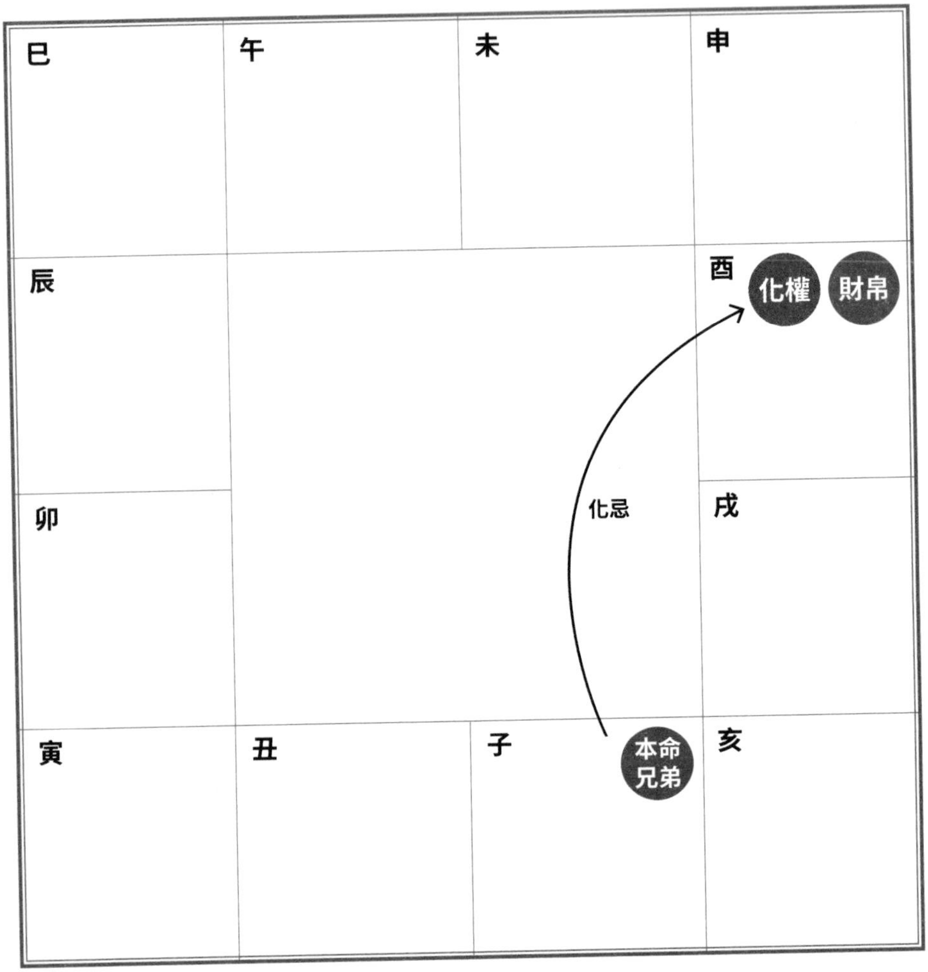

解答／ 天生的個性無法抵抗母親跟同性別兄弟姊妹的要求，所以在財務上會依照自己的能力給予兄弟姊妹支持。但是本身財帛宮化權，這一類的人希望財務能力要控制得很好，對於自己的錢財要有掌控權，因此通常會選擇創業，而兄弟宮化忌到財帛宮，會更加重他為了自己的家人，希望可以過得更好，而有創業的決心。

7-6 爸爸給的賺錢能力——父母宮化忌入財帛宮

兄弟宮是媽媽給壓力，父母宮當然就是爸爸給壓力了。在本命盤上，父母宮代表爸爸的意思，跟兄弟宮代表媽媽的意思相當雷同，只是父親跟母親的角色替換而已。父母宮在本命盤還有著家庭教育、家世背景的概念，所以也代表因為家庭教育，影響理財觀念，這時候當然就要看父母宮，如果父母宮煞忌太多，可能表示因為跟父親關係不佳、缺乏父愛，所以需要用錢財來讓自己有安全感。

以命宮為起點，順時鐘來看，財帛宮在命宮之後，命、財、官會形成一個三角形，命宮位在官祿宮與財帛宮的中間，就像往前追求人生目標時（官祿），後面需要有資源支持補給（財帛），所以財帛宮對命宮而言，可以說是一股推動生命的力量。因此，當父母宮化忌給財帛宮，不僅因為家庭影響理財觀，或容易產生財務上的問題，也讓這個人產生生命不被保護、難以追求目標的不安感。不過，如同兄弟宮化忌，也會成為一種追求金錢的動力，好好利用一樣可以讓自己有不錯的財務能力。

如果是因為運限盤的影響，說的是當下因為父子關係影響了財務狀況，至於內心是不是覺得該給予父親所有支持，就必須看情況了。另外，在前面提到父母宮會有發生合約問題的機率，所以如果是父母宮出現合約問題的星曜組合（官非跡象），也有可能對財務產生影響，所以我們在判斷有合約官司問題時，如果化忌給了財帛宮，通常就會建議賠錢了事，因為這勢必會讓自己破財，既然如此，就不用耗費時間。

小練習

本命父母宮化忌入財帛宮，而財帛宮化祿，該如何解釋？

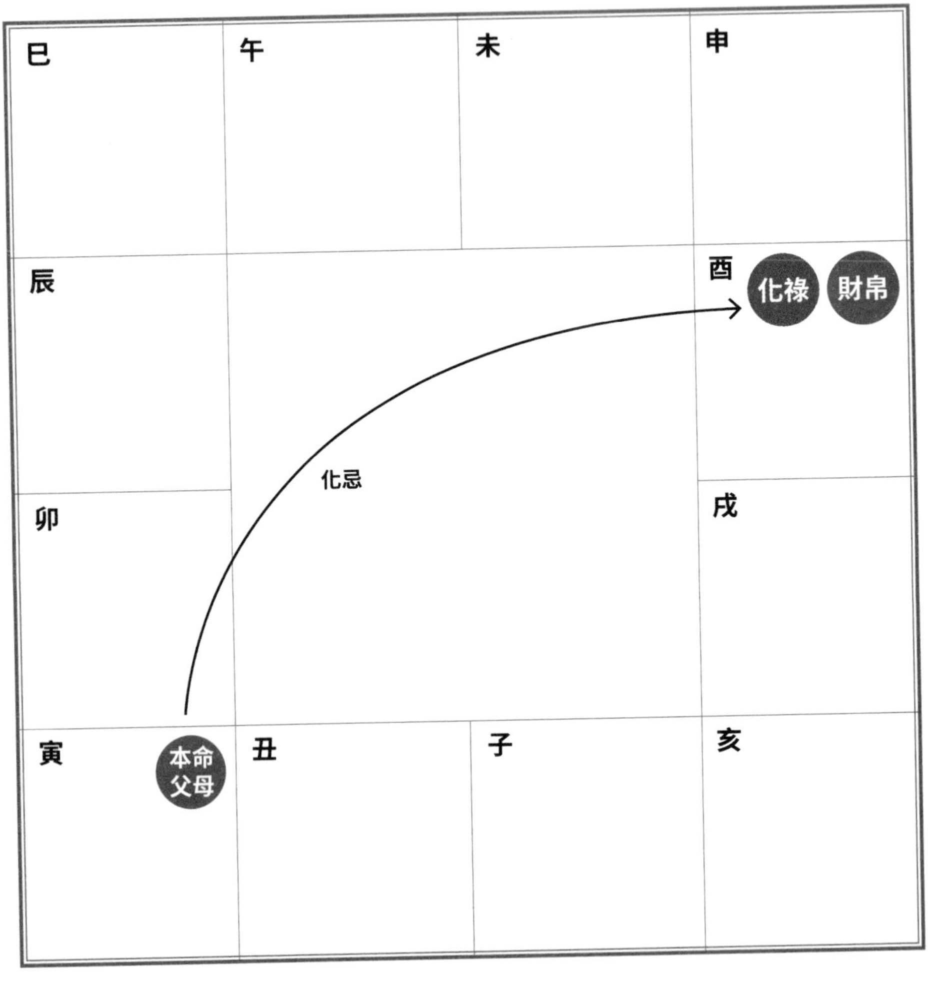

解答／ 父親對於自己的理財能力有所要求，但是自己的能力不差，因此會有機會在父親的要求之下創造出更多財富。

7-7

買好保險很重要——疾厄宮化忌入財帛宮

我常說保險也是命理師最大的對手，因為保險的存在讓人對生命的不安全感降低，也讓未來的風險變小，所以大家變得不愛算命。事實上，命理學會出現，確實是因為古老社會較為缺乏社會保護制度，所以對於未來的恐懼更大於現代人，而生病的問題、身體的健康，在我們生活中其實很重要，卻較少有人注意到。本命盤上，疾厄宮化忌到財帛宮，表示因為身體造成財帛宮的空缺，即使是本命盤，也不會代表態度跟價值觀，有可能是天生的身體狀況，因此本命盤上的疾厄宮化忌到財帛宮，表示需要注意可能會有遺傳性疾病（一出生就有，當然可能是遺傳），因為身體造成了理財的空缺，讓自己一直都有理財問題。所以如果有這樣的情況，建議提早做好身體健康檢查，並買好醫療保險來保障自己。當然光是疾厄宮化忌到財帛宮不見得會有什麼嚴重的疾病，但是要注意疾厄宮是否還有其他煞星。

另外，疾厄宮也有父母宮的遷移宮的意思，因為在父母宮的對面，是父母內心的期待，所以本命盤的疾厄宮化忌到財帛宮，一樣需要注意會有類似父母宮化忌到財帛宮的情況。

如果是運限盤，就真的會有因為身體出狀況而造成財務空缺的問題。依照各種運限盤所代表的時間不同，會有不同的意思。大限因為時間長，比較可能是因為自己的身體問題，但如果是流月流日，則可能是輕微的身體不舒服，或是因為情緒造成的財務問題。

小練習

小限命盤疾厄宮化科，並且化忌入財帛宮，該如何解釋？

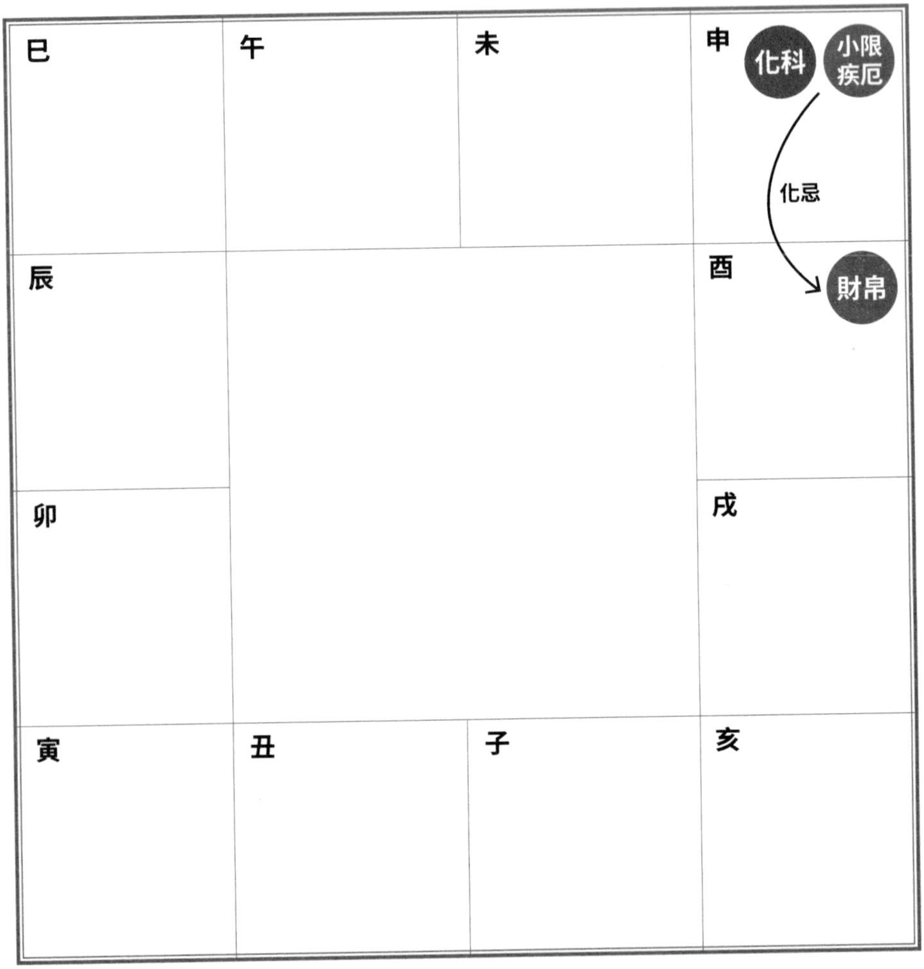

解答／

小限疾厄宮化科，如果沒有其它煞星，命宮、遷移宮沒有煞星，表示自己很重視外表，希望外表是漂亮的，這樣的想法態度造成財帛宮化忌，大概就會為了外貌而花錢吧！

7-8

孩子的教育不能等，多少錢都該花——子女宮化忌入財帛宮

本命盤的子女宮代表了對孩子的教養態度，以及對家庭的觀念，還有性生活，這個宮位造成了財帛宮的空缺，是不是表示這個人對家人有無限的財務付出呢？答案是肯定的。會不會為了孩子願意無限付出金錢呢？當然也是會的。這樣的人很在乎自己對家的想像，為什麼說很在乎？因為不在乎怎麼可能願意給錢？不給錢怎麼會覺得錢不夠？他們當然會因此覺得自己需要努力賺錢。

所以，本命盤有這個組合的人，其實算是會照顧家人，只是他會比較希望家庭能符合內心的想望（子女宮是田宅宮的對宮，是田宅宮的內心，可以想成是對家的內心期待，投射在小孩身上，想想多少父母自己考不上建中北一女，卻希望自己的孩子可以考上，大概就是這樣的概念），不像兄弟宮、田宅宮包含了原生家庭的概

念。至於會不會為了性生活而花錢呢？其實也是會的。對此，大家必須先瞭解，其實子女宮中對於性的態度，來自於對擁有家庭保護的深層需求，在性生活上的親密關係得到短暫的庇護，才會追求性，這個態度跟著影響了自己的財帛宮，當然更別忘記其實財帛宮也是福德宮的對宮，是我們心靈深處的展現。

在運限盤，若出現在有小孩的人身上，當然表示會有花錢在孩子身上的現象；如果是沒有小孩的人，需要注意子女宮代表財庫以及在家外面的意義，還有存錢的概念，這些解釋都代表會造成財務空缺。要簡單地判斷如何解釋，就看是在哪一種運限盤出現這樣的組合，越是短的時間，越貼近現象跟事件，所以如果是很短的流月、流日，就比較不會是需要為孩子花錢，比較接近外出可能破財的機會，或者因為無故破財（如子女宮有煞星），造成自己的財務壓力。

小練習

小限子女宮有煞星，且化忌入財帛宮，該如何解釋？

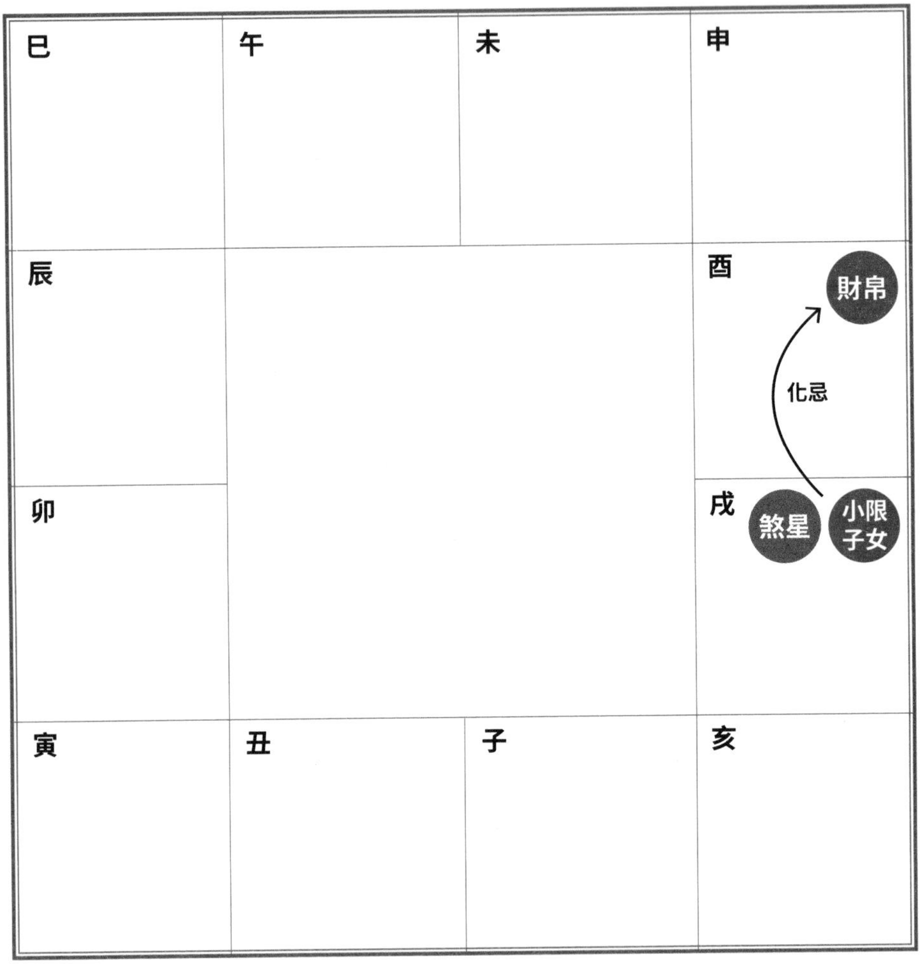

解答／

這個組合若簡單解釋，就可以說因為破財造成財務問題跟空缺，所以如果是創業做生意的人，這時候需要相當注意。有一點要補充的是，通常在運限中的子女宮、田宅宮有煞星，有可能是因為居家風水有問題，因此也可能是因為居家附近有煞，造成風水問題，讓自己的財帛宮有空缺。

7-9 家人的需要是賺錢的動力——田宅宮化忌入財帛宮

田宅宮化忌到財帛宮，表示家人或是對家的情感態度造成財帛宮的空缺，所以為了家和家人可以努力賺錢，希望有更多錢滿足家人，這些都是本命盤有這個組合的人會出現的觀念跟態度，當然如果田宅宮裡面有煞星出現，也可能因為很容易破財，所以影響財務空缺。

如果是運限盤出現的現象問題，這時候田宅宮若有煞星，一方面可以解釋成破財造成自己的財務調度出現問題。如果是田宅宮化忌又造成財帛宮化忌，可能是因為家人有金錢需求而讓自己的財務產生空缺，進而覺得應該認真賺錢。但是跟本命盤不同的是，如果有煞星，可能是風水有問題造成財運不佳。本命盤有煞星但不算風水的原因在於，除非自己一出生家裡的風水就不好，否則風水不好這樣的情況會出現在運限盤上，因為這是一個現象（一出生風水就不好也不會影響你，會先影響爸爸）。如果是創業的人，就需要注意與人合夥的問題。田宅宮是官祿宮的兄弟宮，是工作上的兄弟，有合夥關係的意思，所以如果做生意，就可能因為合夥關係造成財務問題。

小練習

流月田宅宮化忌入財帛宮，而財帛宮化祿，該如何解釋？

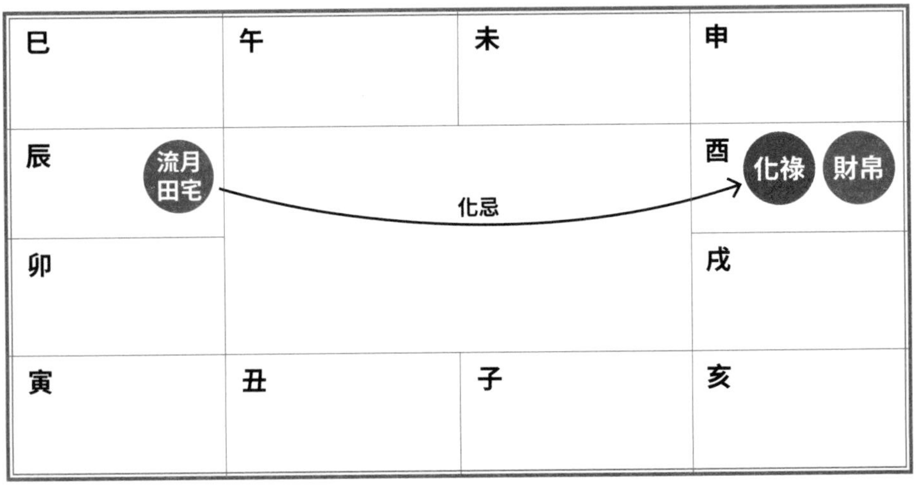

解答／流月田宅宮宮位內如果沒有煞星，但是化忌到財帛宮，而且沒有合夥關係，可能是因為家中需要裝修或是家人需要用錢，但是這時候財帛宮又化祿，所以這個月賺的錢將左手進右手出，拿去幫助家裡了。

第八章

用錢態度給我的人生挑戰——

財帛宮化忌入十二宮

8-1

金錢的價值就是我的人生價值——財帛宮化忌入命宮

財帛宮說的是自己的理財觀念、用錢的態度、用錢的能力、賺錢的方式，跟錢有關係的概念都在財帛宮上。這個管理錢的宮位，也會化忌給其它宮位，用所代表的宮位能量影響其它宮位，讓其它宮位產生空缺，讓我們在各宮位中產生需要填補的空缺，讓我們需要去為那個宮位付出努力。

本命盤命宮化忌，表示對於自己的生命、人生覺得有空缺，永遠不滿足，希望可以為人生努力，所以這類的人相較之下算是比較努力。如果這個化忌來自財帛宮呢？賺了錢用錢理財，對於錢的掌握，對財富的掌控，各類關於錢的概念，都讓這個人的人生跟生命覺得需要努力。當然這要看財帛宮內是何種情況，如果財帛宮有煞星，用錢的衝動性，會讓自己覺得錢永遠都不夠，這樣的人其實相當認真賺錢，因為他希望擁有很好的花錢能力跟條件，所以財帛宮的情況會讓這個人為人生做出努力。

如果是運限盤，表示的是現象，運限盤的命宮化忌，若是十年大限這樣的長時間，當然還是會希望努力面對困境，以及內心感到空缺，但也可以是因為財務狀況讓自己覺得生命很空缺，需要努力。其實無論是本命盤或大限盤有這樣的組合，如果同時財帛宮或命宮化祿，可能會因為願意面對困境而努力，反而也能賺取不錯的財富，只是通常覺得很辛勞。短一點的運限盤流年流月流日這一類的，就比較是指破財這類財務問題，畢竟時間這麼短，還來不及累積悲憤的力量，讓我們奮發圖強去為生命努力。

小練習

小限財帛宮化忌入命宮，命宮化忌入官祿宮，該如何解釋？

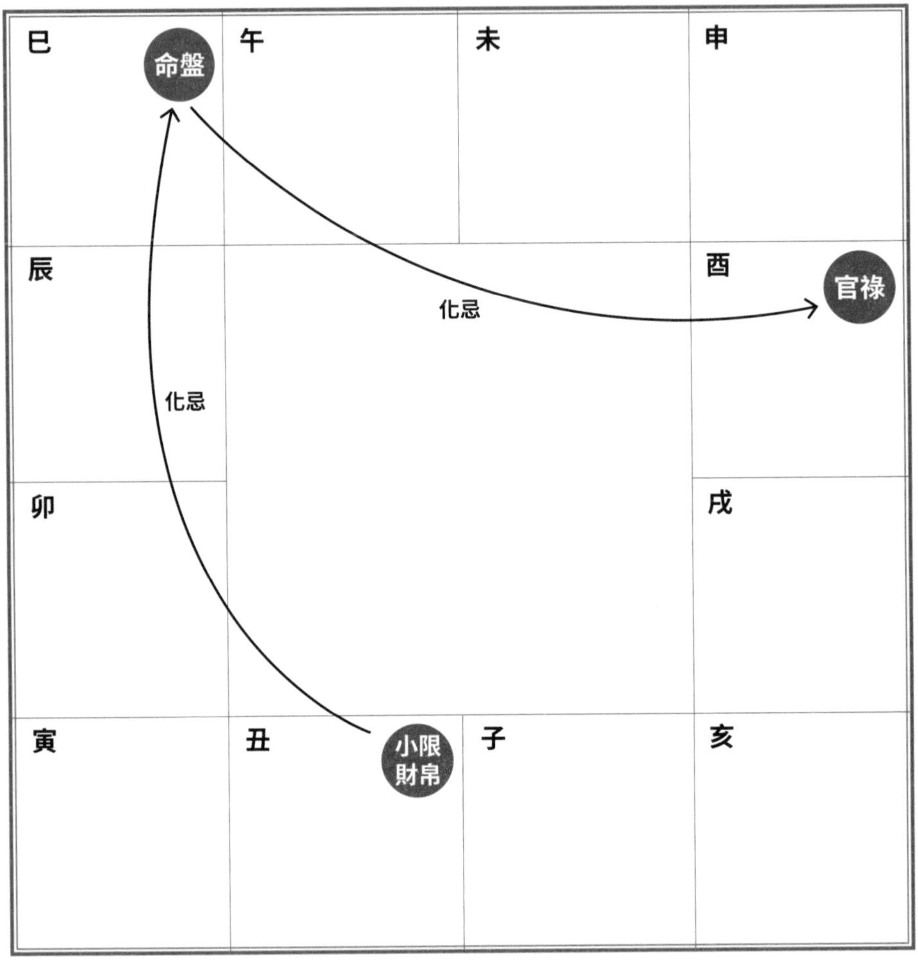

解答／

命宮化忌到官祿宮，是因為個性造成工作上的空缺，覺得自己做得不夠好，所以很努力工作。而財帛宮化忌到命宮，又表示財務狀況影響自己，可以說是因為覺得需要有好的財務能力，希望有錢，所以要求自己（命宮）努力工作（官祿宮）。

8-2

賺錢花錢的滿足就是內心的滿足——財帛宮化忌入遷移宮

遷移宮是我們的內心世界，化忌在遷移宮表示內心有所空缺，內心有不安全感，需要被彌補。如果這個缺乏感來自代表錢的財帛宮，財帛宮的狀態就會影響內心。遷移宮是命宮的對宮，就某個層面來說，雷同於命宮，除了類似命宮的狀態，這樣的影響更貼近自己的內心深處，所以不會像化忌到命宮那麼明顯，在對錢的態度上，只會讓內心有隱藏性的需求，所以倒是不會如命宮一般，一生懸命地為了錢而努力，反而比較像是給予自己小確幸。這個對錢的態度，看的是財帛宮的情況，喜歡賺錢的人賺了錢，喜歡花錢的人花點錢，內心覺得被滿足就好。不過如果無法做到財帛宮期待的狀態，自己就會覺得空虛沒安全感。

如果運限盤出現這樣的情況，表示目前財務狀況讓我們的內心很沒有安全感。

小練習

大限財帛宮化祿，並且化忌入遷移宮，該如何解釋？

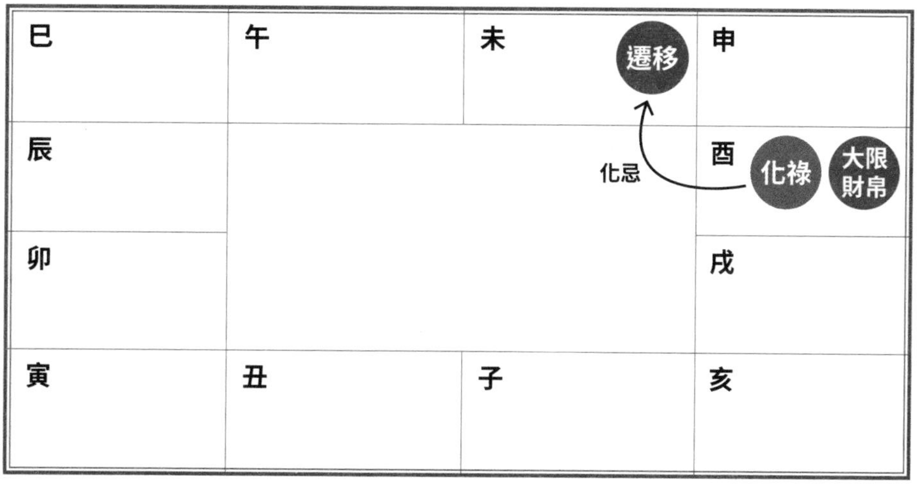

解答／ 大限的財帛化祿如果沒有太多煞星在財帛宮，通常表示自己這十年的理財能力不錯，賺錢能力不差，但是同時還化忌到遷移宮，表示還是覺得自己賺得還不夠多，所以這會是很適合要求自己努力賺錢，創造財富的十年。

8-3

金錢的價值是交友的紅線，現金入袋才是賺到錢——財帛宮化忌入僕役宮

一個人的金錢態度在財帛宮展現，交友態度則是由僕役宮展現，財帛宮化忌到僕役宮，這個人的金錢觀念讓他的交友態度產生空缺，那麼對朋友的態度是何時會出現不安跟空缺呢？就是當朋友的財務觀念、金錢價值跟他有所衝突時。當然也可以從另一個角度來說，是他自己的金錢觀念讓他在與朋友的交往上產生問題，甚至讓他覺得朋友不瞭解自己（化忌的概念很有趣，有時候是因為自己與人溝通有問題，卻覺得是別人不瞭解他）。這個問題是因為財帛宮而出現，所以這種人的金錢價值觀，也會是他挑選朋友的條件，這是以本命盤來說。

如果是運限盤，除了前面的解釋，還包含跡象的解釋，這時就可以說在這個運限盤所代表的時間點上，會因為錢財跟朋友發生糾紛，尤其在財帛宮或僕役宮有煞

星時。另外，因為僕役宮會影響在運限盤中代表自己現金的兄弟宮，所以如果是創業的人，就需要注意這樣的跡象。自己的理財觀念造成現金流不夠，有時候就會因而影響事業，這種情況很容易發生在看起來賺錢，但實際上許多錢都在外面，手邊沒有現金，而造成公司財務出現問題的狀況。

小練習

大限財帛宮化祿加擎羊，化忌入僕役宮，而僕役宮同時還有火星，該如何解釋？

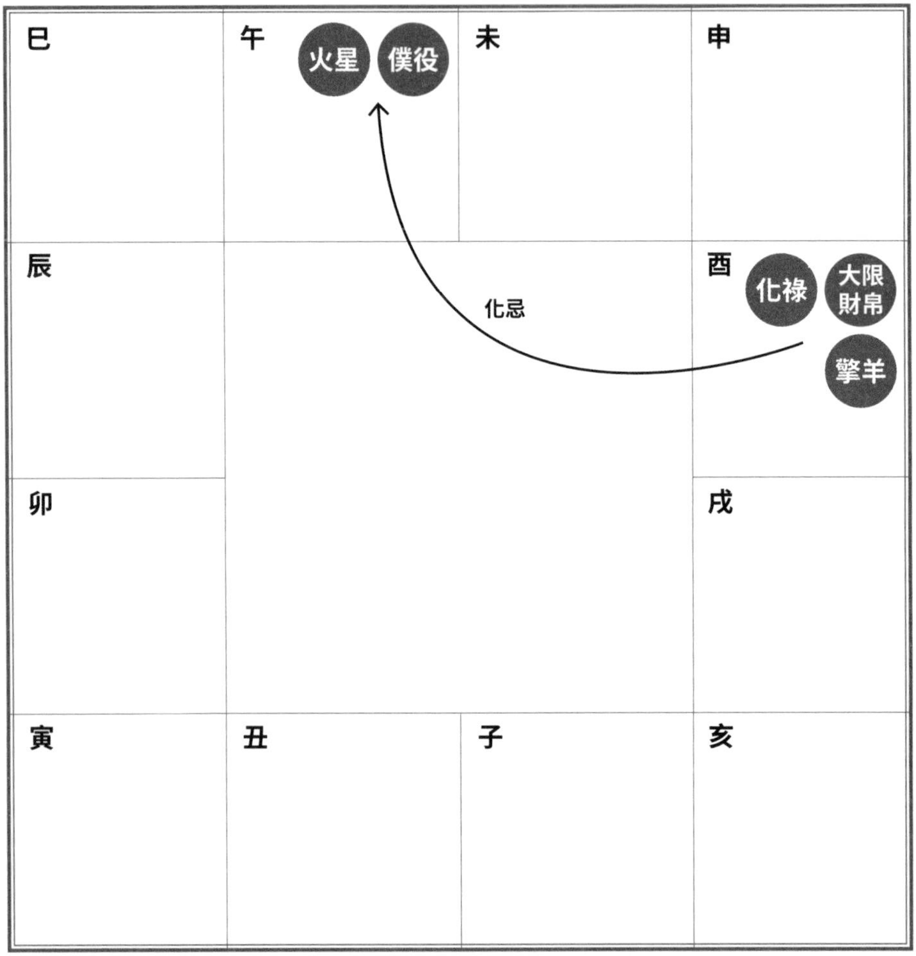

解答／

大限財帛宮化祿加擎羊，可能這個大限十年花錢大手大腳，很賺又敢花，如果加上僕役宮有火星，與朋友的關係是可以很熱情的，一見如故，但是不開心就斷交，當然很容易因為金錢觀念跟朋友起爭執。

如果是創業的人，這個大限就要非常注意財務調度能力，過度的投資可能會讓現金不斷燃燒，如果官祿宮、命宮或真正代表財庫的子女宮、田宅宮沒有煞星，可以努力一下撐過事業的投資擴充期，否則就需要注意不能有太多的投資。

8-4

賺錢自己來——財帛宮化忌入兄弟宮

如同財帛宮化忌到僕役宮會影響自己的交友態度，化忌到兄弟宮，當然就是影響了自己與母親以及同性別兄弟姊妹這些家人的感情。在本命盤如此，在運限盤則會有更複雜的解釋。運限盤說的是現象，所以運限盤出現這樣的組合，表示在運限當下，可能因為財務情況產生與母親跟兄弟姊妹的問題。

例如，財帛宮化祿，而且是天同化祿這類喜好享受的星曜，卻又化忌給兄弟宮，大概就是自己吃喝玩樂過太好，卻讓兄弟姊妹覺得不舒服；或是財帛宮有煞星，自己的財務狀況有問題，卻化忌給兄弟宮，表示自己的財務問題影響了兄弟姊妹或母親，但比較特別的是，如果此時剛好兄弟宮裡面有貴人星曜，例如：天梁、天魁、天鉞、左輔、右弼，當財務出問題時，可以找媽媽或是兄弟姊妹幫忙。依照各貴人星曜的特質找不同人協助，例如天鉞是女性長輩貴人，當然找媽媽或大姐比較恰當。

如果是左輔，可以找平輩的男性兄弟。這個方式在僕役宮也通用，因為你而造成跟他們之間的問題，但是如果他們是你的貴人，剛好那時就能夠幫助你，只是幫助的過程中可能會先罵你羞辱你，但最後他還是會幫忙，因為兄弟宮跟僕役宮是對宮，所以可以同時間看看兩個宮位哪一個有貴人星。

在運限盤上，兄弟宮也可以當成疾厄宮的官祿宮，所以跟身體有關係，這也有可能是因為財務問題影響了身體健康，不過不見得是因為沒錢喔！因為財帛宮是花錢用錢的態度，所以也可能是因為亂花錢吃太好造成身體問題。

8-5

有錢不怕苦賺錢不怕累——財帛宮化忌入疾厄宮

本命盤疾厄宮說的是身體狀況，還有對於身體的態度，怎麼使用自己的身體。化忌表示這個人讓自己的身體產生空缺，表示這個人會很願意折騰自己的身體，通常這種人不怕辛勞。如果化忌是從財帛宮而來，當然表示他的理財用錢觀念會造就自己的身體有空缺。本命盤談的是價值跟觀念，所以不能說是因為這個人花錢把身體花到生病，這是一種現象，所以不能用來解釋本命盤。本命盤的解釋應該是這個人因為財務而要求身體，簡單來說，為了賺錢可以熬夜，可以不吃不喝，可以做許多體力勞動，而且他是本身個性上願意這樣做。許多人說希望賺更多錢，卻很怕睡不好或者站太久，但是這個人卻可以忍受身體上的折磨。當然，如果他的財帛宮都是享樂的星曜，也可以為了享樂通宵達旦。

在運限盤來說，因為運限盤是現象，同樣也具備為了賺錢或者花錢讓自己的身體有空缺這樣的概念。不過因為是運限盤，所以會有現象的意思，是已經因為賺錢而讓身體有了問題。如果是時間更短一點的運限盤，例如流月流日，因為在短時間的盤上，疾厄宮也代表心情、情緒，所以代表可能會因為財務問題覺得不開心。

小練習

小限財帛宮化祿、化權，並且財帛宮化忌入疾厄宮，該如何解釋？

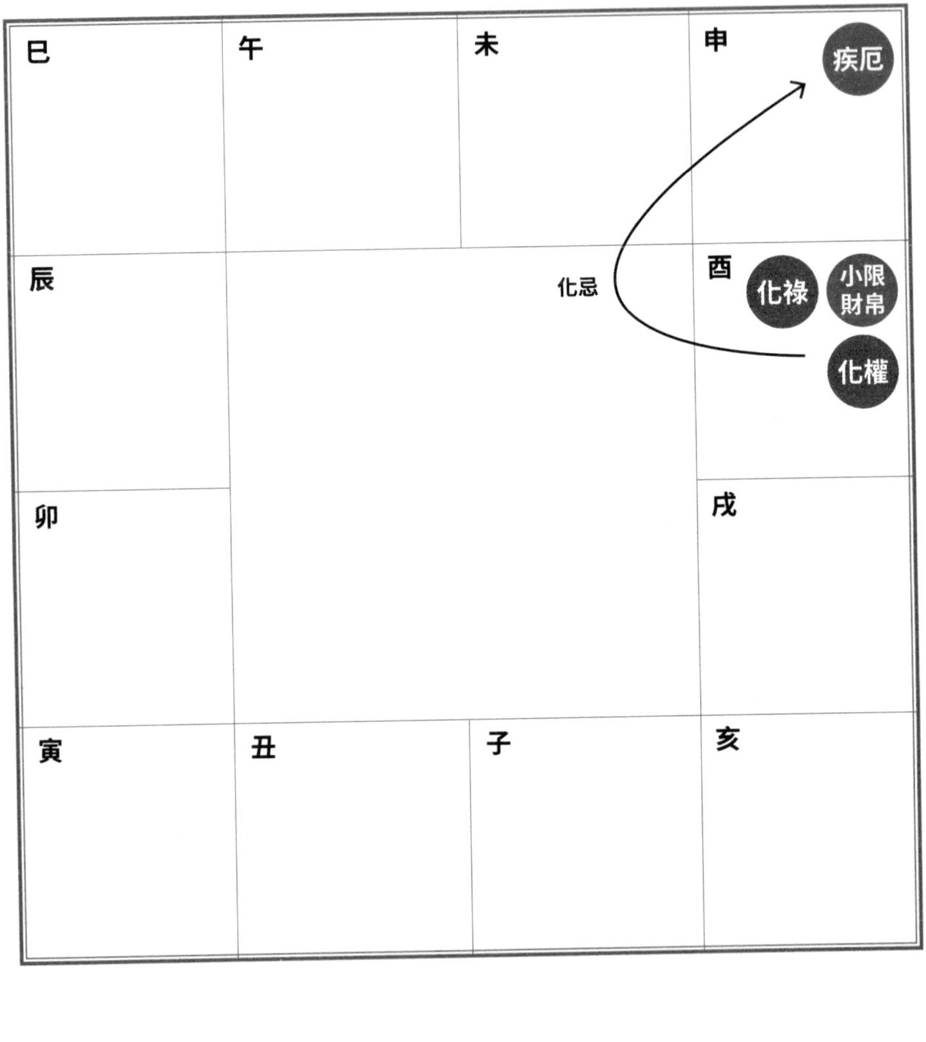

解答／

小限財帛宮化祿化權，表示這個人財運不差，甚至有許多賺錢的機會，但是這樣的情況卻影響了身體健康。

8-6

讓人擔心的孩子——財帛宮化忌入父母宮

自己的理財觀念造成跟父親關係的父母宮產生空缺，這實在是讓人擔心的孩子。在本命盤來說，確實可以直接這樣解釋，因為這個人的財務觀念會跟父親不和，造成跟父親的問題。不過如果這個人年紀很小呢？難道是跟爸爸吵零用錢或壓歲錢嗎？其實在本命盤上，財帛宮因為在福德宮對面，所以也有心靈內心的概念，人的內心價值往往很潛移默化地反映在自己的用錢觀念上，因為金錢是我們與物質世界的溝通橋梁之一，利用金錢建構出來人跟人之間的關係，呈現出自己的社會價值，畢竟我們無法獨自生活，必須跟社會聯繫跟交換彼此的資源，以滿足生存的條件，所以對於錢的態度其實是心靈深處價值的投射。紫微斗數利用宮位內的星曜，可以在這個部分做出很細膩的解說。在本命盤上，如果財帛宮化忌到父母宮，可能不只是因為錢財問題，錢財只是表面呈現出來的情況，實際上是自己內心的價值觀與家庭、父親有所衝突，造成父子關係有空缺，彼此會覺得對方不瞭解自己。

運限盤上，因為是現象的發生，比較直接地呈現出，自己因為理財的觀念，造成與父親的問題，甚至影響了父親，給父親惹很多麻煩。如果父母宮又有煞星就比較嚴重。另外，我們提過，父母宮也有合約官非問題，所以也可能是因為財務有問題，而造成自己有官非問題。

小練習

小限僕役宮化忌入財帛宮，而財帛宮有陀羅，並且化忌入父母宮，該如何解釋？

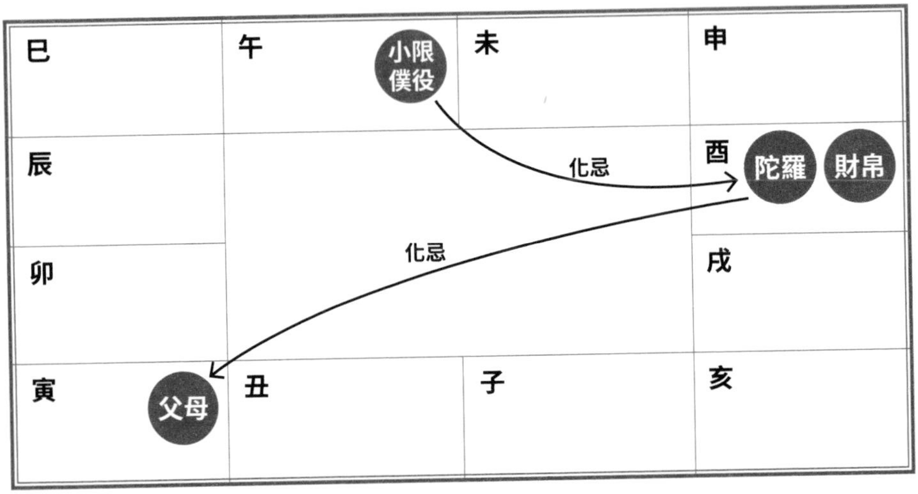

解答／ 僕役宮化忌到財帛宮，表示自己的財務狀況受到朋友影響，財帛宮內有陀羅，自己在這個小限內的財務狀況大概會有點麻煩糾結。這時候又化忌給父母宮，表示讓父親很擔心，或者因為影響了疾厄宮，讓自己心情很不好。如果父母宮內有太陽、天府、破軍、天相、文昌、巨門和廉貞，就有可能因為受朋友所害，有財務問題產生的官非（合約問題）。

8-7

你不理財財不理你，好好學習正確理財觀——
財帛宮化忌入子女宮

學習斗數時，最讓人討厭的就是一個宮位有很多種解釋，常常讓人不知道該如何是好。對應星曜解釋時，也讓人因為無法掌握，所以解釋得很單薄，夫妻宮就是你老公如何、財帛宮就是有沒有錢、官祿宮是工作運好不好、連帶著煞星就是不好、化忌就是不好，化祿就是好，這樣單薄的解釋邏輯，來自於傳統華人教育喜歡讓人只用單線思考，習慣於單一簡單的標準答案，所以無法理解跟習慣紫微斗數可以將人性多層次分析，以及立體化思考人生多變化。

其實要掌握這樣的變化不難，訣竅就是當你覺得這個解釋不對的時候，應該就是用錯了宮位的涵義，例如財帛宮化忌到子女宮，子女宮當然有性生活態度跟喜好的概念，但是財帛宮化忌到子女宮能否解釋成因為理財觀念影響性生活呢？當然不能這樣說。財帛宮可以是心靈深處的想法（因為在福德宮對面），因為心靈跟精神的感受影響性生活，造成性生活空缺，表示自己會因為心靈空虛尋求性關係的滿足。如果要把財帛宮當成理財與用錢觀念，其實要對應子女宮為財庫的解釋，可以說是用錢理財的觀念造成財庫空缺，當然就容易因為花錢態度造成破財，錢留不住。一旦有這個組合，自己的理財觀念很重要，否則就會造成財庫破損。

從運限盤上來說，是現象的發生，所以目前正發生因為財務問題造成財庫破損，有破財的跡象。如果財帛宮煞星多，子女宮煞星也多，甚至有可能因此要賣房子。在這裡可以解釋子女宮也代表的親子關係嗎？如果有小孩，當然也可以看成親子關係，但是用沒錢或有錢去討論財帛宮造成親子關係不佳，這樣也很生硬。所以這裡又要回歸心靈深處這樣的概念，是自己的心跟孩子無法溝通。再次提醒，兩個宮位彼此影響時，要用可能發生影響力的解釋去對應，不能單純地用自己理解或熟記的意思，否則通常會無法解釋，讓學習的過程備感艱辛。

小練習

小限財帛宮加火星，並且化忌入子女宮，而子女宮化權，該如何解釋？

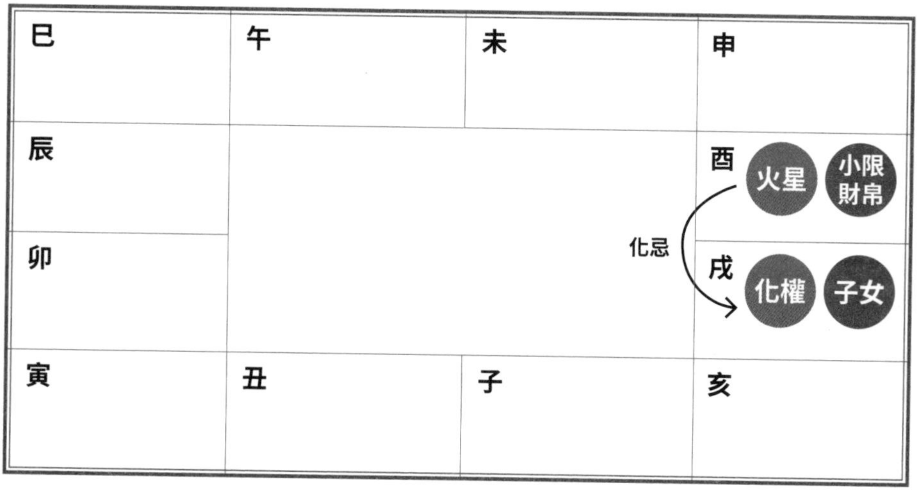

解答／ 財帛宮有火星，表示花錢跟燒紙錢一樣，不加思索地就撒出去，在運限盤上，出現化忌到子女宮，表示影響財庫，花了不少錢。這時候子女宮化權，化權是掌握的意思，而子女宮是田宅宮的外面，所以可能是自己想要在遠方置產。

8-8

投資往前衝，金山銀山也會空——財帛宮化忌入田宅宮

我們在討論賺錢這件事情的時候，常常提醒必須看子女宮跟田宅宮，因為許多人都忽略，雖然財帛宮討論的是財運，但是賺錢花錢理財投資，無論哪一種，如果財不能放進口袋，其實也是過眼雲煙，所以代表財庫的田宅宮當然很重要。如果財帛宮化忌到田宅宮，理財能力讓自己的財庫破損，表示很容易經常左手賺右手出，當然也會造成與家人的感情問題（田宅宮也代表與家人的感情）。所以有這種的組合，必須相當注意財帛宮的狀態，如果財帛宮煞星太多，這個人又想創業，就必須在創業的路上，能夠有人幫忙管錢。當然，覺得自己沒錢，財務有空缺，也可以是這個人努力賺錢的動力，這就得看這個人是否有足夠好的條件了。

如果是運限盤，就表示財務能力造成財庫破損，理財的觀念讓自己總是存不到

錢，這樣的組合很忌諱財帛宮有太多煞星，如果是太陰天同這些享樂的星曜化祿反而比較好，至少是把錢拿去享受，不過不能是破軍化祿，因為破軍代表熱情跟浪漫，花錢的態度不太適合熱情跟浪漫，這樣的態度造成存不了錢也是可想而知的。

小練習

本命財帛宮化權，並且化忌入田宅宮，而田宅宮化忌入官祿宮，該如何解釋？

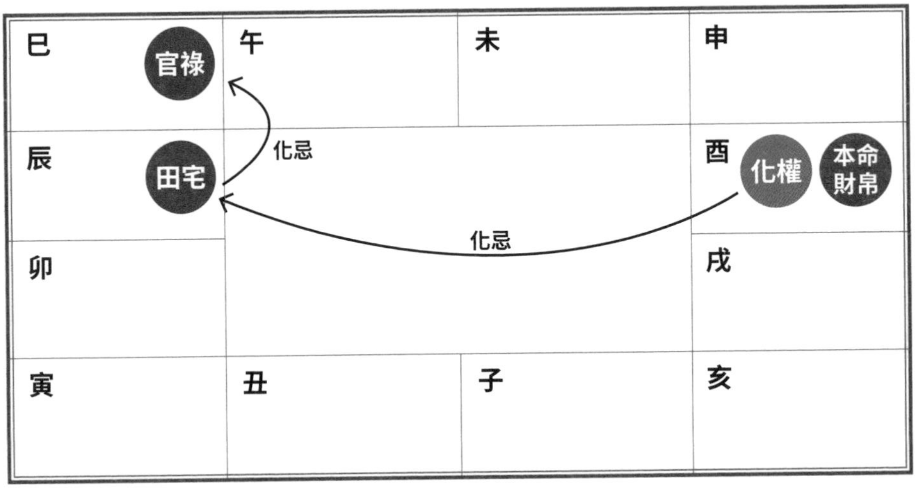

解答／ 天生的理財觀念會希望錢財由自己掌控（財帛宮化權），這樣的個性讓他希望投資創業，並且可以接受用自己的房子貸款做財務槓桿來創業，而這樣的個性跟心情，也會同時造成他在工作上的壓力，讓他工作十分努力。

第九章

改運的秘密，利用空缺讓自己逆轉勝

9-1

化祿誠可貴，化忌價更高

化忌是內心的空缺，因為空缺會產生力量，許多人會分不清楚化忌的概念，例如官祿宮化忌的人會追求事業，其實化祿的人也會，化祿跟化忌的追求有何不同呢？

官祿宮化祿的人會享受工作的狀態，工作對他來説就是很開心舒服的事情，因此只要找到自己喜歡的工作，就會做得很快樂。但是化忌卻是不完成工作就會覺得好像少做了一件什麼事，**內心沒有安全感，永遠覺得應該再多努力一點。**他在這個過程中不見得快樂，除非同時也有化祿在官祿宮或命宮，抑或是夫妻宮。這就是化祿和化忌的差異，就像一個人因為愛美食而吃東西（化祿），跟一個飢餓的人去吃東西（化忌），誰對於找到餐廳的渴求會比較大呢？通常應該是化忌，因為空缺的需求更讓人坐立難安，所以會有更大的動力。因此化忌可以説是命盤上一個引發命盤活動的力量，也是一個屬於我們自己可以利用的力量。

傳統的命理概念總覺得化忌很不好、很可怕，所以許多初學者在學習紫微斗數時，總會很擔心緊張哪個宮位出現化忌。其實，紫微斗數的設計相當貼近人性，很忠實地用**化忌反映出人心的巧妙——只有當你失去的時候，才會珍惜跟追求；在難受與不安的同時，卻會帶出更強大的生命力，這才是化忌真正要表達的。**而在紫微斗數盤上，可以利用各種方式找出這樣的力量，並且加以利用。我們在前文已經看到化忌對一般人最重視的愛情（感情關係、夫妻宮）、生命的重心與對人生價值的追求（工作、官祿宮）、財富與生命的安全感心靈的滿足（財帛宮）這三個主要方向的基本概念解說，我們接著看看，當瞭解了化忌在飛化各宮位的意義之後，該如何利用它做為改善人生的方法，成為推動自己生命的力量。

9-2

如何轉化內心的空缺——空缺所在宮位的解決方案

紫微斗數中有個重要的特質，就是十二宮彼此是連動的，相對的宮位（例如官祿宮跟夫妻宮）更是唇齒相依，互為表裡，所以當化忌在一個宮位出現的時候，另一個宮位必然要去填補，如同小時候學的聯通管原理一樣，水會自然在兩個高低不同的管子中間做出水量的平衡。

因此，當夫妻宮化忌的時候，官祿宮的力量就會過來填補，也就是說當感情不如意的時候，就會花心力在工作上，利用工作填補空缺的感情，這是在四化中一個很重要的概念。一般來說，我們會利用這個概念看出，這個人可能是因為感情的空缺，所以醉心於工作。但這是就原本的命盤在推算這個人的情況，有沒有可能利用化忌所產生的力量來成就自己呢？其實是可以的。在我們看完《紫微攻略》之後，再加上本書對四化的介紹，就可以利用排盤軟體和四化表，核對出自己十二宮的四

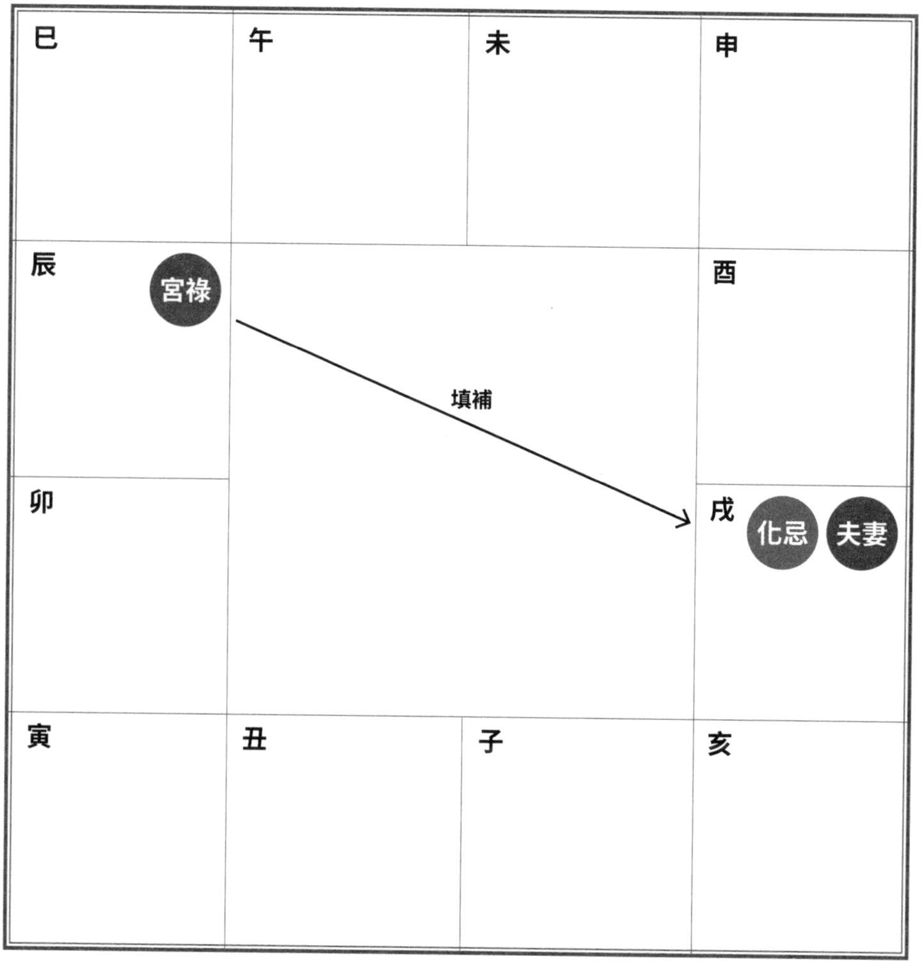
巳
午
未
申
辰
宮祿
酉
填補
卯
戌
化忌
夫妻
寅
丑
子
亥

化狀態，並且利用命盤的剖析瞭解內心所缺，讓這個空缺變成自己的力量。

例如，在六親宮位有化忌，必然會對那個宮位所代表的人的情感緣分感到空缺，有空缺就會有需要，有需要就會重視。許多書上寫化忌就是跟那個宮位的人沒有緣分、感情不好、會有紛爭等等，其實這只說了一半。**事實上，我們是因為這個化忌，而更重視這個宮位，不重視哪裡來的感情不好呢？**人只有對自己在乎的人才能夠產生情緒起伏。

所以，當化忌出現在六親宮位（父母宮＝父親、兄弟宮＝母親與同性別兄弟姊妹、夫妻宮＝感情的對象、子女宮＝孩子、僕役宮＝平輩關係的朋友、田宅宮＝家人）的時候，我們其實很在乎那個人，這時候可以利用自己對他的在乎，來尋找人生中可以給予自己動力的貴人。只要在所化忌的六親宮位中（如果你的六親宮位有化忌），找到貴人星，就可以多接近那個人，因為那是你的貴人，而且因為彼此的關係化忌，所以他必然是個忠言逆耳的人，但是卻會給你最忠誠的建議，可以幫助你看到自己的缺點，改善問題。如果本命盤沒有化忌呢？沒關係，還有運限盤，大限，小限，流年，流月一定會有，甚至流日出現的時候，都可以找他吃飯，被他罵一下，看看自己是不是還有什麼問題？這是專業命理師幫人尋找貴人的手法，其實這貴人之所以會是你的貴人，必須他說的話你都能夠聽進去，他說的話你不聽，即使說了一萬次也沒用，但為何不是找化祿的呢？因為忠言逆耳，通常化忌會產生都是因為雙方的溝通問題。從另一個角度來說，其實就是他的觀點與你不同，既然你的人生因為個性出現問題，當然是你的方法錯了，所以需要別人的方法、跟你不同的思維，而且你又在乎他，這樣的人才能幫助你。

如果不是六親宮位呢？如同剛剛所說，宮位能量彼此會流動，所以如果是非六親宮位，例如官祿宮、財帛宮、遷移宮、命宮、福德宮這樣的宮位，該怎麼辦呢？官祿宮的對面是夫妻宮，所以感情對象一樣是生命中最好的推手。如果沒有對象也沒關係，後面會介紹其它方法，或者等待感情對象出現。福德宮對面是財帛宮，花錢就是最大的動力，給自己一個花錢的目標，買名牌換名車，去歐洲玩等等各類目標，讓自己有一個目標前進。財帛宮可以多利用做善事捐錢，以及靠宗教的力量讓心神安寧，給予自己更多的信心。遷移宮與命宮若是命宮化忌，雖然這個人本來就是個很會要求自己的人，但是會建議多出門，往外看看世界，多接觸人群及不同的生活圈，來豐富自己的世界，並且找到方向。如果是遷移宮，這個人應該會因為內心的不安感，很拚命地努力了。

這是基本上我們可以利用命盤上化忌而找出來幫助自己的力量，命盤上的化忌位置就是我們心之所繫，也是藏在內心不知道自己所重視的，所以可以用這個簡單的方法，找到解決問題的動力。

飛化的力量

除了命盤本來就具備的，還有十二宮各自彼此飛化的，這是紫微斗數中很重要的訣竅。因為利用各宮位天干對其它宮位產生影響，這個紫微斗數中所謂飛化技巧，根本沒有寫在命盤上，一般人如果沒學過，根本不會知道其潛在影響力。飛化深深地影響著我們的命盤，一方面可以很快地看出命盤上看不出來的風險，也可以知道風險從哪裡來，瞭解為何自己總有放不下的事，或者自己會錯做明知不可為而為的事。如同前面說的概念，既然化忌可以讓我們有力量解決問題，當然也可以利用飛化這個力量讓我們走向光明，可以利用飛化來找出對我們有影響力的六親或身邊的人，並且一樣用前面說的方式，讓這些人變成貴人，例如夫妻宮化忌到官祿宮，感情會造成工作的空缺，但是也會讓我們因為空缺而不安，產生努力工作的動力，所以感情的對象就會是很好的貴人，當然大前提是自己要能夠找到好的感情對象，當有這樣的組合出現，身邊的人又是個好對象，自己就要多聽另一半的意見。

如果不是六親宮位所代表的這些親屬關係呢？

那就要看看宮位之間的變化，找出適合自己的方式。例如福德宮化忌到官祿宮，希望工作上有成就，一定要認真找到自己真心認同的工作，絕對不要妥協，這樣在工作上就可以一無反顧地往前衝，任何困難都不怕，這就是化忌重要的地方。我們可以透過前面對飛化化忌的解說，對應命盤瞭解自己的內心，只有找出內心中真正重視跟在乎的感受，才能驅動自己，擁有無限的力量。就像我們看到化忌在田宅宮的人，無論家人有多大的困難，他都會挺身而出，一旦問題解決了，其實他也就失去了動力。許多母親平時嬌弱，但是遇到孩子被欺負時，她可以變身神力女超人，這就是發自內心的力量。人們會為了在乎的事展現無比的能量，以往我們總希望別人甚至神明可以幫忙，希望藉由各種外力，卻忘記自己本身的能量才是最直接真切的。

我們常覺得別人可以，自己做不到，但是你曾想過，所謂別人可以，是因為他做出了超乎一般人的努力嗎？我剛入行時，因為孩子剛出生，自己又背負千萬債務，所以非常需要重新翻身的機會。我知道自己必須努力，於是訂下目標，希望可以在一年內成為百萬部落客，一周三篇文章，主題要不同，每篇文章一千兩百字以上，每個月要辦講座，無論有多艱難，生病也跑三點半，講座沒有聽眾我也講，招生兩個人我也開班，只因為孩子剛出生，我是他唯一可以依靠的人。因為我命宮化忌、田宅宮化忌，所以我知道孩子對自己的重要性，而且自己是個可以被要求的人，每次快撐不下去，不知道該怎麼辦，我就會看著孩子，告訴他：「為了你，我可以，我還可以更拚，我一定有能力保護你。」

這樣的自我激勵跟喚醒自己的力量，大概比求神還有用。雖然我也相信神明，但是我一向相信神明（菩薩、大天使、阿拉、佛，無論你要說祂是什麼）所給予的是支持並非幫助，只有自己才可以幫助自己，只是大多數的人都不知道該怎麼幫助自己。這就像減肥，運動可以減肥，但是做不喜歡的運動會因為不喜歡所以無法持續，最好的方式就是找到自己喜歡的運動，因為喜歡才會繼續做下去，有了發自內心的動力，當然會有持續力，最後就會得到好的成果。在命盤中找到化忌的地方加以應用，就是這個概念，找到真心在乎的，才能真正逼出自己的潛能。如果當時我給自己激勵的話語是，我要買豪宅我要買名車，這大概就沒有用了，喊兩聲覺得好累，還是去睡覺好了。

所以，利用命盤上面化忌的宮位為自己找到內心空缺，然後利用空缺引發內在的潛能，這個潛能會超乎自己的想像，就像人在火場中會忽然爆發的力量。如果命盤上沒有找到適合的，還可以利用飛化去找，如果本命盤沒有，也還有運限盤可以利用。

自化的力量

如果飛化也找不到合適的呢？沒關係，最後還有一個自化可以用。自化一般的說法是，某個宮位的天干造成宮位內星曜產生四化。這個自化很奇妙，在某些流派很重視，某些流派卻是輕描淡寫，甚至許多流派根本不使用或不知道。為何差異這麼大？因為自化的概念是「自己造成」，既然是自己造成，當然就可大可小了，所以有時候力量很大，有時候力量又不足，甚至是很虛華的表現，怎麼分辨呢？通常有煞星在的宮位，力量都比較大，沒有煞星但是遇到星曜組合強勢的，力量也會比較大，不過再怎麼大都是自以為。但是沒有關係，自以為也可以，就像我覺得自己一定可以變身超人保護孩子，最後就做到了。雖然沒有如預期在一年內成為百萬部落客，但是也在三年後達成，並且兩年就做到回復不錯的收入，可以開始還債，所以這個「自認為可以」的概念，在人生中其實是很重要的，登山、游泳、跑馬拉松，許多長途運動的過程極其煎熬，往往利用的也是「我可以」、「再一下就到了」這樣發自內心的呼喊去完成的，命盤上自化的宮位當然也可以拿來這樣使用。

例如，感情總是不順利的人，但是在夫妻宮三方四正內的福德宮發現了一個自化忌，這表示自己總是覺得內心有所空虛，所以影響了感情。福德宮的化忌會讓自己在感情路上不斷希望有更多的心靈感受，這樣的想法影響了感情態度。要怎麼利用化忌來幫助自己呢？福德宮的對宮是財帛宮，利用錢財來彌補自己的心靈空缺，讓自己多享受多學習，可以轉移自己無謂的心靈空缺。同時間如果遷移宮自化科，可以多往外接觸新的生活圈，這個過程可以產生許多自信，也可以因此讓自己在感情上，不會因為福德宮的化忌感到如此害怕。

利用紫微斗數命盤找到自己在乎的事情，為了那些事情給予自己面對困境的力量；找出自己在乎的人，利用自己跟那個人分不開的情感，為自己找到努力的動力，這是紫微斗數中很重要的改運方式。原因在於紫微斗數本來就不是所謂的命理術，而是源自古老佛教對於一個人怎麼改善自己的教學方針。古老的佛教事實上是一個教學體系，並不是求神拜佛的宗教體系，是利用各種方式，教導我們人生如何過得更快樂更無憂，更有能力面對考驗跟困境，如何利用自己的力量去追求理想。我們可以用一張人生的健康檢查表，告訴自己需要修改的地方，也同時告訴自己需要彌補的地方，修正個性，彌補內心，逐漸地圓滿，人就不再會有煩惱跟憂愁。當知道自己可以擁有這些能量，你就不會再為了人生的未知而懼怕；當你瞭解其實困境可以被突破，生命可以更加美好，各類的怨懟、不滿，命盤上煞星所帶來的負面能量，影響人生的各類挫折就不再是挫折。所以我常說紫微斗數命盤是一張給我們方向的人生地圖，更是指導我們學習的功課表。

只是長久以往，人追逐於簡單快速改運，迷失於對未知的害怕，只希望迅速得到答案，所以慢慢地，紫微斗數就流於所謂論命算命，強調精準度成了為世人讚嘆的焦點，各類關於紫微斗數的神話被拿來恐嚇民眾，做為命理師取財的工具，失去了紫微斗數的原意，卻忘記了解答的方法才是人生需要學習的，面對生命的勇氣才是我們在學習過程中所需要給予自己的，也只有自己才能給予自己，並非各種對上天的乞求。清晰地瞭解自己所需，自然不會再害怕，耐心地慢慢改變自己，就可以改變人生。為自己找出這些上天給予的力量、隱藏在內心的力量，幫助我們在人生的學習過程中面對考驗，才是紫微斗數真正的功能。

後記

本來希望這本書先寫星曜，但是在與時報溝通之後，主編接受我的意見，以四化為主題。關於星曜，我希望寫的是可以如何有效率地學習，而非目前市面上一般對於紫微斗數的星曜介紹書籍。紫微斗數的星曜是南派斗數的重點，但是因為傳統的學習方式會讓星曜失去斗數原本的靈活度，所以往往學起來變得很呆滯，使用起來也不太準確，甚至讓人覺得需要背誦許多東西。我想借重這幾年在教學上的經驗，利用斗數的原理跟邏輯來介紹，是不需背誦，就可以把星曜掌握得很好的方法，只是這需要一些時間來整理，請各位稍候。

《紫微攻略》出版之後，介紹專業的斗數老師的職業級技巧，以宮位與煞星的組合，利用命理上人與環境的關係，快速讓初學者擁有斷事的能力（所謂大巧不工，越是專業的手法其實越簡單，當然也就越適合初學者了）。並且，我們介紹了飛化的一部分技巧，別人的生年天干造成你命盤上的四化，以此來影響你。我希望接下來的星曜書能把其中一部分補足，所以將星曜的學習技巧放在第三本，這一本先寫化忌對我們的影響，也寫了化忌其實在我們的系統中並不完全是負面的，甚至可以是能夠自己發動的力量，透過這個力量來改變人生。這也是我在高階的改運班裡談到的一部分技術，希望利用這本書討論化忌長期被誤解的問題。

化忌的本意是自己的內心空缺，不可否認地，太多內心的空缺會造成人生很大的傷害與困頓，彷彿置身走不出來的黑洞，搭配上情緒的衝動就會產生禍害，這是《紫微攻略》所談到的觀念跟利用的手法，也是絕大多數人跟流派對於化忌的看法。加上華人的教育習慣，容易望文生意，所以看到「忌」這個字就覺得不是好事，卻忘了原本被設定的意思，因此讓人一看到就害怕。但是內心的空缺不一定是傷害，人一定是有了缺乏才會有動力，不是嗎？所以化忌應該是力量的源頭，這才貼合紫微斗數當初被設計出來的原意，找出內心真正的需要，瞭解自己，才能改變自己。這是我幫人改運的重要技巧，利用這本書，公開化忌的改運手法，也可以說是改變命盤的手法，讓大家可以更加瞭解並幫助自己，如同《紫微攻略》所希望做到的，利用如查探人生地圖的方式，找出人生道路上的風險。這一本書進一步希望讓各位擁有改變命運的力量，為自己找出本來就有用的力量泉源，這是我向來希望推廣紫微斗數的原因，因為只有知識更普及，用更簡單白話的方式讓大家知道，才能夠杜絕許多信口開河的神棍，因為這些神棍與江湖術士最喜歡的就是利用人性的弱點，來謀取自己的利益。

來算命的人通常有許多人生問題（否則他幹嘛來算命），江湖術士藉此發揮，再利用命盤上一些看起來似是而非的恐怖字眼，加上話術嚇唬客人，於是就可以斂財。賺錢沒關係，誰不需要錢呢？人總是要生活，而且生活還不能過得不好，但是賺錢應該取之有道，利用人的心理弱點來取財，這一點就非常讓人討厭。如果只是小打小鬧，騙點生活費倒也沒關係，問題是許多人因為算命而對自己的人生產生了悲觀與恐慌，對人生產生錯誤的判斷，影響了自己甚至家人的一生。命理不如醫學有一定的考核制度，這種情況幾乎天天在各地上演。我希望這樣的情況可以改善，所以盡力將紫微斗數中較容易被學習跟推廣的訣竅寫出來，希望知識可以普及，讓大家知道紫微斗數是科學且有邏輯跟條理的，也希望用自己小小的力量去改善這個命理圈的惡習，讓大家都擁有這樣一個好方法，知道原來命理是如此好用的科學，知道原來改運改變人生不用求外人，不用求外力，這樣的知識可以幫助自己，甚至幫助別人，也謝謝所有讀者以及時報出版對我這些信念的支持。

至於為何只寫了關於感情、財運跟工作的三個宮位，因為這是命理諮詢最常被問到的人生問題，另一方面也是因為篇幅問題，其它如僕役宮、子女宮等等宮位如果全寫，大概要再多出兩本才夠。如果這本賣得好，時報願意在書市如此不好的情況下繼續支持我，有這樣的機會再出吧！

時報文化出版公司成立於一九七五年，並於一九九九年股票上櫃公開發行，
於二〇〇八年脫離中時集團非屬旺中，以「尊重智慧與創意的文化事業」為信念。

紫微攻略 2/ 大耕老師作 .-- 初版 .-- 臺北市 : 時報文化 , 2019.06 面； 公分
ISBN 978-957-13-7846-6(平裝)
1. 紫微斗數
293.11 108009187

紫微攻略2
內心的力量

作者——大耕老師
美術設計——張巖
主編——楊淑媚
校對——連玉瑩、張雨旋、孫國寧、王彬維、鍾家姍、邱鈺筑、江岳勳、林雅茹、秦立帆、郝景新、徐建宇、大耕老師、楊淑媚
行銷企劃——許文薰
總編輯——梁芳春
董事長——趙政岷
出版者——時報文化出版企業股份有限公司
一〇八〇一九 台北市和平西路三段二四〇號七樓
發行專線——（〇二）二三〇六—六八四二
讀者服務專線——〇八〇〇—二三一—七〇五、（〇二）二三〇四—七一〇三
讀者服務傳真——（〇二）二三〇四—六八五八
郵撥——一九三四四七二四 時報文化出版公司
信箱——一〇八九九臺北華江橋郵局第九九信箱
時報悅讀網——http://www.readingtimes.com.tw
電子郵件信箱——yoho@readingtimes.com.tw
法律顧問——理律法律事務所 陳長文律師、李念祖律師
印刷——勁達印刷有限公司
初版一刷——二〇一九年六月二十一日
初版十五刷——二〇二四年三月二十六日
定價——新台幣四五〇元